客户成功
体系与实践

让ToB与SaaS企业高效增长

沈建明 著

CUSTOMER SUCCESS SYSTEM
AND PRACTICE
ENABLE EFFICIENT GROWTH OF TOB
AND SAAS ENTERPRISES

机械工业出版社
CHINA MACHINE PRESS

图书在版编目（CIP）数据

客户成功体系与实践：让 ToB 与 SaaS 企业高效增长 / 沈建明著. —北京：机械工业出版社，2024.7
ISBN 978-7-111-75760-3

Ⅰ.①客… Ⅱ.①沈… Ⅲ.①销售管理 Ⅳ.①F713.3

中国国家版本馆 CIP 数据核字（2024）第 092540 号

机械工业出版社（北京市百万庄大街22号　邮政编码100037）
策划编辑：孙海亮　　　　　　责任编辑：孙海亮　董一波
责任校对：孙明慧　李小宝　　　责任印制：常天培
北京机工印刷厂有限公司印刷
2024 年 7 月第 1 版第 1 次印刷
147mm×210mm・12.25印张・295千字
标准书号：ISBN 978-7-111-75760-3
定价：99.00元

电话服务　　　　　　　　　网络服务
客服电话：010-88361066　　机 工 官 网：www.cmpbook.com
　　　　　010-88379833　　机 工 官 博：weibo.com/cmp1952
　　　　　010-68326294　　金 书 网：www.golden-book.com
封底无防伪标均为盗版　　　机工教育服务网：www.cmpedu.com

前 言

在当前的商业环境下,客户成功已经超越了传统的销售和客户服务范畴,成为 ToB 和 SaaS 企业的核心战略之一。在这个以客户为中心的时代,客户成功理念的出现,要求企业不仅要关注产品的销售,还要关注客户在客户生命周期每个接触点的体验,主动协调运营。通过提供优质的产品和服务,引导客户不断朝着需求被满足和实现业务目标的路径前进,从而建立长期、稳定的合作关系,为企业创造长期价值。实现这一目标不仅需要出色的产品和服务,还需要一套完整、科学的运营体系和实践方法。因此,客户成功的体系和实践不仅关乎企业的短期业绩,更影响企业的长期增长和竞争优势。本书旨在深入探讨客户成功的本质和内涵,并详细阐述如何建立完整的客户成功体系,如何落地客户成功,从而推动企业高效增长。

本书使命:剑指本质,构建体系,指导实践

本书的核心目的是基于客户成功的本质,深入解读客户成功的完整运营体系,帮助构建符合企业需求的客户成功体系,并指导完成一线实践。我们深知实现客户成功并非一日之功,而是需要持续的时间、精力、资源的投入。因此,本书不仅会深入解读理论层面的底层思维和逻辑,还会针对常见的实践场景,提供

有实际借鉴和复制价值的成功经验。我们期望本书能激发ToB和SaaS企业对构建适合自身客户成功体系的思考，进而确保客户成功的实践能在企业内部得到系统化、持续化的推进和落实。

主要内容：认知、体系与实践

本书内容分为三篇：认知篇、体系篇和实践篇。

认知篇（第1～4章）深入探讨ToB企业商业模式"XaaS化"趋势以及客户成功在其中的价值。笔者将详细分析客户成功的3个核心问题，并从5个角度对客户成功的本质进行解读，同时解析客户成功从业的3个阶段及其在ToB和SaaS企业增长中的重要意义，目标是帮助创业者和从业者树立正确的客户成功观念，明确客户成功在企业战略中的地位和作用。

体系篇（第5～16章）给出一个名为"客户成功实践地图"的体系框架。该框架包含目标、策略、路径和结果4个层级，以及净值目标、增量增长、存量增长、客户定位、价值主张、客户获取、履约交付、客户成功、关键指标、交付保障、组织保障、交易结构以及执行与复盘13个模块。通过这个框架，本篇详细阐述了ToB和SaaS企业为何需要开展客户成功实践，客户成功应该做什么，如何实践客户成功，以及如何保持客户成功的持续性，从而帮助企业构建起适合自己的客户成功运营体系。这个框架可作为共同语言和行动指南，帮助创业者和从业者更便捷地描述与应用客户成功的运作模式，从而找到符合自身情况的客户成功之路，进而构建并优化客户成功战略，助推企业步入规模化增长的快速通道。

实践篇（第17～21章）探讨5个常见的客户成功实践场景，包括客户成功启动、跨部门协同冲突处理、客户成功投入、流失风险监控与洞察以及客户成功实践心得。通过这些实践场景的探讨，笔者希望帮助创业者和从业者从零开始构建自己的客户成功体系，并不断优化和完善这一体系，以实现企业的长期价值。

目标读者

本书的目标读者包括 ToB 和 SaaS 企业的各级管理者、市场营销人员、客户服务人员、客户成功专业人员，以及所有希望了解并实践客户成功策略的人士。

不论你的企业处于初创期还是已经步入成熟期，不论你来自传统行业还是新兴的互联网行业，笔者衷心希望你能够通过阅读本书深入理解客户成功的核心逻辑和最佳实践，获得宝贵的启示和经验。

同时，笔者也期望能为 ToB 和 SaaS 企业搭建一个交流学习的平台，分享客户成功的实践经验，展望未来的发展趋势，推动客户成功理念的进步和实践的深化。

更重要的是，笔者期望本书能真正成为你日常工作的案头参考，为你在推进客户成功的道路上提供实用的方法和策略。

只有真正以客户为中心，把客户的需求和满意度放在首位，才能实现真正的客户成功，进而推动企业的长期繁荣和发展。希望本书能为你实现这个目标提供助力，成为你职业生涯中的一盏指路明灯。

致谢

写作是一段既艰辛又愉悦的旅程，它促使笔者深入思考并反复打磨所获得的经验。这本书的撰写历时一年半，在这一年半的时间中，笔者的所有业余时间都被写作这本书所占据。尽管写作过程中充满了挑战和不确定性，但笔者也从中获得很多快乐和成长。

在这里，笔者要向许多人表达谢意。

首先，要感谢机械工业出版社的编辑孙海亮。他精益求精的态度和强烈的责任心让我深感敬佩，他的专业编辑能力更是令人赞叹。我们的合作主要通过微信进行，无论是一个思路还是一个观点，我们都能在 10 分钟内达成共识，这既体现了他的高效，也是我们彼此信任的结果。

其次要感谢威博 CEO 成新东先生在 2011 年引入了 SaaS 模式，这一创新模式对笔者客户成功意识的启蒙起到了重要作用。衷心感谢易仓 CMO 邱实先生对笔者的深度信任，正是他的支持让笔者有机会在多产品、多场景、多团队中实践客户成功的净值模式，这为笔者提供了宝贵的经验与实践机会。同时，要感谢易仓市场副总裁龚志浩先生，他为笔者和出版社牵线搭桥，为本书的出版提供了可能。

此外，还要感谢地上铁刘伟先生的推荐，以及地上铁董事长兼 CEO 张海莹女士、营销中心总经理康平陆先生的信任与支持。他们给予笔者难得的机会，让笔者能够在地上铁新能源物流车服网络中验证客户成功模式在多业态复杂场景中的可行性。他们的信任不仅对笔者个人是一种鼓励，更为客户成功模式的应用拓展了新的可能性。

最后，笔者要向家人表达最深的感激之情。衷心感谢妻子和母亲，她们承担了所有的家务，让笔者能够全身心投入到写作中。她们的理解、支持和鼓励，是笔者完成这本书的最大动力。还要特别感谢亲爱的儿子金果，他的期待和鼓励坚定了笔者写作的决心，他是笔者不断前行的动力源泉！

| 目录 |

前言

| 认知篇 |

第1章 ToB企业都需要客户成功　003
1.1 ToB企业商业模式"XaaS化"趋势洞察　003
1.1.1 ToB企业商业模式解读　004
1.1.2 ToB企业的"XaaS化"趋势　008
1.2 客户成功与ToB企业商业模式　010
1.2.1 客户成功的发展历史　010
1.2.2 客户成功在ToB企业运营中扮演的角色　012
1.2.3 客户成功在ToB商业模式中的价值　015
1.3 ToB和SaaS的客户成功异同　017

第2章 客户成功的3个核心问题　019
2.1 产品问题：如何打磨一款"三高"产品　021
2.2 营销问题：如何将产品销售出去并获得客户　023
2.3 服务问题：如何实现持续价值交付　027

第3章 客户成功本质的5种解读　029
3.1 客户角度：解决问题是最高标准　029
3.2 企业角度：客户成功是反熵增的增长引擎　031

	3.2.1 客户成功驱动续约增长	032
	3.2.2 客户成功驱动增购增长	036
	3.2.3 客户成功驱动新客户增长	037
3.3	心理学角度：满足客户对"期待的结果"的控制感	039
	3.3.1 两个关于控制感的心理学实验	039
	3.3.2 "期待的结果"控制感的4个方面	042
3.4	价值角度：价值交换重新定义客户成功	044
3.5	实践角度：一个公式洞悉客户成功实践的本质	047

第4章 客户成功从业的3个阶段　052

4.1	凡事自己拿结果	053
	4.1.1 绘制客户成功旅程	054
	4.1.2 管理客户池的价值	056
	4.1.3 交换单个客户价值	057
	4.1.4 客户成功经理的日常工作	059
4.2	通过他人拿结果	060
	4.2.1 迭代从P到M的角色认知	061
	4.2.2 制定客户成功标准的能力	062
	4.2.3 能够延迟满足感	063
	4.2.4 善于从全局和细节出发	063
	4.2.5 乐于做解决问题的教练	064
	4.2.6 构建并执行人才成长标准体系	065
4.3	影响众人拿结果	065
	4.3.1 以终为始，肩负起"社稷主、天下王"的使命	066
	4.3.2 通过不断取得小胜，帮助团队成员实现目标	066

4.3.3 以身作则，成为行动的典范　067
4.3.4 描绘蓝图，使团队看到未来　067
4.3.5 引领团队不断成长与进步　068
4.3.6 给予团队和合作伙伴确定性与安全感　069
4.3.7 擅长自我和解与超越　069

| 体系篇 |

第 5 章　净值目标：设计聚焦净值的目标数据模型　074
5.1　净值体现客户成功的全景　075
　　5.1.1　客户成功核心目标：净收入留存率　075
　　5.1.2　净收入留存率的计算逻辑　077
5.2　推算净值目标运营指标的方法　083

第 6 章　增长策略：打造贯穿客户旅程的规模化增长模型　086
6.1　贯穿客户旅程的规模化增长模型　087
6.2　规模化增长模型的实践应用　092
6.3　规模化增长模型的 8 个发展阶段　101

第 7 章　客户定位：客户细分与明确问题和需求是客户成功的起点　105
7.1　客户细分的定义　106
7.2　客户细分的方式　111
　　7.2.1　市场角度的客户细分　112
　　7.2.2　客户角度的客户细分　113
7.3　客户细分的 5 个业务层级　119
7.4　企业客户的 5 个需求层级　123

第 8 章　价值主张：产品从一开始就是为客户成功设计的　132

8.1　价值主张的 7 大关键要素　133
8.1.1　独特卖点　133
8.1.2　解决方案　133
8.1.3　定价　134
8.1.4　交付标准　135
8.1.5　竞争壁垒　136
8.1.6　客户关系　138
8.1.7　GTM　139

8.2　价值主张的 6 点注意事项　141
8.2.1　头部效应　142
8.2.2　差异化原则　143
8.2.3　一致性原则　143
8.2.4　驱动力　143
8.2.5　真实可信　144
8.2.6　简约而不简单　145

第 9 章　客户获取：打造持续传递价值主张影响力的渠道　146

9.1　客户成功是市场和销售的重要资产　147
9.2　打造持续传递价值主张影响力的获客渠道　149
9.2.1　线索不是市场工作的全部　149
9.2.2　客户成功视角的 4 类客户获取问题　152
9.2.3　持续传递价值主张影响力的 4 类获客渠道　159
9.3　客户成功视角下的客户获取效率　165
9.4　全员获客，打造持续传递价值的企业文化氛围　168

第10章　履约交付：比起学会用，更应该关注"期待的结果" 172

10.1 "期待的结果"交付，从客户交接开始　173
10.2 客户成功视角下履约交付的核心要素　176
10.3 客户"期待的结果"的履约交付效率　178
  10.3.1　SaaS产品履约交付效率　179
  10.3.2　供应链服务履约交付效率　188

第11章　客户成功：从被动响应到主动服务的价值体验 191

11.1 客户成功的售前与售后　192
11.2 客户成功的正和博弈过程　194
  11.2.1　客户成功正和博弈解读　194
  11.2.2　客户成功正和博弈的关键　195
11.3 客户成功实践的5个阶段　197
11.4 客户成功的人效衡量　202
  11.4.1　客户成功的人效解读　202
  11.4.2　客户成功人效的4个阶段　203
11.5 客户成功计划的成功实践　206
  11.5.1　客户成功计划的价值　206
  11.5.2　客户成功计划的制订步骤　208

第12章　关键指标：衡量客户成功实践的收入、成本和人效指标 210

12.1 界定新老客户的收入边界，确定主攻方向　211
  12.1.1　新客户和老客户的界定　211
  12.1.2　新客户和老客户的收入边界　213

12.2 理顺 CAC、CIC 和 CRC 的结构,打造
　　　成本领先战略　　　　　　　　　　　214
　　12.2.1　CAC　　　　　　　　　　　　215
　　12.2.2　CIC　　　　　　　　　　　　217
　　12.2.3　CRC　　　　　　　　　　　　218
12.3 打造人效核心竞争力,筑起 ToB 企业生命线　219
　　12.3.1　人效指标的两种情况　　　　　220
　　12.3.2　人效指标的运营逻辑　　　　　221

第13章　交付保障:建设高效的产研协同和订单交付能力　225

13.1 以提升 NDR 为目标的产品研发保障　　225
　　13.1.1　产品研发保障的 3 大挑战　　　226
　　13.1.2　产品研发保障的 4 个关键环节　228
13.2 供应链全局视角下的订单交付保障　　　230
　　13.2.1　订单交付保障的 8 个难点　　　230
　　13.2.2　订单交付保障的 5 个关键方面　232

第14章　组织保障:客户成功有效落地的团战能力保障　237

14.1 客户成功是"3+1+3"团战组织的成功　239
　　14.1.1　增量增长团战的"3+1"　　　　240
　　14.1.2　存量增长团战的"1+3"　　　　242
　　14.1.3　团战组织的"奖金包"模式　　245
14.2 专业化发展的客户成功人才成长机制　　246
　　14.2.1　客户成功面临的人才挑战　　　247
　　14.2.2　客户成功的人才成长机制　　　248
14.3 客户成功组织保障落地的关键是考核　　250

第15章 交易结构：设计客户成功利益相关者的交易连接关系 254

15.1 客户成功交易结构的 4 个关键点 255
15.2 客户成功交易结构的实践案例 259

第16章 执行与复盘：让客户成功从理想走向现实 264

16.1 客户成功实践计划的 5 个步骤 265
16.1.1 给个理由 265
16.1.2 定个目标 267
16.1.3 找个对标 267
16.1.4 排个优先级 268
16.1.5 实施准备 269
16.2 一个强化版的目标管理工具：OGSM 270
16.3 结果复盘，让客户成功实践变得更好 278
16.3.1 复盘的 5 个层次 278
16.3.2 复盘的 4 个组成部分 279
16.3.3 ToB 和 SaaS 企业复盘落地的 4 个关键点 280

| 实践篇 |

第17章 在已有业务中启动客户成功 284

17.1 案例分析：一样的团队，翻倍的增长 284
17.2 启动客户成功的 10 项基础工作 288
17.2.1 确定启动客户成功的原因 288
17.2.2 定义新老客户的边界 289
17.2.3 确定客户成功的阶段性目标 290

17.2.4　任命合格的客户成功负责人并赋予
　　　　　　其足够的权力　　　　　　　　　　　290
　　　17.2.5　建立客户成功数据看板　　　　　　292
　　　17.2.6　选择合适的客户成功管理系统　　　293
　　　17.2.7　确定客户成功的试点范围　　　　　293
　　　17.2.8　定义清晰的启动期间沟通方式　　　294
　　　17.2.9　定义清晰的客户成功试点工单闭环机制　294
　　　17.2.10　与利益相关者共同探索客户生命旅程
　　　　　　　价值　　　　　　　　　　　　　　296
　17.3　启动客户成功的 7 个成功实践　　　　　　297
　17.4　启动客户成功常用的 5 类工具　　　　　　300
　　　17.4.1　客户关系管理系统　　　　　　　　300
　　　17.4.2　数据分析工具　　　　　　　　　　301
　　　17.4.3　客户调查工具　　　　　　　　　　302
　　　17.4.4　在线会议工具　　　　　　　　　　303
　　　17.4.5　协作工具　　　　　　　　　　　　305
　17.5　企业不同发展阶段的客户成功实践　　　　305
　　　17.5.1　初创阶段　　　　　　　　　　　　306
　　　17.5.2　早期阶段　　　　　　　　　　　　307
　　　17.5.3　起步阶段　　　　　　　　　　　　308
　　　17.5.4　成长阶段　　　　　　　　　　　　311
　　　17.5.5　规模化增长阶段　　　　　　　　　313
　　　17.5.6　常态化运营阶段　　　　　　　　　315

第 18 章　跨部门协同　　　　　　　　　　　　318
　18.1　4 种场景的跨部门有效协同实践　　　　　319
　　　18.1.1　销售团队与客户成功团队的协同　　319
　　　18.1.2　市场团队与客户成功团队的协同　　323

18.1.3　客服团队与客户成功团队的协同　　325
　　　18.1.4　产研团队与客户成功团队的协同　　328
　18.2　跨部门协同的 RAPID 沟通决策模型　　331

第19章　评估客户成功的投入　　338
　19.1　客户成功投入需关注的盈利指标　　338
　　　19.1.1　客户成功关注的 3 个盈利指标　　339
　　　19.1.2　40 法则在客户成功实践中的作用　　340
　19.2　客户成功实践投入的预算结构　　341
　19.3　客户成功投入预算的注意事项　　344

第20章　有效监控和洞察客户流失风险　　348
　20.1　客户健康度的重要性　　348
　20.2　4 步构建客户健康度模型　　351
　　　20.2.1　区分产品或服务类型，明确客户分组　　352
　　　20.2.2　提炼出能体现客户健康度的关键指标　　353
　　　20.2.3　确定指标权重、计算周期和呈现形式　　357
　　　20.2.4　持续验证、升级并确定客户健康度模型　　359
　20.3　客户健康度模型的实际应用　　359
　　　20.3.1　客户健康度模型的常规应用场景　　360
　　　20.3.2　客户健康度模型的衍生应用场景　　361

第21章　可供参考的客户成功实践心得　　363
　21.1　聚焦目标　　363
　21.2　建立客户关系地图　　365
　21.3　保持价值主张的一致性　　366
　21.4　拥有自己的业务根据地　　367
　21.5　避免客户成功成为孤岛　　368

21.6	保持对过程关键指标的敏感度	369
21.7	善于从生存空间看问题	369
21.8	保持客户成功实践节奏	370
21.9	学会与问题共存	371
21.10	学会使用 U 型沟通法	372
21.11	以穿越客户生命周期的视角看待客户	376

认知篇

在当今竞争激烈的市场环境中,客户成功已经成为企业生存和持续发展的关键。客户成功是一种以客户为中心的战略,旨在帮助企业实现客户价值最大化,从而提高企业的竞争力。客户成功是指企业通过提供高质量的产品和服务,帮助客户实现其业务目标。客户成功的关键在于了解客户的需求、期望和挑战,以便为客户提供最佳的解决方案。客户成功的目标不仅是销售产品或服务,更是建立长期稳定的客户关系,实现客户与企业的共赢。根据《哈佛商业评论》的一项研究,客户满意度每提高5%,企业利润的年增长率将达到25%～85%。

客户成功是企业商业模式的重要组成部分。一个成功的商业模式需要关注客户的痛点和需求,以实现客户价值最大化。客户成功策略有助于企业在商业模式中体现以客户为中心的理念,从而提高企业的竞争力。客户成功对企业商业模式的优化和创新也具有重要的推动作用。通过与客户建立紧密的联系,主动服务客户,了解其需求和挑战,企业可以发现新的商业机会,推动产品和服务的创新和迭代升级。此外,客户成功还可以帮助企业更好地满足客户需求,从而优化商业模式中的各个环节。

客户成功是企业发展的重要驱动力,需要企业从客户的角度出发,通过与客户的沟通和互动，深入了解客户的需求和期望，从而提供更加符合客户需求的产品和服务；需要关注客户的使用体验，及时解决客户遇到的问题，提高客户的满意度和忠诚度；也需要具备强大的技术支持和服务能力，建立长期稳定的客户关系。只有这样，企业才能在激烈的市场竞争中取得成功。

ToB 和 SaaS 企业实践客户成功战略，需要清楚客户成功实践将面临什么样的问题，客户眼中的客户成功是什么，客户有什么期待，实践过程中有哪些关键要素等，以及对于客户成功从业者来说会有哪几个阶段。认知篇将探讨客户成功与企业商业模式、客户成功的核心问题、客户成功的本质和客户成功从业的发展阶段，旨在帮助 ToB 和 SaaS 企业与客户成功从业者更好地实践客户成功理念和方法论，从而获得商业成功和职业成功。

第 1 章

ToB 企业都需要客户成功

聊起客户成功,大家首先想到的就是 SaaS,因为客户成功是从 SaaS 这一细分 ToB 商业领域实践中总结的方法论。同样,长期运营且期望获得客户持续付费、以客户为中心的 ToB 服务型企业也需要客户成功。

最近几年,我国经济增速放缓,全球不确定因素增多,企业生存环境加剧恶化,获客成本持续走高。如果一家企业不重视在客户购买产品后,通过提升产品使用效果和持续服务来让客户获得成功,客户随时会离你而去。如果企业能够为客户带来成功,即客户因为你而受益,从而持续购买你的产品和服务,就会为企业带来稳定、持续的利润和收入。

1.1 ToB 企业商业模式"XaaS 化"趋势洞察

ToB 的 B 是 Business,指企业客户,与 ToC 的 C 相对,C 是

Consumer，指个人用户。ToB 具体是指在企业运营中，以企业或商家作为服务主体，为其提供平台、产品、服务或方案，帮助其提高效率、降低成本、增加收入，并从中赚取利润的业务模式，我们可以把它称为企业级服务。

1.1.1　ToB 企业商业模式解读

由于近几年以 SaaS 服务为代表的 ToB 商业模式受到追捧，成为 ToB 市场的焦点，因此大家自然而然就认为 SaaS 就是 ToB，ToB 就是 SaaS，而这是有失偏颇的。

商业模式就是商业交易系统中所有利益相关者的交易结构，好的商业模式会让不同立场和诉求的利益相关者的交易效率提升并使交易成本降低。ToB 企业商业模式的交易结构围绕客户开展业务的 5 个要素——"给谁提供、提供什么、怎么提供、怎么赚钱和怎么持续赚钱"进行搭建，即根据实际的业务特点针对性地打通商流（物权转移）、信息流（供需选择）、资金流（交易支付）和物流（商品供应链和履约交付）。因此，我们可以把 ToB 企业的商业模式分为产品型、供应链型、服务型、流量型、解决方案型、平台型 6 种类型，如图 1-1 所示。

1. 产品型商业模式：以提供标准化产品销售为核心业务

产品型商业模式即公司产品呈现出标准化特征，能够形成较强的规模效应，为客户提供标准化的产品，从而达到服务客户的目的。我们可以将产品型商业模式分为资源型和非资源型。资源型的核心优势在于其本身资源的稀缺性或不可复制性，此类产品主要集中在能源型 ToB 企业，如宝钢、山东黄金等。非资源型可分为同质化和差异化两种，同质化相对而言可替代性较强，如前几年大火的跨境电商 ERP（企业资源计划）就属于此类；而差异化的可替代性较弱，如专门生产汽车安全玻璃、专有技术新材料的生产制造企业。

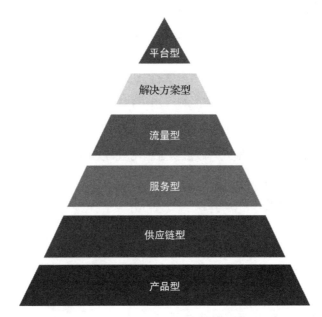

图 1-1　ToB 企业的 6 种商业模式

产品型商业模式的显著特点是它提供给客户的价值来自产品本身,而不是产品之外的东西。

2. 供应链型商业模式:以供应链产品的租赁和销售为核心业务

供应链型商业模式主要集中在实体产品供应链的上下游,其主要表现为租和售两种模式形态。租式供应链型商业模式的特点是企业采购产品的成本和运维成本较高,后期的维护难度较大,但可以降低客户的资金压力和采购成本。例如,办公设备租赁和新能源物流车租赁就属于租式供应链型商业模式。售式供应链型商业模式主要集中在硬件类供应链产品上,如自行车轮胎、烤面包机、程控交换机、电信设备等。

随着互联网技术的发展，SaaS（软件即服务）、PaaS（平台即服务）、IaaS（基础设施即服务）和云服务器等模式也被广泛应用于供应链型商业模式中。这些模式在本质上将产品的功能进行分解和重构，并以模块化的形式出租给使用者，从而获取订阅收入。这些订阅收入实际上相当于租金收入，到期需要续费，否则将关闭服务。这些先进技术的应用不仅提升了供应链型商业模式的服务效率，也为企业提供了更多的商机和发展空间。

3. 服务型商业模式：以提供定制化服务为核心业务

服务型商业模式以提供定制化服务为主要业务，其典型代表是 SaaS 商业模式。SaaS 模式的特性使其在全球范围内受到广泛关注，成为一种独特的商业领域。这种模式产生了"XaaS（一切皆服务）化"的趋势，强调了服务价值的重要性，使得业界对"服务价值"的重视程度不断提高。

从具体服务载体来看，服务型商业模式可以分为两种类型。一种是以产品为主要服务载体，例如 SaaS 产品、生产设备等。这种类型下，B 端企业购买的是产品本身的功能和特性，以满足其特定的业务需求。另一种是以人力为主要服务载体，例如人力外包公司、猎头公司、广告公司等。这种类型下，B 端企业购买的是服务公司的人力资源能力，以弥补自身在某些方面的不足，从而更好地为客户提供服务。

4. 流量型商业模式：以提供线上和线下流量服务为核心业务

有人的地方就有流量，就会有市场。在流量型商业模式中，企业主要通过提供线上和线下流量服务来满足客户需求。线上流量型商业模式主要是通过互联网的方式来创建各种应用和工具，制作优质内容，吸引大量用户关注、使用和搜索。当线上访客数量达到一定规模时，便形成了流量。企业将流量整合成一个"营销获客解决方案",然后销售给企业主或 B 端客户,以赚取广告费用。

线下流量型商业模式则主要利用线下场景的客流量,如电梯、路口、车站、机场、广场、报纸、电视等,通过这些场景中的一块屏幕、一份报纸、一本杂志等媒介吸引足够的关注,进而收集大量的线下流量。这些流量随后被整合成一个"广告方案",进行 B 端销售。

除此之外,也有将线上和线下流量优势进行融合的流量型商业模式。这种模式通过整合线上和线下的流量优势,为企业提供综合流量解决方案,以解决企业营销获客的问题,从而创造商业价值。

5. 解决方案型商业模式:以提供定制化的企业解决方案服务为核心业务

解决方案型商业模式是一种综合模式,没有严格的界限和划分。它通常是根据客户的实际业务需求提供针对性的解决方案,并进行后续方案的实施交付和效果评估。一个解决方案中可能包括软件、硬件,或者软硬件结合,是一种比较复杂的模式,通常成本较高,采购价格也相对较高。

这类模式的典型代表包括广告服务、管理咨询服务、企业培训服务、公关服务、财务审计服务等为 B 端企业提供特定领域解决方案服务的公司。这些公司聚焦于解决客户的特定问题或满足其特定需求,通过提供专业的服务和解决方案来帮助客户实现业务增长和提升竞争力。

6. 平台型商业模式:以向企业售卖平台的资源为核心业务

平台型商业模式主要依靠平台优势,向平台上的商家提供所需的资源,从而产生商业变现。这种模式的最大特点是平台所拥有的资源对B端企业的吸引力,这些资源通常包括平台所拥有的流量、用户数量以及影响力等。

B2C或B2B平台的价值主要在于其为B端企业提供了庞大的用户和客户资源、广告位以及各种平台福利和服务支持等。平台型商业模式的本质是"流量型商业模式",因为B端企业需要的是平台上的流量和资源,而平台型企业则通过提供这些资源来获取收益。

通过采用平台型商业模式,企业可以利用其平台优势将上下游的交易整合到平台上完成,以实现企业级客户的转化和变现。

以上所述的ToB企业的6种商业模式,既存在重叠的部分,各自又具有独特的价值。每一种模式都有其独有的特征和核心价值,但它们的核心目标都是解决客户问题、满足客户需求以及为客户创造价值。

在实践中,ToB企业可以根据自身的特点和市场需求,选择适合自身的商业模式。同时,企业也可以根据实际情况,将不同的商业模式融合和创新,以更好地满足客户需求和实现商业价值。

1.1.2 ToB企业的"XaaS化"趋势

近几年,市场上以云计算为代表,IaaS(基础设施即服务)、PaaS(平台即服务)和SaaS(软件即服务)的商业模式越来越普遍。XaaS是在IT领域首次提出的,然后扩散到其他领域。XaaS和其他云服务背后的核心理念都是客户可以通过订阅或者租赁的方式,以按年、按月付费的形式,从XaaS化的ToB企业处采购服务来降低成本,同时还能获得特定类型资源的导入和使用。

XaaS是一种将某种能力整合成服务的行为,其目的是重新定义能力的表现形式,使其具备与基础设施类似的功效,从而重新定义能力边界,使其更易用、更便捷,同时可进行组合和扩展。

XaaS的应用案例包括SaaS（软件即服务）、CaaS（内容即服务）、AIaaS（人工智能即服务）、NaaS（网络即服务）、MaaS（监测即服务）、DaaS（数据即服务）、OaaS（运维即服务）、BaaS（银行即服务）、HaaS（医疗即服务）、VaaS（车辆即服务）、HRaaS（人力资源即服务）等。

在XaaS化的趋势下，ToB企业正在积极探索将各种能力以服务的形式提供给客户的模式。这种模式不仅可以提供按需付费的灵活性，还可以通过优化资本支出和运营支出，帮助企业实现成本控制。此外，由于服务提供者负责服务的运维和管理，企业可以精简其IT团队，专注于核心业务的发展。

对于服务提供者来说，XaaS化能够带来更高的产品使用率，从而持续性地收费。相比此前单一产品的"一锤子买卖"，这样会带来更高的投资回报率和更长的客户生命周期。因此，越来越多的企业开始探索XaaS化模式。

对于服务采购者来说，XaaS化模式带来的优势非常明显。首先，这种模式可以降低成本和风险。由于服务是按需付费，因此企业只需在需要时支付费用即可，而不是一次性支付较高的费用。此外，企业还可以节省维护费用。在传统模式下，企业需要购买并维护各种IT设备和服务，但使用XaaS化模式后，这些费用都将由服务提供者承担，企业只需支付所使用的服务费即可。

XaaS化模式也具有广阔的市场前景。随着企业对灵活性和成本效益的需求越来越高，以及数字化转型的加速推进，XaaS化模式将会有更大的发展空间。未来，XaaS化模式将成为企业数字化转型的关键枢纽之一，市场前景非常广阔。同时，对传统企业来说，XaaS化模式也将带来一定的冲击，推动其转型升级。因此，企业需要紧跟时代潮流，不断探索创新，才能在市场竞争中立于不败之地。

1.2 客户成功与 ToB 企业商业模式

1.2.1 客户成功的发展历史

"客户成功"的理念和方法论最开始是从国外传入国内的，并逐渐成为 SaaS 行业不可或缺的专业高价值岗位，受到了越来越多的关注。从国内外的研究资料来看，"客户成功"的发展可以分为 4 个阶段，如图 1-2 所示。

图 1-2　客户成功的 4 个发展阶段

1. 萌芽期

1996 年，Vantive 的支持和服务高级副总裁 Marie Alexander 首次创立了一个名为"客户成功"的新部门。她采取的策略是向客户提出两个简单的问题：您如何定义成功？您对我们有何期望？她要求客户成功经理记录客户的成功定义和期望，每六个月重新审视文档并与客户核实，了解他们对服务是否满意以及是否实现了定义的成功和期望。如有任何问题，客户成功经理将尽力提出优化方案，然后在六个月后与客户重新互动。这一创举在企业服务领域具有重大意义，为后来客户成功理念的诞生奠定了基础。

2. 发展期

2000 年前后，Salesforce 开创性地推出了按需订购的 SaaS 型 CRM（客户关系管理）解决方案，客户可以根据自己的实际需求，通过互联网向厂商订购所需的应用软件服务，根据订购的服务数量和时间长短向厂商支付费用，并通过互联网使用软件服务。这一创新模式推动了 SaaS 行业的发展。

2004 年，美国著名的 CRM 公司 Siebel 的总经理 Bruce Cleveland，在目睹了销售队伍开拓市场取得了巨大的成效后，对销售团队非常满意，但同时他发现客户的留存和扩展账号数没有专门的团队负责，因此，他创建了一个名为"客户成功管理团队"的部门，旨在提高客户的产品使用率。这个团队的工作重点是确保客户对产品满意并继续使用，同时帮助客户实现更大的业务价值。客户成功管理团队的出现标志着客户成功理念的正式引入，也标志着客户成功作为一个独立的职能领域开始在企业管理中发挥重要作用。这一举措迅速受到了业界的关注和追捧，客户成功理念逐渐成为企业发展的关键因素之一。

3. 成熟期

随着互联网技术的迅速发展、企业竞争形势的日益严峻以及客户需求的巨大变化，SaaS 行业面临着极低的切换成本，这使客户留存成为一项严峻的挑战。面对这样的市场环境，业界逐渐形成了以客户为中心的共识，认为解决客户问题、满足客户需求和为客户创造价值是企业成功的关键。在这种背景下，客户成功逐渐受到重视并得到快速发展。

2010 年前后，客户成功领域逐渐兴起，并在 2015 年出现了直接负责客户成功的岗位"客户成功经理（CSM）"，这标志着客户成功正式成为一个独立、成熟的专业领域。客户成功经理作为企业与客户之间的桥梁，负责建立和维护良好的客户关系，通过提供卓越的客户体验、持续的客户价值来实现客户留存和企业收益的最大化。

4. 国内践行期

自2013年起，我国开始对客户成功有了初步的认识。初期只有部分头部企业成立了客户成功部门，但多数都是以客户成功的名义做客服工作。然而，随着时间的推移，越来越多的国内企业开始认识到客户成功的价值，并建立了专门的客户成功部门，招募了专门的客户成功经理。这些举措取得了显著的成果，标志着"客户成功的春天"已经到来。

但是，国内ToB和SaaS中小企业的生存环境仍然面临着严峻的挑战，更不用说实施客户成功了。因此，在国内，"客户成功"的发展还有一段路要走。尽管面临诸多挑战，但我们还是可以看到越来越多的中小企业开始意识到客户成功的重要性，并尝试着建立客户成功团队、优化客户服务流程、提升客户满意度和忠诚度。同时，国内市场也出现了一些专注于为中小企业提供客户成功解决方案的服务商，这些服务商的出现为推动客户成功在国内的发展起到了积极作用。虽然道路曲折，但随着国内市场的不断成熟和企业对客户成功重视程度的不断提高，"客户成功"在国内的发展前景可期。

1.2.2 客户成功在ToB企业运营中扮演的角色

ToB企业的业务模式（尤其是SaaS业务）高度重视持续合作，即续约或续费，甚至可以说大部分ToB企业的业务中最重要的部分是与老客户的持续合作。这是因为 ToB 企业的获客难度越来越大，成本越来越高，行业共识是获取一个新客户的成本是留存一个老客户的成本的 5~8 倍，所以老客户的留存显得尤为重要。在 ToB 企业的运营过程中，客户成功扮演着 4 种角色，如图 1-3 所示。

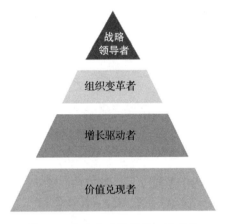

图 1-3　客户成功扮演的 4 种角色

1. 价值兑现者

ToB 企业提出自己的价值主张，为客户提供产品服务和解决方案，并借助营销渠道将价值主张传递给客户。客户在了解并认可所传递的价值后进行购买决策，然后使用产品服务和解决方案。然而，使用产品服务和解决方案后的效果是否与宣传和销售呈现的价值预期一致至关重要。如果预期一致，那么一切顺利；如果效果低于预期，可能会导致客户断约、索赔，甚至会给企业带来难以弥补的负面口碑效应。

客户成功在很大程度上解决了这个问题。从客户签约前甚至更早的售前支持阶段开始，客户成功就着手管理客户预期。当客户签约后，产品服务或解决方案的实施交付、使用效果和后续服务都需要客户成功进行全生命周期的管理。客户成功确保了价值主张的实现和服务质量的管理，从而成为ToB企业的价值兑现者。

2. 增长驱动者

为了实现客户的持续性付费，从产品和服务的设计阶段开始就需要以"客户为中心"进行展开。产品和服务从一开始就应该围绕着帮助客户成功而设计。当产品和服务真正能够解决客户问题、为客户创造价值时，企业所期望的商业成功也就水到渠成了。

为了实现客户成功，仅仅依靠一个客户成功部门是不够的，需要整合公司内部的产品、研发、市场、销售等部门，以及外部的供应链、资本、渠道等资源，以提高客户持续付费增长的成功率。客户成功是ToB企业的增长驱动者，通过整合内外部资源来推动客户成功，从而实现企业的持续性增长。

3. 组织变革者

以客户为中心，从客户成功的视角出发，ToB企业需要对其运营战略进行重大调整。这往往涉及对企业组织的重构，不再以传统职能、流程或工种来定义组织的边界和职责，而是以客户的生命周期价值为依据来调整组织结构。

ToB企业的规模化增长模型包括商业设想、原型设计、最小可行性产品（MVP）、产品与市场契合（PMF）、产品与渠道契合（PCF）、产品与服务契合（PSF）、规模化增长、常态化运营等8个发展阶段，每个阶段的客户诉求和关注点都不同。为了实现高效、低成本的增长，组织应根据企业的发展阶段，设计并实施匹配的组织架构和流程。

客户成功不仅需要关注客户需求和反馈，还需要对企业的组织结构和运营模式进行变革,以确保企业能够更好地满足客户需求并实现增长。因此,客户成功在 ToB 企业运营中扮演着组织变革者的角色。

4. 战略领导者

客户成功是一种以客户为中心的运营战略,它强调从客户的视角出发,关注客户的需求和期望,致力于解决客户问题、满足客户需求、为客户带来价值,并帮助客户取得成功。这种战略不仅关注企业的短期收益,更注重企业的长期发展和可持续增长。

一家企业开始关注客户成功通常是因为客户流失率高,新签客户越多,流失也越多。客户成功的目的是推进客户使用产品和服务的效果,提升客户对企业的信任度,从而通过续费、增购和转介绍等方式,让 ToB 企业的后续收入持续增长,最终超越首次签单收入。因此,在 ToB 企业的运营过程中,客户成功扮演了驱动持续增长的战略领导者角色。

通过坚持以客户为中心的运营战略,关注客户的需求和反馈,并不断优化产品和服务,企业可以建立长期稳定的客户关系,实现客户的持续信任和忠诚度。这不仅可以提高企业的口碑和品牌价值,还可以降低企业的获客成本和风险,增加企业的收入和市场份额。因此,客户成功在企业运营中扮演着至关重要的角色,是企业实现持续增长的关键因素之一。

1.2.3　客户成功在 ToB 商业模式中的价值

在 VUCA(Volatility、Uncertainty、Complexity、Ambiguity,易变性、不确定性、复杂性、模糊性)时代,不确定性成为常态,这导致 ToB 企业的业务和战略变化越来越快。因此,ToB 企业需要具备强大的快速应对变化和不确定性的能力。然而,在多变的外部企业运营环境和内部业务及战略快速调整的形势下,唯一不变的是"客户成功"的运营理念。

客户成功的核心在于,通过帮助客户解决问题、满足客户需求和为客户创造价值的方式为客户带来成功。当客户获得成功时,他们将持续购买你的产品和服务,从而为企业带来稳定、持续的利润和收入。这就是客户成功商业模式的本质:客户因你而受益,则持续购买你的产品和服务;你因客户而受益,从而实现双赢。

国内 ToB 企业在前期常常通过"跑马圈地"来压低成本并快速成交以获得客户,这种策略能够在短期内带来业绩的提升。然而,这只是开始并非结束。客户不仅需要产品和服务,更重要的是要解决他们自身的问题并实现其业务和管理目标。如果企业在签约后无法兑现承诺,客户的流失会越来越多,企业的增长也会变得越来越难。

对于 ToB 企业的发展,忠实客户的陪伴是必不可少的,企业需要为客户带来持续的价值履约交付。因此,如何将客户服务好并留住客户,实现续费、增购和转介绍是 ToB 企业必须考虑的核心问题。如果续费、增购和转介绍出现问题,就像持续漏水的水缸一样,再高效的销售转化漏斗也经不住客户的持续流失。

因此,客户成功不仅是每家 ToB 企业的战略选择,更应该成为每家 ToB 企业商业模式的核心。企业需要设计业务交易结构、搭建组织架构并打造企业文化,以牵引每个部门、每个人对客户全生命周期的每一个环节负责,从而实现公司整体客户成功的战略目标和商业价值最大化。在这个过程中,企业不仅要关注自身的产品和服务,还要关注客户的需求和期望。只有在客户成功的前提下,ToB 企业才能在竞争激烈的市场中获得可持续增长的动力。

1.3 ToB 和 SaaS 的客户成功异同

SaaS 和 ToB 并不等同，ToB 也不等同于 SaaS。ToB 涵盖了各个行业的客户，包括教育、医药、旅游、影视、电商、母婴、房地产、制造商、批发商等，不仅包括 SaaS 厂商，还包括其他类型的厂商。而 SaaS 则包括 ToB 的 SaaS 和 ToC 的 SaaS，如幕布、Adobe、创客贴、Xmind 等，这些 SaaS 厂商既服务于个人用户，也会拓展企业级客户。

尽管 ToB 和 SaaS 的客户成功理念、逻辑、流程、生命周期质量管理、客户反馈的快速响应和对数字化支持的高需求都是一致的，但它们在客户成功运营的具体细节上存在差异。在 ToB 企业中，客户成功需要关注的是如何满足企业的特定需求，而在 SaaS 企业中，客户成功则更注重如何通过 SaaS 平台提供标准化的解决方案来满足客户的需求。同时，由于不同的行业和领域存在不同的需求与标准，因此在运营细节上会有所不同。具体异同如表 1-1 所示。

表 1-1 ToB 和 SaaS 的客户成功异同

序号	对比项	ToB	SaaS
1	目标客户	全部为 ToB 客户	ToB 为主，ToC 为辅
2	服务模式	主动服务为主，在线响应为辅	主动服务和在线响应并重
3	交付模式	履约交付为主	实施交付为主
4	续费模式	按约定时间付费	按年、月续费
5	增购模式	基于产品、供应链服务增购	基于功能、软件服务增购
6	客情维护	重商务关系	重使用效果
7	软件技术支持	弱支持	强支持
8	供应链协同	强协同	弱协同
9	成功实践	定制化为主，标准化为辅	标准化为主，定制化为辅
10	能力结构	重行业经验+商务谈判+客户成功	重软件经验+商务谈判+客户成功

从表 1-1 中我们可以看到，ToB 和 SaaS 的客户成功存在 10 项差异。ToB 的客户成功注重商务关系、行业经验、供应链服务和定制化，而 SaaS 的客户成功则注重使用效果、软件经验、软件服务和标准化。此外，从表 1-1 中我们还可以看出，客户成功服务模式的差异在于主动服务和在线响应的比重不同，交付模式的差异在于履约交付和实施交付的侧重点不同，成功实践的差异则体现在标准化和个性化约定上。

在我个人的客户成功实践中，我发现供应链协同是 ToB 和 SaaS 在客户成功上的最大差异。

SaaS 作为一种软件型产品，其客户成功主要侧重于功能的交付和客户的服务。在整个客户成功过程中，SaaS 厂商会聚焦于软件系统的实施交付、新手启动、操作培训、Bug（漏洞）修复、功能需求完善以及相应的功能增购等方面。对于供应链的需求，大多数情况下仅限于与其他系统的 API（应用程序编程接口）对接。

相比之下，ToB（不包括 SaaS）的客户成功具有强烈的供应链协同需求。例如，在新能源物流车租赁行业中，ToB 企业需要在针对 B 端租车客户的租车履约交付阶段做好订单需求预测、车辆资源匹配、主机厂互通，以及车辆生产和整备等工作。在租赁后期，还要为客户提供车辆维修、保养、充电、保险、违章、年审等服务承接和交付工作。这些环节都需要高效的供应链协同来确保服务质量和交付效率，因此，供应链协同可以被视为判定 ToB 和 SaaS 客户成功差异的核心要素。

虽然 ToB 和 SaaS 的客户成功各有侧重，但它们的核心思想和逻辑是一致的，即致力于为客户解决问题、满足客户需求以及为客户创造价值，从而助力客户成功。

第 2 章
客户成功的 3 个核心问题

客户成功的存在很大程度上是为了实现老客户收入的增长和口碑价值的放大,即续约、增购和转介绍是客户成功的核心目的。在当前激烈竞争的环境下,获客成本高昂,因此高续约率、高增购率和高转介绍成为每家 ToB 企业的极致追求。

然而,客户成功做得好,是否意味着续约率、增购率和转介绍一定高呢?换个角度来看,高续约率、高增购率和高转介绍是否一定是因为客户成功做得好呢?这并不完全正确。因此,我们可以得出高续约率、高增购率和高转介绍所涉及的客户成功的 3 个核心问题——产品、营销和服务,如图 2-1 所示。

在续约方面,客户是否愿意继续使用企业的产品或服务,取决于产品或服务本身的质量和价值。如果产品或服务的功能不能满足客户需求,或者在使用过程中遇到问题,那么客户很可能不会选择续约。因此,为了提高续约率,企业需要关注产品的质量和客户需求,并积极收集和处理客户反馈。

图 2-1　客户成功的 3 个核心问题

在增购方面,客户是否愿意增加购买企业的产品或服务,除了与产品或服务的质量有关外,还与企业的营销策略有关。如果企业能够准确地向目标客户传达产品或服务的特点和优势,并激发客户的购买欲望,那么客户的增购率就会提高。因此,企业需要制定有效的营销策略,与客户建立良好的关系,并不断优化产品或服务的价值和体验。

在转介绍方面,客户是否愿意向其他人推荐企业的产品或服务,取决于他们对产品或服务的满意度和认同度。如果客户对企业的产品或服务非常满意,认为它能够为其他人带来实际的帮助和价值,那么他们就可能愿意向其他人推荐。因此,企业需要关注客户的满意度和认同度,并积极收集客户的正面评价,以便更好地推广产品或服务。

综上所述,高续约率、高增购率和高转介绍所涉及的客户成功的核心问题在于产品、营销和服务。企业需要不断地提高产品质量和服务水平,制定有效的营销策略,并建立良好的客户关系,以实现客户成功并推动企业的持续增长。

2.1 产品问题：如何打磨一款"三高"产品

对于一款体验不佳的产品，即使在客户成功方面做得再好，也无法完全解决客户的痛点，因此往往无法保证其续约率。而高续约率、高增购率、高转介绍（简称"三高"）的产品则表明产品价值与市场需求相匹配，解决了客户的痛点。这是一个产品与市场相匹配的问题，即 PMF（Product Market Fit，产品与市场契合）。

PMF 可以保证所提供的产品正好满足市场的需求，令客户满意。PMF 最早是由 Netscape 创始人、风投领袖 Marc Andreessen 提出的，他给出的定义是：存在于一个良好的市场内，产品能够满足市场本身。

Marc Andreessen 把 PMF 分为两个阶段：找到产品与市场契合点之前和找到产品与市场契合点之后。下面将引用奥尔森 PMF 金字塔模型来对 PMF 进行描述，如图 2-2 所示。

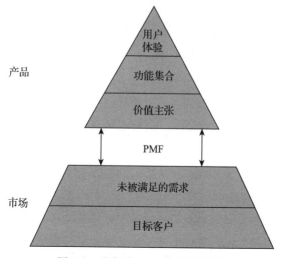

图 2-2　奥尔森 PMF 金字塔模型

奥尔森 PMF 金字塔模型分成三部分：产品，PMF，市场。它用 5 个关键要素定义了 PMF 的问题，每一个要素就是金字塔的一层，并且直接与其上、下层相关联。从下到上，这 5 层依次是目标客户、未被满足的需求、价值主张、功能集合、用户体验。

- **产品部分**：包含用户体验、功能集合、价值主张。每一个产品都是为了满足某种需求而诞生的。因此，产品所能满足的需求就构成了其价值主张，并且它必须通过某些功能给用户使用才能体现出它的价值，最后，它的功能好不好用，将会给用户带来不同的体验。
- **PMF 部分**：找到产品与市场之间的契合点是至关重要的。客户往往无法清晰地表达出自己的需求，他们只知道自己的需求存在，但具体是什么，可能连他们自己都无法描述出来。因此，我们需要深入理解和挖掘客户的需求，然后为他们提供合适的产品。这个挖掘客户需求并且找到合适产品的过程，就是寻找产品与市场契合点的过程。
- **市场部分**：包含未被满足的需求和目标客户。每一个产品都是用来解决某一类客户的某个痛点。因此，我们需要发现目标客户是谁以及目标客户现在的需求痛点是什么。

PMF 是符合"做正确的事和把事情做正确"的商业决策底层逻辑。从一家 ToB 企业的客户成功进而商业成功的角度来讲，有一款好的产品是至关重要的。只有产品与市场相契合，才能开始规模化验证。

如果在没有明确地找到 PMF 之前就进行规模化验证，那么投入越大，对后续的影响可能就越大。如果没有 PMF 就进行营销和销售，可能会卖给很多非目标客户，然后产生大量可能偏离核心需求的产品，也可能产生高昂的获客成本、销售成本和增长乏力等问题。对于实现了 PMF 的 ToB 企业来说，投入和增长是正相关的，实现规模化的成功率将大大增加。反之，业务增长和产品迭代都将举步维艰，企业资源 ROI（投入产出比）为负，每前进一步，可能离失败就更近一步。

所以，对于 ToB 企业来说，客户成功和商业成功的核心在于企业是否提供了客户需要的产品。这是后续市场、销售、服务等工作有序、高效开展的起点。如果方向错了，那么再多的努力都将付之东流。从本质上讲，PMF 回答了"解决了市场和客户的什么问题"，然后就是 Good Market，即你的好的市场是什么。

- **第一种 PMF：拥有更好的产品体验**。市场已经被明确定义并且存在，但目前满足这个市场需求的产品体验不够好。客户（无论他们是否觉察）在寻找额外功能或者更加便利的使用方式来解决他们已知的问题。
- **第二种 PMF：抓住细分市场**。市场已经被明确定义并且存在，而且市场已存在垄断性企业，但是这些企业无法对市场中的每一个细分领域都兼顾到。因此可以抓住一个细分市场并直接推出产品来满足这个细分市场的客户需求。
- **第三种 PMF：创造出一个全新市场**。市场、需求、产品都未被明确定义，客户群也有待研究，需要全新定义市场、需求、产品，困难重重。当市场得到有效的证明后，就会变成下一个"风口"。

总之，PMF 既是定义产品的过程，也是寻找目标客户的过程。只有当产品与市场相匹配时，才有规模化扩张的基础。同时，PMF 也是一个持续迭代的过程，因为客户和市场都是动态变化的。

2.2 营销问题：如何将产品销售出去并获得客户

与 PMF 同样重要的是 PCF（Product Channel Fit，产品与渠

道契合）。在 PMF 已经完成，市场需求和目标客户都明确的情况下，ToB 企业通过哪些营销渠道找到客户并把产品销售出去是关键问题。

不同的营销渠道意味着不同的市场和不同的游戏规则，例如搜索引擎优化遵循的是搜索规则，抖音等社交媒体平台遵循的是信息流规则，而代理则依赖于分销返利规则等。我们能够控制的是自己的产品，而渠道和其规则是我们无法控制的。因此，我们需要让自己的产品适应这些渠道及其规则，然后与之匹配。

PCF 和 PMF 一样，也是不断变化的。产品和营销渠道的契合状态往往会随着新渠道的出现或旧渠道的淘汰而失效。因此，ToB 企业需要考虑产品和营销渠道的动态变化关系，根据市场、客户以及渠道的变化来主动调整产品和当前环境最适合的渠道进行匹配，并努力将自己的产品打造成为一个渠道品牌。

PCF 并不只是利用各种不同的营销渠道同时展开营销活动，以促进产品销量的增长。因为这样做很可能会导致资源分散、无法聚焦，使团队无法专注于优化一两个可能最有效的渠道。PCF 最有效的策略是"有的放矢"。在所有的营销渠道中，很可能只有一个渠道是最优的。很多时候，糟糕的渠道可能成为 ToB 和 SaaS 企业失败的主要因素。如果营销渠道中有一个能够有效运营，那么也有可能会获得良好的结果。但是如果什么渠道都去做，资源分散，可能一个也做不好，反而失败的概率会很大。

我们在做 PCF 时，不能看到同行用某个渠道就选择跟随，我们需要测试哪个渠道对自己更有效、投入产出更优，然后采用或深耕适合自己产品和成本的营销渠道。那么，如何实现 PCF 呢？我们可以通过"试验和优化"两个步骤找到契合的营销渠道。

试验阶段，我们需要筛选和测试可能的渠道。需要注意的是，不能不做选择就胡乱试一遍，而是必须对各种渠道进行深入调研,然后选出若干优先项进行试验,最后找出 PCF 的 MVP(最小可行性产品)。

我们一旦找到了一两种高度匹配的渠道 MVP,就可以进入优化阶段,即进行 PCF 的 MVP 规模化复制,同时控制渠道的投入产出比并塑造和放大渠道的影响力。这样不仅可以大大提高企业的营销效率,而且可以更好地满足客户需求并帮助其更好地实现商业目标。

主要营销渠道可以根据其性质分为 4 种基本类型:口碑渠道、免费渠道、付费渠道和地面推广渠道。

- **口碑渠道**:主要包括社交网络、朋友转介绍和客户转介绍,以及一些社区等。这些渠道能够让客户更容易地了解和接触到产品或服务,同时也能提供一些较为真实的用户反馈,帮助企业更好地了解客户需求和确定产品优化的方向。
- **免费渠道**:主要包括搜索引擎的自然搜索、公开演讲和内容营销等。这些渠道不仅能够帮助企业提高品牌知名度和曝光率,还可以吸引潜在客户的关注并提高其信任度。
- **付费渠道**:主要包括搜索引擎付费推广、广告和赞助等。这些渠道虽然需要投入一定的成本,但能够在短时间内获取较大的曝光度和流量,提高品牌知名度和销售额。
- **地面推广渠道**:主要包括扫楼、扫街和电话营销等。这些渠道虽然效率较低,但对于一些需要面对面的服务来说还是非常有必要的。

为了更好地选择营销渠道,我们可以从以下 6 个维度进行试验渠道的排序:

- **成本维度**:在此次营销渠道试验中,预计花费多少钱?这个维度可以帮助企业更好地掌握不同营销渠道的经济效益,以选择更合适的渠道。
- **定向维度**:是否容易接触到目标客户?对于试验所触及的客户群体,能掌握的信息情况可以详细到什么程度?这个维度可以帮助企业更好地了解目标客户的特征和需求,提高营销的精准度和效果。
- **控制维度**:对于营销渠道试验,我们的可控性怎样?如果试验开始了,是否能够进行修改或者调整?如果试验不顺利,是否容易终止或者调整?这个维度可以帮助企业更好地掌握营销渠道试验的控制权和灵活性。
- **时间维度**:我们启动营销渠道试验需要花多长时间?这个维度可以帮助企业更好地安排时间和资源,确保试验的顺利进行。
- **产出时间维度**:营销渠道试验开始后需要多久才能拿到试验结果?这个维度可以帮助企业更好地掌握营销渠道试验的效率和效果,及时调整策略。
- **规模维度**:营销渠道试验覆盖的目标客户群体规模有多大?这个维度可以帮助企业更好地了解不同营销渠道的市场覆盖情况,选择更合适的渠道。

我们可以根据不同的产品,针对这6个维度按照具体的数据结果进行排序,最后得出一个渠道排序的结果。然后根据排序的结果,通过一系列的渠道优化手段,就可以确定对ToB和SaaS企业可靠且成本最优的营销获客渠道和一系列有效的策略。社会在不断进步,新的渠道在不断出现,我们要做的是持续关注新渠道和试验新的营销获客渠道策略,如此我们才能够与时俱进地找到最优的PCF,有效地解决营销问题,实现企业的规模化增长。

综上所述,PCF是一种依赖于数据驱动的模式,其关键在于通过优先排序、专注于试验和优化的快速迭代方法，帮助我们找到最合适的营销渠道，并将有效且宝贵的时间和资源投入到最关键的渠道上。这种方法的实施需要企业充分了解客户需求、市场状况和竞争环境，同时也需要企业不断关注新渠道的发展和变化，持续进行试验和优化，以适应时代的发展和市场的变化。

2.3 服务问题：如何实现持续价值交付

与 PMF、PCF 并列的是 PSF（Product Service Fit，产品与服务契合）。服务的关键在于如何将产品价值持续地交付给客户，以解决问题、满足需求和实现业务目标，从而使客户愿意继续使用并推荐给其他人。对于 ToB 和 SaaS 企业来说，寻找 PSF 至关重要。

首先，在考虑服务通道的匹配度问题时，需要重点关注 3 种类型（见图 2-3）：自助服务通道、响应服务通道和主动服务通道。自助服务通道主要包括知识库、帮助中心、用户社区等，能够为客户提供自主解决问题的机会；响应服务通道是在客户需要帮助时能够及时响应并提供支持；主动服务通道则是在客户没有提出需求时主动提供帮助，这需要拥有强大的客户洞察力。

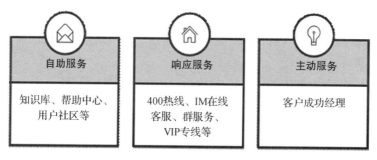

图 2-3　PSF 的 3 种服务通道

其次，服务成本也是需要考虑的因素。例如，在初创阶段，ToB 企业可能需要提供全量服务，即对所有客户提供相同的服务。然而，随着公司的快速发展和客户数量的增加，保持这种服务标准可能会导致人员数量批量增加、人员成本急剧提高，同时也会造成利润和客户留存数据下降。因此，企业需要根据实际情况灵活调整服务标准和内容。

此外，服务标准也是需要考虑的重要方面，例如人均服务客户数、响应时长等。这些标准不仅反映了企业的服务质量，也直接影响了客户的满意度和忠诚度。

在产品与服务契合方面，主要是考虑客户在购买产品后能否感到真正的售后无忧、服务省心、价格划算等。这涉及整个产品与服务方案的精心设计，以及如何提升客户体验并实现服务保障。例如，可以根据客户购买和使用产品的生命周期的不同节点，提供诸如 400 客服 24 时在线、IM 客服（即在线客服）12 小时在线、群服务 30 秒响应或 1 个月上门 1 次等相应的服务，让客户在任何时间、任何地点都能够快速地通过企业的服务通道获取服务保障。

通过这些措施，ToB 企业可以实现产品与服务的有效匹配，提高客户的满意度和忠诚度，进而获得持续性收益。这将有助于帮助客户实现业务目标，从而驱动企业的商业成功。因此，ToB 企业需要主动让自己的产品与服务相匹配，以获得持续性的商业成功。

第 3 章

客户成功本质的 5 种解读

3.1 客户角度:解决问题是最高标准

B 端客户购买 ToB 企业的产品或服务,目的是解决自身企业运营过程中遇到的问题,所以从客户角度看客户成功的定义应该是:"客户通过购买 ToB 企业提供的产品或服务,在市场、销售、实施、使用和服务的互动过程中,解决痛点和难点、满足需求、实现目标,甚至实现商业成功等,也就是说,解决问题是客户成功的最高标准。"因为客户购买产品或服务后,通过不断使用产品或服务来让自身的价值得到实现,即购买只是开始,而不是结束。

从上述客户成功的定义中,我们可以提炼出客户成功的 3 个关键点。

关键点 1：客户采购。ToB 企业提供的产品或服务，在客户选择购买、付款之前的一切营销行为都是为了获得帮助客户解决问题、帮助客户成功的一个机会，只有当客户买单付款后，才算是真正帮助客户解决问题、帮助客户成功的开始。

客户发起购买，是因为 ToB 企业给了客户一个可以帮助其解决问题的承诺。这个承诺是客户真正买单的理由，也是客户成功需要去兑现的内容。

关键点 2：互动过程。客户与 ToB 企业的互动过程不仅仅指"产品或服务"的实施和使用，而是包括客户与公司发生的所有接触点。整个互动过程包括从最早的客户细分、市场营销、销售签单，再到客户交接、实施交付、新手启动、使用培训以及后续的所有服务。

与客户每一个互动的点，都是在实现承诺，给予客户一种企业能够帮助其解决问题的形象。所以 ToB 企业需要重视任何一个和客户互动的机会，尽可能让客户获得良好的体验。

关键点 3：解决问题。客户成功的最终目的是帮助客户解决问题。客户遇到的问题会因时间、地点、对象、阶段、场景等因素而有所不同；同样，同一个问题在不同人的视角、看法和认知上也会存在巨大差异。因此，针对客户问题进行分层定义，并根据时间、地点、对象、阶段、场景的变化不断更新迭代，是客户成功实践必须完成的重要任务。

问题的出现，意味着客户在运营过程中遇到了难点，进而产生需求。只有定义清楚客户的痛点和难点，才能明确他们的需求，并以此为依据，有步骤地根据需求解决客户的问题。对于每一家致力于客户成功实践的 ToB 企业来说，每天都会遇到各种不同的问题。在客户成功的道路上，对待问题的态度决定了 ToB 企业客户成功落地的成效，因为问题背后隐藏的都是业务增长的机会。客户成功解决问题的能力，揭示了 ToB 企业所在的运营层次以及未来的发展空间。

从客户的角度来看，解决问题是客户成功的最高标准，也是每个客户成功从业者和每家开展客户成功事业的 ToB 企业的核心发展方向，同时可以成为 ToB 企业内部沟通的共同语言。

3.2 企业角度：客户成功是反熵增的增长引擎

熵（Entropy）是德国物理学家克劳修斯在 1865 年提出的一个概念，用于度量一个系统的"内在混乱程度"，可以理解为系统中的无效能量。熵增定律，也称为热力学第二定律，由德国人克劳修斯和英国人开尔文提出，表述为：在孤立的系统里面，热量肯定是从高温流向低温，此过程是不可逆的。

"熵增"表明世界上一切事物的发展倾向都是从井然有序走向混乱无序、最终消亡的。管理学大师彼得·德鲁克说："管理要做的只有一件事情，就是如何对抗熵增。在这个过程中，企业的生命力才会增加，而不是默默走向死亡。"

同样，物理学家薛定谔也说："自然万物都趋向从有序到无序，即熵值增加。而生命需要通过不断抵消其生活中产生的正熵，使自己维持在一个稳定而低的熵水平上。生命以负熵为生。"

从企业的视角来看，客户成功就是一个反熵增的增长过程。ToB 企业与客户签约后，会经历一段蜜月期。如果企业不对客户采取一些有序化的行为来帮助实现客户成功，那客户最终会走向"消亡"，即客户流失。如果我们希望客户留存得更久，生命周期存续得更长，就需要开展反熵增的客户成功。客户成功同样是围绕老客户收入增长和促进新客户增长的一个增长引擎。因此，结合熵增定律，客户成功就是一个反熵增的增长引擎。

与传统被动式的"客户服务"不同,"客户成功"是以客户为中心展开的,围绕客户在生命周期的每个接触点,主动协调运营,让客户不断朝着需求被满足和通过使用产品实现业务目标的方向靠近,继而达成对产品的续费、升级、增购、转介绍,最终成为企业的长期合作客户。

在商业社会中,ToB 企业采取反熵增的客户成功策略。当实现了一个客户成功的时候,我们可以采取以下 3 个增长机会来增加收入。

- **续约的机会**:该客户有较大的续约可能性。
- **增购的机会**:该客户可能在原有的合作内容里获得更多的增值机会,即存在多种较大的增加销售的机会。
- **获得新客户的机会**:该客户将会愿意与一个或多个潜在目标客户谈论从企业所获得的实际价值履约交付,愿意为企业站台,并转介绍潜在目标客户使用企业的产品或者服务。

接下来,我们将从作为反熵增增长引擎的续约、增购、转介绍 3 个方面展开讨论客户成功的增长机会。

3.2.1 客户成功驱动续约增长

续约和流失是两个相对立的概念。当客户规模逐步扩大时,增长受到流失的阻力会越来越明显,这就需要更多的新客户来弥补流失的客户。流失客户会降低客户的增长速度,导致老客户续约增长越来越困难。因为客户流失是一个自然的趋势,是不可避免的,甚至会随着时间的推移而加速,所以 ToB 企业就会陷入老客户持续流失,每天都在获取新客户的死循环里,越循环越看不到希望,进而失去信心。

当客户和收入不断流失时,ToB 和 SaaS 企业很难实现快速增长，流失将成为收入的短板。当客户和收入不断流失时，向上销售或交叉销售的基数和机会将会减少，增购收入将会大幅下降。当客户和收入不断流失时，客户会和朋友、同事谈论与企业合作的失败经历，负面的口碑将会影响新客户的增长。如果客户和收入持续流失，流失率越高，意味着越难获得融资来助力增长，也意味着需要投入更多的成本去获取新的客户，对应的利润率会降低，也就会使得企业持续性增长的可能性降低。而客户成功的关键作用就是与流失做斗争，驱动客户续约增长，稳住老客户的留存。

续约增长意味着流失率降低。客户成功的存在目的之一就是降低客户流失率。在客户获取的实战中，我们经常听到的是：获取一个新客户的成本是保留一个老客户成本的5~8倍。对于ToB企业，特别是重视订阅收入模式的SaaS企业来说，客户流失意味着又要从头开始，客户流失前所付出的所有成本都付之东流。因此，降低客户流失率是客户成功的首要任务，这也驱动着续约的增长。

客户成功阻止客户流失，就是驱动客户续约增长。随着企业的发展和经常性收入基数的增长，以初始数据计算，即使保持流失率稳定，每个月的流失金额相比收入基数也会越来越高。因此，ToB企业需要每个月增加更多的新客户业务或者老客户业务来弥补流失的业务，流失的业务减缓了业务增长速度。业务规模越大，增长受到流失的影响将会越来越明显。

作为ToB行业的创业者和领导者，关注客户流失风险是至关重要的。每个客户都可能成为潜在的流失风险，原因有很多，比如下面的原因。

- 客户的运营环境和发展状况可能随时发生变化。如果客户遇到运营困境，可能会选择降低成本，这可能包括减少对外部资源的采购或降低采购成本。
- 客户可能会根据业务运营策略的调整而改变需求,这可能使他们对所提供产品或服务的需求减少。
- 支持者,如关键决策者或主要业务伙伴,可能会离开客户公司,他们的继任者可能会选择不同的供应商,这可能使你的竞争对手的产品或服务得到优先考虑。
- 如果你的产品或服务体验不佳,可能会让客户产生负面印象,从而影响他们的忠诚度。
- 竞争对手的迭代和升级速度可能超过你,这使得他们的产品或服务更具吸引力,可能导致客户转投他处。
- 虽然产品和服务使用率较低,但如果已签署多年合同,可能会暂时掩盖流失风险。
- 一些大型企业,如零售和批发商,可能选择自研产品或建立内部服务团队来替代从你这里购买的产品或服务,这也是一种常见的现象。

客户流失是一种自然趋势,是无法完全避免的。客户成功理念的提出和客户成功经理的存在就是为了降低客户流失,提高客户留存率,延长客户的生命周期价值。这也是 ToB 和 SaaS 企业愿意对客户成功进行投资的核心原因。当客户出现流失时,响应式地组建客户成功团队是被动的措施;若能够在客户流失发生之前主动建立客户成功团队,积极采取措施去主动服务客户,能够更好地确保健康良好的客户留存率,延长客户的生命周期。

在客户成功实践中,我们发现客户流失主要集中于价格、过度承诺、销售预期、对手竞争、支持者异动、业务合并等原因。深层次地思考客户流失的原因是 ToB 和 SaaS 企业的创业者或者领导者必须做的事情之一。首先,我们需要从引发客户流失的现象问题中找出最根本的原因。举个例子:如果客户投诉要求退款,可能是因为产品或服务的质量没有达到预期,或者是因为客户服务的质量低下,或者是客户不是我们的目标客户。因此,我们需要深入了解客户流失的原因,并采取针对性的措施来解决问题。

任何问题都可以分解为根因问题和现象问题。在客户成功实践中,根因问题可能包括如下几个。

- 产品或服务没有卖给目标客户。
- 产品或服务没有满足客户的需求,没有解决客户的问题。
- 客户有一个欠佳的产品或服务的新手体验。
- 产品或服务早期在客户内部的使用率较低。
- 客户高层对产品或服务的重视度不够。
- 没有遇到合适的客户对接人。
- 大环境不理想或客户企业运营不善,造成业务萎缩,业绩不理想。
- 产品或服务的质量不高,造成客户使用效果不佳。

相比之下,现象问题可能包括以下几个。

- **支持者异动**:如果我们的产品和服务在实施的过程中有良好的新手体验,这就不是问题。
- **业务合并**:如果客户在积极使用产品或服务,使用率高,形成了习惯,这也可能不是问题。
- **对手竞争**:如果产品或服务真正地满足了客户需求,解决了客户问题,挖墙脚被切换的可能性可以忽略不计。
- **销售预期**:如果我们传递的产品或服务价值和交付的产品或服务价值是一致的,那么这也不会是问题。
- **价格**:如果产品和服务的价值能够帮助客户解决问题、满足客户需求,进而实现客户的商业目标,那么这也不是问题。
- **合同到期**:如果能够深挖客户运营过程中的问题,帮助解决并实现客户的目标,合同到期也不是问题。合同到期流失是表象,其根因可能是客户业务萎缩、无业务、体验糟糕、产品或服务解决不了问题等。

现象问题往往很明显,更容易让人发现,而且是在我们的可控范围之外;而根因问题是真正的根本问题,通常是在我们的可控范围之内。如果 ToB 和 SaaS 企业一开始就能识别根因问题,主动积极地采取措施,将会大大降低客户流失率,进而减少客户流失带来的收入影响。

识别根因问题后,主动积极地采取措施并有效执行才是关键。ToB 和 SaaS 企业在客户成功上需要进行投入,包括人员投入、成功实践实施、组织保障到位、关联部门在客户成功的高效协同等,这些都是客户成功实践有效减少客户流失的关键要素。

3.2.2 客户成功驱动增购增长

老客户有 3 个收入杠杆,即续约、增购和推荐新客户,这也能说明客户成功和新客户增长之间的因果关系。增购是指基于现有的老客户,通过产品功能扩展、增值服务等手段增加和扩大销售机会,进而提高 NDR(净收入留存率)。

客户成功能够驱动增购增长的原因如下。

- **提供了正向的使用效果和体验**:在客户采购 ToB 和 SaaS 企业的产品或服务后,客户成功经理通过主动服务的方式引导客户从采购的产品或服务中获得正向的使用效果,并在客户的使用过程中提供解决问题的确定性和满足需求的确定性,从而让客户获得良好的体验。这样,客户就有更大的可能性购买更多的产品或服务。
- **减少客户流失并留存更多可增购的存量客户**:当客户成功经理通过主动服务有效地减少了客户流失,留存了更多的客户，并给予了客户更舒服的产品和服务体验时，存量客户就有更大的概率进行向上销售或交叉销售。
- **挖掘更多的增购机会**：客户成功团队围绕 NDR，主动给予客户确定性的价值履约交付，让存量客户看到价值，可以从存量老客户中挖掘增购机会。
- **履约交付的验证**：客户考虑是否需要持续合作和增购产品或服务时，经常会提出疑问："到目前为止，你们为我们解决了什么问题？满足了什么需求？交付了什么价值？"当面对此问题时，客户成功经理主动服务的定位至关重要，因为他能够很好地展示到目前为止为客户交付的价值。

3.2.3 客户成功驱动新客户增长

ToB 和 SaaS 企业通常通过给客户打电话、投放广告、朋友介绍等多种方式获取线索并促成新客户成交。然而，在现代商业社会中，新客户往往不是完全陌生的。他们很可能在互联网上搜索过类似的产品或服务，并了解了解决方案的供应商。此外，他们还可能已经通过互联网评价、朋友建议或免费试用等方式对你的产品或服务有了初步了解。因此，当新客户做购买决策时，口碑成为他们非常信任的来源之一。在评估阶段，同行或同事成为他们收集信息的主要渠道。

从客户成功实践经验中可以发现，老客户转介绍的线索到签单的转化率是所有线索来源中最高的，平均能够达到其他渠道获得线索转化率的 4 倍甚至更高。这充分说明了客户成功对于驱动新客户增长的重要性。

为了增加收入，ToB 和 SaaS 企业需要关注客户成功投入，努力营造正向积极的口碑。口碑是需要产品或服务的拥护者不断进行口碑传播营造出来的,这些拥护者会为企业站台并进行发言,他们会在互联网上写下积极的评价,为潜在的目标客户做转介绍并提供参考意见,甚至在出现负面消息时能够积极主动地支持企业。

客户成功驱动新客户增长主要有以下3种方式。

(1)**客户愿意参与客户成功实践宣传活动并分享你的产品或服务的价值。**这包括以下几种情况。

- 客户愿意将自己公司的成功实践提炼出来并作为案例展示。
- 客户愿意邀请具有潜在购买意向的朋友参加宣传活动。
- 客户愿意提供一份书面体验说明或感谢信,作为网站介绍内容或销售素材。
- 在你举办的有潜在客户参加的活动上发言。

以上这些行为可能是你的客户成功经理通过主动服务给客户带来了价值,客户心甘情愿地为企业进行宣传,也可能是你的客户成功经理正式地邀约客户参与宣传活动。

(2)**客户再次购买行为。**当你的客户对接人或使用你的产品或服务的利益相关者换了新的公司时,由于对产品或服务有良好的体验,他们会在新公司选择再次购买你的产品或服务,或者呼吁所在的新公司购买你的产品或服务。

(3)**直接参与销售。**对于关键性或者具有较大战略意义的客户群体,客户成功经理会直接参与到销售环节中,提供解决方案支持、产品或服务演示,与销售代表一起分享客户成功实践故事。

一家ToB或SaaS企业如果只是靠新签客户或订单来维持业务的增长是远远不够的,也是不可持续的。在当前获取一个新客户的成本是维护一个老客户成本的5~8倍的情况下,ToB和SaaS企业只有保持持续性的续约、增购、转介绍,才能够保持良性的增长循环。

3.3 心理学角度：满足客户对"期待的结果"的控制感

客户愿意付费购买一个产品或采购一项服务，获得良好的客户体验或者让客户满意是一种表面现象，更核心的是能够满足客户的需求、解决客户的问题，即实现客户的业务目标才是根本原因。实现业务目标就是客户"期待的结果"。

期待的结果会带来需求上的满足和情绪上的好感。当客户购买产品或服务后，如果期待的结果是不可控或者不确定的，对于"天然厌恶损失"的客户来说就会产生企业性焦虑，进而对提供产品或服务的 ToB 和 SaaS 企业产生怀疑，甚至不信任，长此以往就会造成客户的流失，为了弥补损失或者及时止损，客户就会做出解约、投诉、索赔等行为。这对 ToB 和 SaaS 企业来说就是客户和收入的流失及负面口碑的传播。

因此，从心理学的角度来看，客户成功是满足客户对"期待的结果"的控制感。人人都需要控制感，因为有了控制感才会有安全感。在企业的运营活动中，作为具有情感和独立思维的客户，只有具有对"期待的结果"的控制感，才会有与合作伙伴持续合作的可能。

3.3.1 两个关于控制感的心理学实验

控制感是什么？我们先来看两个关于控制感的心理学实验，如表 3-1 所示。

表 3-1 两个关于控制感的心理学实验

	实验 A	实验 B
实验目的	以一家养老院的老人为被试对象，研究控制感对老年人健康的影响	在养老院采用另一种方式来增加老人的知觉控制感

(续)

		实验 A	实验 B
实验人		心理学家 Langer 和 Rodin（1976）	心理学家 Schulz（1976）
实验内容	实验议题	院长对两组老人的讲话内容相反	让一群大学生在两个月内每周探访一次养老院的老人
	实验组	1. 我希望你们在我们养老院能花时间去想一想，你们能够决定的事情有哪些。比如说，你们可以负起照顾自己的责任，并设法使这里成为生活的乐园；你们可以决定自己房间的摆设，安排自己的时间。如果你们对这里有什么不满意，就应该发挥影响力去改变。这里有**许多事情是你们可以决定的**，你们也必须思考这些问题 2. 下个星期会有两个晚上播放电影，由**老人们决定在哪两个晚上播放** 3. 送给每个老人一盆花作为礼物，并告诉老人们**有责任照顾好这些花**	由**老人自己决定**何时被访问以及访问持续的时间
	对照组	1. 你们**不需要自己安排**在养老院的生活，希望你们能在这里生活得很快乐 2. 下星期会播放两场电影，**时间已经定好了**，你们可以前往观看 3. 同样送给每个老人相同的花，却说**护士会帮忙照顾这些花**	由**学生们来决定**何时探访以及访问持续的时间
实验结果		1. 实验组老人比对照组老人活得**更快乐、更积极**，并且老人的健康状况有所改善 2. 在院长讲话 18 个月后，实验组老人的死亡率为 15%，而对照组老人的死亡率为 30% 3. 通过让老人决定何时放电影和让他们照顾一盆花，**极大地提高了老人的控制感**。对这些生活受到限制而觉得无助的老人来说，一个小小的激励对他们都会有很大的帮助	与对照组的老人相比，实验组的老人报告说自己**更健康快乐**，他们需要的医疗服务也较少

(续)

	实验 A	实验 B
实验跟踪	Langer 和 Rodin（1976）的实验中，控制感的提高降低了老人的死亡率	Schulz 的研究中，实验组的老人情况比对照组的要差，与对照组的老人相比，实验组的老人的生活意志似乎被瓦解了，也比较容易死去
实验疑问	为什么同样是提升控制感会导致不同的结果呢？	
实验结论	**关键在知觉控制感的持续性上** 知觉感受到的控制感是指人们相信自己可以用某种方式来影响和控制周围环境的感觉。在 Langer 和 Rodin 的实验中，老人的知觉控制感是可持续的，在实验结束后，他们仍可以决定何时参加活动，继续照顾花；而在 Schulz 的研究中，大学生的探访随着研究的结束也就结束了，这使老人对学生来访的控制感突然消失了。因此，通过一定的方式提升知觉控制感的确可以改善老人的健康状况，至于后果是好是坏，则取决于所采取的方式	

由表 3-1 可见，控制感是指人们对周围环境的一种在可控范围之内的内在体验和心理状态。而习得性无助的心理学实验也显示，当个体或组织失去控制感时，便会失去生命活力。同理，客户在使用 ToB 和 SaaS 企业提供的产品或服务时，得不到及时的响应或主动服务的反馈，便会失去控制感，产生不安，从而引发一系列糟糕的服务体验。

从客户成功的角度来看，如果希望客户能够持续付费留存，一定要确保在客户全生命周期内与我们接触的每个环节都不会让客户失望，都能够给予客户确定性、控制感和安全感。也就是说，让客户在整个生命周期内感受到一切都在可控范围之内，ToB 和 SaaS 企业提供的产品或服务是能够帮助解决问题、满足需求、实现"期待的结果"的。

3.3.2 "期待的结果"控制感的4个方面

优质的客户成功服务不仅应具备确定性的"期待的结果",还应具备控制感的服务过程,带给客户愉悦的服务体验。ToB 和 SaaS 企业应根据客户对控制感的需要,采取针对性措施来增强客户的控制感,这有利于客户更好地参与客户成功的服务活动,提高客户对服务质量的体验感。因此,客户成功是由服务结果和服务体验两部分组成的,在重视服务结果的过程中,也需要重视服务体验的提升,给予客户良好的"期待的结果"的控制感,让双方有一个优质的合作经历,从而延长客户生命周期。

要给予客户对"期待的结果"的控制感,ToB 和 SaaS 企业可以从以下4个方面着手。

1. 采用合适的"新手引导"

"新手引导"是一种客户自己主导的服务体验过程,客户能够充分了解服务过程中的各种信息,根据需求灵活地做出选择,从而更好地提高满足需求和解决问题的控制感。同时,ToB 和 SaaS 企业可以为客户提供适当的激励、培训指导等支持,以增强客户对"期待的结果"的控制感的服务体验,并降低企业的服务成本。

通过图文、语音或短视频的方式,ToB 和 SaaS 企业可以更清晰、更直观地向客户展示产品或服务的常规操作和问题,并协助客户自主完成初始操作的自助服务。

此外,ToB 和 SaaS 企业还可以通过不断优化"新手引导"的方式和内容,提高客户满意度和信任度。例如,可以采用简洁明了的语言和图文并茂的方式,帮助客户快速了解产品或服务的基本信息和操作步骤;可以利用语音或短视频等方式提供真实的示例演示,让客户更好地理解产品或服务的实际应用场景;可以为客户提供在线咨询服务,及时解答客户的疑问。这些措施可以进一步提升客户对"期待的结果"的控制感的服务体验,并促进ToB 和 SaaS 企业的业务发展。

2. 加强服务信息的主动互动

加强服务信息的主动互动有利于客户了解和评估服务的整个过程,提高客户对购买产品或服务后的服务进度的预见性和使用效果的可控性,增加客户对实现"期待的结果"的过程可控性。

以新能源物流车租车服务为例,如果用车过程中遇到充电、维修、出险、安全驾驶或其他问题,客户可以及时向提供新能源物流车租车服务的公司咨询解决问题,并且能够及时了解解决问题的进度,这将会有更好的体验。

由于产品或服务大多数时候都是由 ToB 和 SaaS 企业主导的,缺乏信息透明度,导致客户对服务过程缺乏了解,从而缺乏控制感和安全感。因此,与客户加强服务信息的主动互动是 ToB 和 SaaS 企业在客户成功服务过程中的重要工作。

为了更好地满足客户的信息需求,ToB 和 SaaS 企业应注意调研并分析以下问题:哪些服务环节是客户无法看到,却非常关心的?客户参与服务活动需要哪些信息?哪些环节与客户的个人活动安排有较多的关联?服务过程中有哪些调整是不为客户所了解的?针对这些信息需求,我们需要主动提供信息互动,帮助客户更好地体验服务,真正地帮助客户实现"期待的结果",助力客户成功。

3. 制定合理的定价与计费方式

许多 ToB 和 SaaS 企业的服务是收费的,但客户往往对收费项目和费用缺乏清晰的认识,导致存在乱收费现象,客户因此缺乏控制感。为了增加客户对产品和服务项目收费的控制感,ToB 和 SaaS 企业需要在制定定价与计费方式时考虑到这些问题。如果企业希望通过有效的成本计划来管理成本，可以采用总包定价法，给产品和服务设定一个明确的一揽子总价，这种方式可以使客户对产品和服务的费用有一个明确的预期，从而增强他们的控制感。

同时 ToB 和 SaaS 企业应明确产品和服务的计费标准，这将增强客户对收费的确定性和控制感。客户可以根据这些标准制订付费计划，从而更好地控制成本开支。在销售和服务过程中，ToB 和 SaaS 企业应该注重向客户解释收费标准和定价策略，避免隐藏收费项目和专用名词，从而保障客户的知情权和选择权，提高客户对企业的信任度。一些 ToB 和 SaaS 企业为了追求短期销售效果，常常简化或隐瞒收费项目以促成交易，这种做法往往会引发客户的不满和投诉。对于重视续费收入的 ToB 和 SaaS 企业来说这是不可取的，因此需要重视这个问题。

4. 强化客户成功服务标准

当 ToB 和 SaaS 企业提供的产品或服务标准化后，与客户互动的行为规范变得更加明确，这有利于保障服务效果和客户体验的一致性。通过这种方式，客户在使用产品或服务后会有一个明确的认知，从而增加对整体后续履约交付的预见性和控制感。

通过标准化的产品和服务，ToB 和 SaaS 企业可以提供更加明确的客户成功服务，降低客户的损失风险。这会使客户更放心地由企业主导服务过程，并对企业产生较强的安全感和信任感。

高续约率是 ToB 和 SaaS 企业持续收入的重要保障，而建立客户成功服务标准可以帮助企业提高客户满意度，降低客户流失率，从而为企业创造更多的长期价值。

3.4 价值角度：价值交换重新定义客户成功

客户成功的目标在于净值，其本质是价值交换。客户成功是通过主动服务的方式完成产品或服务的履约交付，然后换取客户留存状态下的续约、增购、转介绍等产生的净收入。根据社会交换理论，当事人会在预期回报的驱动下涉入并维持与他人的交换关系，且交换关系的各方都会有其他人想要的有价值的东西，交换的标的及其数量由交换各方共同决定。因此，客户成功是通过主动服务来帮助客户解决问题、满足需求和实现商业目的，进而为客户创造价值，并换取对ToB和SaaS企业有价值的回报，如续约、增购、转介绍等。

服务是一种特殊的无形活动，能够独立创造价值，且能提供独特的价值，使客户具有确定性、控制感、安全感和满足感。产品解决的是功能性问题，但客户的任何需求都存在情感成分，这是人性使然，而情感成分需要用服务来满足。产品价值由产品本身来解决，服务价值由服务来解决，因此，在做客户成功服务时，必须强调价值交换。

在任何客户的价值交换中，都包含主观情感和客观功能两个部分。只满足其中一部分往往无法获得客户的价值认可和持续性的续约合作。当客户购买产品或服务时，他们的目标是解决某个问题、满足某项需求、实现某种目的，所以，ToB和SaaS企业应该提供完整的解决方案来满足客户需求，并与客户交换价值，如图3-1所示。

图3-1 价值交换模型

价值交换的起点是信息交换，如通过网络营销、电话营销、上门拜访、参加线下展会和行业协会举办的专业会议等方式进行客户需求和解决方案的交互，最终形成价值交换，完成签约与支付。客户成功视角下的价值交换终点不再是签约、支付、回款，而是变为更长周期的帮助客户成功，最终实现持续性的增购、续约和转介绍。

因此，客户成功服务的价值交换过程是：首先让新客户快速感受到解决方案的价值，而不是迷失在解决方案中不知何去何从；然后让客户对解决方案产生一定的使用依赖，以此为后面的增购、续约和转介绍的价值交换奠定基础；在形成使用依赖后，推动客户完成最后的交换行为；最后开始新一轮的履约交付和价值交换。

我们在开展客户成功旅程时，首先问自己一个问题：我能为客户提供什么价值？这是客户成功服务的核心问题，也是底层思考逻辑。客户成功能够带来的价值有两个：一是服务的效果，服务过程中实际产生的效用，即承诺的兑现；二是服务过程的体验，服务过程中整体的心理感受，即主动服务产生的控制感和安全感。其次，我们需要明确客户希望获取的价值与 ToB 和 SaaS 企业提供的价值是否一致，这也是衡量客户成功是否实现的标准之一。

在实际的商业环境中，客户的运营方向和定位不是一成不变的，客户需求的优先级也会有差异，且客户续约或增购关注的是解决方案未来的价值，而不是当下的价值。因此我们需要持续性地提供成功实践案例、新的功能和解决方案履约交付的价值交换，不断增加客户对企业的信任感和依赖性，最终通过客户成功这个反熵增的增长引擎，帮助 ToB 和 SaaS 企业实现真正的规模化增长。

3.5 实践角度：一个公式洞悉客户成功实践的本质

从 ToB 和 SaaS 企业的视角看，客户成功指的是企业通过续约、增购和转介绍新客户的方式获得更多的收益，实现收入净值的增长；而从客户的视角看，客户成功指的是客户通过使用供应商的产品或服务能够解决实际业务问题、满足业务需求，且有良好的体验，最好是能够帮助实现业务目标。在笔者多年的客户成功实践过程中，综合企业视角和客户视角，提炼出一个能够清晰衡量客户成功的公式，如下所示。

客户成功 = 客户期望 + 使用深度 + 功能效果 + 客户体验 + 净值收益

1. 客户期望

客户期望是指客户根据自身业务发展情况和所遇到的问题或痛点，选择购买某项产品或服务，期望达到期待的结果。这个期待的结果是客户购买产品或服务的核心诉求和目标。客户期望比较常用的量化指标是核心功能诉求，例如：ERP 产品中的采购管理、库存周转率管理、多维度数据报表、多平台多店铺管理、物流轨迹查询和降本诉求、效率诉求等；硬件设备产品中的采购成本、特殊工艺、服务网点、退换货要求等。这些核心功能诉求是客户选择购买产品或服务的原因，即期待的结果。

客户期望是客户成功的重要源头。客户选择购买产品或服务的原因是期待结果，这也是客户成功的关键因素之一。因此，企业必须关注客户期望的变化和趋势，不断优化产品或服务，以满足客户不断变化的需求。同时，企业还需要建立良好的客户关系，提高客户满意度和忠诚度，以实现长期稳定的发展。

2. 使用深度

当客户开始使用采购的产品或功能来实现其期待的结果时，这个过程就称为使用深度。对于 ToB 和 SaaS 企业来说，可以使用"核心功能使用率"来衡量客户的使用情况，这可以通过客户付费采购产品后执行某项特定行为的百分比来表示。因此，为了真正深入了解产品或服务的使用情况，ToB 和 SaaS 企业需要确定特定的行为是什么，即客户采取了哪些行动来表明他们正在获得采购产品或服务所带来的价值。

使用深度的具体指标可以从产品或服务实施和客户成功服务两个阶段来定义。例如，在产品或服务交付后的一段时间内客户使用核心功能的比例，诸如城配物流企业租赁新能源物流车的行驶里程、充电频次、维修频次、保养时长等，以及 CRM 产品的线索分配、客户信息比对、线索转化等指标。企业能够从客户使用产品或服务的关键指标情况中快速获取客户的行为偏好和使用深度，并通过数据洞察客户使用产品或服务的关键路径和关注点，从而发现问题和增长点。客户成功经理可以根据客户使用的数据分析结果主动与客户沟通，帮助客户解决问题和实现业务目标。这种主动的客户关怀将大大提升客户体验，最终为净值目标的达成积累势能。

3. 功能效果

功能效果指的是客户从采购的产品或服务中所获得的价值，也就是客户通过购买产品或服务所获得的投资回报。当客户选择购买 ToB 和 SaaS 企业的产品或服务时，客户期望能够获得有意义、有价值的结果，并在特定的指标上有所期待，例如线索的增长量、获客成本降低比例、销售订单增长量、销售效率提升比例、采购成本降低金额、运营效率提升情况或客户的净推荐值等。在客户成功实践中,客户也希望达成一些特定的阶段式目标,如3个月内完成企业供应链管理在线化、1个月内完成办公线上化等。无论是哪种情况,客户都希望企业能够为自己使用采购的产品或服务时获得的效果负责,而不仅仅是确保采购的产品或服务可用。不管使用期间发生了什么,即使是客户方面的原因,如客户在采购产品后进行了部门调整、采购产品或服务的高层支持者离开了公司,或者客户的团队成员不具有实施阶段所需要的技能,客户也希望企业作为产品或服务的供应商能够指导他们去做需要做的事情,以实现期待的结果。即使客户没有按照客户成功经理指定的路径和方向实施,但他们仍然希望能够达成期待的结果。

因此,ToB和SaaS企业在产品或服务的价值主张提炼和传递过程中,不能过度包装和承诺无法实现的结果。相反,需要根据产品或服务能够为客户解决的实际问题、满足的客户需求以及真正能够为客户创造的价值进行清晰的定义和界定。同时,客户成功经理也需要定期与客户一起分析和评估使用产品或服务的效果,做好客户的预期管理,以确保客户能够真正享受到产品或服务产生的价值。

4. 客户体验

客户体验是指客户在与企业合作的过程中所经历的所有服务的情感总和,是客户与企业的不同人员之间所有接触体验的总和。这些接触体验包括与销售人员的互动、使用产品、与服务通道的互动、与客服人员的通话、对账开票及支付等环节。这些互动环节都有可能让客户对企业产生各种情绪,如担心、愤怒、恐惧、快乐和平静等。最关键的是,这些体验中的确定性和不确定性相互交织,导致客户的安全感经常处于波动状态,因为每个人都渴望获得控制感。如果客户体验始终处于确定且可控的状态，那么问题就不会成为问题；然而，如果客户体验经常处于不确定、不可控的状态，那么即使是很小的问题也可能演变成巨大的烦恼。

在客户成功实践中，客户成功经理需要和所有与客户发生互动的利益相关者，包括销售团队、客服团队、技术支持团队等，明确与客户互动的标准行为和态度，如礼貌用语、服务态度、响应时长等。这些标准化的行为和态度有助于确保客户在与企业的每个接触点上都能获得一致且优质的体验，从而增强客户对企业的信任感和忠诚度。同时，这也有助于企业更好地了解和满足客户的需求，提高客户满意度和口碑，进而促进自身的长期稳定发展。

5. 净值收益

净值收益指的是根据客户选择产品或服务所期望达到的"期待的结果"，提升客户对产品或服务的使用率、使用效果，从而获得客户的增购、续约和转介绍所产生的净收入留存。因此，需要对净值收益的关键指标达成共识，例如净收入留存率、客户流失率、客户转介绍、增购金额等，然后聚焦净值收益目标，牵引客户全生命周期的客户成功服务，并协调企业资源为客户创造价值。

客户是否会再次付费采购企业的产品或服务，更多地取决于客户再次采购是否能带来预期的回报。这个回报的评估依据是上次采购行为的实际回报，即客户的使用效果和体验是否符合客户使用时期待的结果。由于决策时间点的影响，对于上次采购的实际回报评估更多地会受到近期是否获得了预期回报的影响。因此，以上五个客户成功的组成要素缺一不可，缺少任何一个都是不完整的客户成功，缺少其中的任何一项，都有可能导致投诉、退款或断约等不良后果。只有持续不断地为客户创造价值，帮助客户成功，才有可能获得增购、续约和客户推荐，如此企业才有可能成功。从客户开始采用一直到合同到期，企业都需要不断地为客户创造价值，并持续地履约交付给客户，让客户获得最佳的使用效果和良好的服务体验，这样才能实现净值收益。

第 4 章

客户成功从业的 3 个阶段

ToB 和 SaaS 企业要开展客户成功实践，需要有能力从事客户成功工作的员工，包括一线员工、管理者和领导者等。根据员工的层级不同，我们将客户成功从业划分为 3 个阶段（见图 4-1）：

阶段一是"凡事自己拿结果"。这一阶段的关键是确保客户成功在一线执行工作，通过自己的努力达成结果。

阶段二是"通过他人拿结果"。这一阶段的关键是通过管理和协调他人来取得结果。客户成功需要学习如何通过协调和管理团队，将客户的需求和公司的需求结合起来，实现双赢。

阶段三是"影响众人拿结果"。这是最高级别的客户成功阶段，关键是通过自己的领导力影响他人并取得结果。在这个阶段，客户成功从业者需要学习如何通过自己的领导力、影响力、战略眼光和人格魅力，影响和激发团队取得成功。

如果能够通过制定客户成功标准规则、输出客户成功方法论来通过他人拿结果,甚至通过客户成功领导力去影响更多的人拿结果,那么客户成功的价值将会最大化。因此,对于 ToB 和 SaaS 企业来说,培养不同层级的员工在不同阶段的客户成功能力是非常重要的。

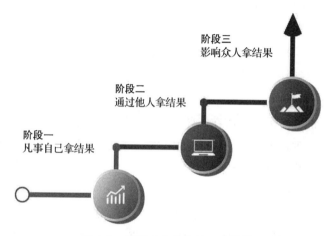

图 4-1 客户成功从业的 3 个阶段

4.1 凡事自己拿结果

处于这个阶段的客户成功经理需要针对自己所负责的具体客户,根据客户选择购买产品或服务的目的,设计一条从初次购买到顺利实施,再到习惯性使用并最终续约的客户成功路径。这条路径主要是为了确保在客户使用产品或服务的过程中,能够充分展示他们所期待的结果,并确保每个环节都得到妥善的处理。

由于每个环节中客户的问题和关注点存在较大差异,因此客户成功经理需要采取主动服务的方式,针对每个环节的具体问题和客户关注的重点,制定适当的解决方案和策略。例如,对于初次购买阶段，客户成功经理可以通过了解客户的购买动机和使用场景，推荐最适合他们的产品或服务方案；对于实施阶段，客户成功经理可以提供详细的操作指南、培训材料和支持，以确保客户能够顺利地使用产品或服务；对于习惯性使用阶段，客户成功经理可以定期跟进客户的使用情况，及时解决出现的问题，以提高客户的满意度和忠诚度。

同时，客户成功经理还需要做好客户全生命周期的服务质量管理，以提升客户体验。这不仅包括帮助客户成功地使用产品或服务，实现他们的目标，还包括通过积极主动的回访和服务，了解客户的真实需求和潜在问题，并及时提供解决方案。此外，客户成功经理还需要建立良好的客户关系管理机制，及时跟进客户的需求变化和反馈，积极挖掘客户的价值和增值机会，以实现企业的净值目标。

客户成功经理在"凡事自己拿结果"阶段的工作内容有4项：绘制客户成功旅程、管理客户池的价值、交换单个客户价值、客户成功经理的日常工作。

4.1.1 绘制客户成功旅程

对于企业客户来说，购买产品或服务不仅为了购买产品或服务，还希望真正获得业务效果，帮助业务取得更大的成功。比如，SaaS服务的兴起使客户使用软件系统的替换成本更低，可选范围更大。我们在实际工作过程中常常听到客户说："感觉这个系统对我们没有什么用，我们就不再续约了。"当我们听到客户如此说的时候，其实是很难定义"有用"和"没用"这两个概念的，如果这时候才想起来去问"为什么没用呢？是哪里没用呢？"，其实为时已晚。如果我们能够和客户一起制定使用产品或服务过程中每个阶段需要达成的目标，并协助他们达成目标，就可以为后续客户的续约、增购和转介绍积累有说服力的证据。

因此，绘制客户成功旅程显得尤为重要，是客户成功实践的关键动作。如果我们能够把整个客户成功服务流程可视化，将会大幅提高客户的信任度。我们可以从"目标渐进效应"中得到启发，当人们认为自己距离目标越来越近时，完成任务的动机就会更加强烈。

如果客户想采购一项 CRM 的 SaaS 软件服务，希望在系统上线半年后，线索能够实时跟进、线索各环节的转化数据看板化等。这时 A 供应商说其 CRM 可以不限量添加账号，可以完整记录线索的跟进情况，线索转化情况可以看板化，可以设置客户标签等；而 B 供应商说会在半年内每个月跟你一起设立目标，第一个月实现新线索 12 小时内首次触达跟进和目标客户、画像客户、意向客户、商机、合同、赢单、合同回款 7 个阶段转化数据的看板化，第二个月实现新线索 1 小时内首次触达和获客 ROI 看板化……半年后实现新线索 30 分钟内闭环和线索全链路数据看板化，其中为了达到这些目标要配合实施项目经理和客户成功经理做以下几件事情……

相比较而言，B 供应商会更加吸引你，因为你知道购买了其 CRM 之后，每个阶段都会取得定量的一小步成功，那距离最后的成功就会越来越近，整个过程是有较强的控制感的。所以我们在客户成功实践一开始就需要绘制客户成功旅程，与客户一起讨论设定每个月或者每个季度的合理成功目标，让客户直观感受到使用了产品或服务后，大概率可以实现"期待的结果"。在每个阶段结束后，都要和客户一起复盘和计划下一个阶段的目标如何达成。在成功目标标准的牵引下，只要目标设定在合理范围内，目标大概率会预期达成。如此往复，客户成功目标不断在达成，客户在使用产品或服务的过程中会产生更多的控制感、安全感，对你的信任感就会大大加强。就算最后没有续约，我们也能够从中找到一个清晰可量化的原因，帮助我们改进产品和服务，同时也可以在过程中有效地采取风险预判，做好风险规避措施，降低客户流失的风险。

4.1.2 管理客户池的价值

每个客户成功经理都负责一定数量的客户，这一定数量的客户就是客户池。例如，对于ERP型SaaS企业来说，客户成功经理负责的可能是总合同金额200万～500万元的客户量，平均每个客户的合同金额为5万元/年，所以客户池中共有40～100个客户。因此，如果到年底，在不增加新客户的情况下，客户成功经理所管理的客户池留存的价值范围为200万～500万元，说明NDR≥100%，可以认为业绩不错；若NDR能做到120%以上，则可视为优秀。

为了更好地管理客户池价值，客户成功经理需要根据距离合同到期时间的长短将其所管理的客户分为四类：紧急型客户、关注型客户、成长型客户和启动型客户。

（1）**紧急型客户**：指距离合同到期1个月内的客户，包含合同已到期但未续约的客户。对于此类客户，需要尽早主动拜访，交流关于续约方面的话题，加快续约的节奏，切勿拖延或临时告知客户续约，以免引起客户的反感。如果有其他特殊情况影响客户续约（如财务出差、货款未收回、流程未审批等），可以及时给客户申请延期，以便与客户建立良好的客情关系。客户一般会在合同到期前1个月开始沟通续约方案或增购方案，进入紧急期后主要是处理续约或增购的合同细节和催款打款等问题。此时，最害怕出现的情况是还未联系紧急期客户或只拜访过一次，这是不允许出现的。

（2）**关注型客户**：指距离合同到期3个月内的客户。对于这类客户，可以挑选同一区域内的客户进行沟通和拜访。需要注意的是，在沟通和拜访前要做好规划，因为此类客户很容易就进入紧急期，没有等待或过渡期。

（3）**成长型客户**：指距离合同到期3~9个月的客户。对于这个时期的客户，需要做好续约、增购、转介绍商机的铺垫和沟通，续约的提前拜访（针对下季度首年首月到期的客户），客户挽救计划，客户增购计划，客户转介绍计划，预流失或流失预警等。对于成长期客户，需要收集客户使用产品或服务的数据进行分析，根据数据分析结果（如客户健康度、预流失或流失预警、使用数据下滑、潜在增购或转介绍商机、客户反馈问题多但闭环情况不佳等）、客户所在区域、客户成功经理当前的时间分配和资源匹配情况等来确定是否需要上门拜访或主动沟通。

（4）**启动型客户**：指合作0~3个月、续约0~3个月或距离合同到期9~12个月的客户。对于这个时期的客户，主要是做好承诺的价值或宣传价值的交付，提升客户对产品或服务的使用体验，使客户平稳地过渡到成长期。这个时期的重点是快速与客户建立联系，与他们一起绘制客户成功旅程，并对各阶段需要达成的目标进行定义，做好合同约定价值的交付。

4.1.3 交换单个客户价值

单个客户的价值交换，核心是根据与客户一起绘制的客户成功旅程，步步为营，实现每个阶段的目标和客户所期待的结果。

首先，我们需要与负责客户的销售人员进行深入沟通，了解客户签约的理由、关注焦点以及销售所承诺的内容。此外，还需要查阅CRM系统中积累的历史沟通记录以及数据平台上的客户数据等。在与客户进行初次接触，直至形成有效的沟通或拜访之前,我们需要对客户的核心数据(包括使用的周活、月活,培训的次数,合同内容,反馈的问题和需求,增购、续约和转介绍可能遇到的问题等)了如指掌。

其次,我们需要精准地提炼出客户的问题、痛点、需求以及想法。这四个方面是我们在推动客户成功实践过程中最具有针对性的机会,也是为了最终实现净收入留存提升所必须把握的关键。

当面对使用效果不佳的客户时,我们需要迅速找出问题所在以及自身的问题所在。如果问题出在我们身上,我们需要进行根源分析,及时解决并给予客户明确的解决方案,然后提供相应的补偿措施,如赠送时长。如果问题出在客户身上,我们需要协助他们解决问题,并在此过程中与客户建立起紧密的合作关系,进一步深化客情关系。

当客户问题得到圆满解决后,我们还需要积极挖掘新的增购、续约和转介绍商机。报价过程是一门高深的学问。在初步报价时,我们首先需要报出原价,让客户清楚地知道我们的市场价,这样后续的折扣才能让客户感觉到实实在在的优惠。同时,我们需要根据客户的实际情况,制定一份详尽的报价方案,包括解决了哪些问题和痛点、满足了哪些需求和想法、具体如何实现等内容。

例如,对于提供运力服务给城配物流企业的 ToB 企业来说,可以根据客户的用车数量和实际情况,结合其他企业的充电、维保等用车配套服务的比例,确定所需要的配套服务需求量。我们可以在用车方案中多给客户配套一些充电额度和维保次数,但这些充电额度和维保次数是如何发放的,是充电券、满减券还是维保卡,如何让用车司机使用起来等,需要向客户解释清楚。最后在合同沟通阶段,我们再根据客户的具体情况给予一定的折扣优惠。

报价完成后,我们要保持高频率的持续跟进。客户成功经理在报价之后需要保持一天一个电话的频率,如果 3~4 天后客户依然没有一个明确的答复,那很可能说明客户存在的疑问尚未得到解决。此时,我们就需要通过上门拜访或者电话沟通的方式,找出问题所在并进一步推进销售节奏。只有这样,我们才有可能实现我们的目标,并通过主动服务的方式获得增购、续约和转介绍收入的增长。

4.1.4　客户成功经理的日常工作

客户成功经理都是自我驱动、通过自己拿结果的人,他们的日常工作主要包括以下 8 项内容。

- 每天联系公司指定的客户数量(5~10 家),邀约客户进行拜访,并设定后续的出差计划(确保 1 天 2~4 家),各区域都有各自的标准。
- 在出差期间,每天拜访的客户数量应达到 2~4 家(各区域可能会有差异,需要进行差异化定义)。建议 1 天拜访 3 家客户,以便在每一季度能够尽量覆盖所有客户池中的客户。
- 负责催款。建议针对已确定合作但未打款的客户,每天进行催款。需要注意的是,客户可能不会因为催款而打款,如果拖延或最终毁约一定是有原因的。在催款期间,需要找出原因并积极解决。
- 定期对客户进行复盘。平均每两周进行一次当季的客户复盘,可以邀请销售和销售主管一起参与,确保对客户情况、进度信息保持一致,并确定后续的客户续约方案,各方共同执行。

- 规范填写沟通记录。出差拜访客户结束后，应及时与对应的销售进行电话沟通，复盘拜访过程，并填写客户拜访记录，沉淀在 CRM 系统中，同时在日报中艾特对应的销售。
- 提交日报、周报，并在日报中将当天客户的沟通记录同步给对应的销售。
- 通过 CRM 系统或数据分析工具等了解待续约客户的情况。
- 完成标准的客户成功实践 SOP（标准作业程序）任务。

4.2 通过他人拿结果

当自己是一个客户成功经理，是一个执行者的时候，凡事都是通过自己服务客户来拿到结果。当自己管理一个团队或业务线的时候，就需要通过他人来拿到结果，这就是客户成功从业的第二阶段。在这个阶段，客户成功从业者需要对自己的角色认知和拿结果的行为方式发生改变。

在这个阶段，需要从执行层跃升到管理层，从执行者转变为一个管理者。管理者可以是直接管理一个团队来获取结果的人，也可以是管理业务线并间接管理团队来达到目标的人，比如有些 ToB 和 SaaS 企业设立了总部统管业务线的运营结果，全国各区域或业务渠道负责具体的业务达成，总部和区域或业务渠道有各自的负责人，这时候总部的业务管理者就是区域或业务渠道的间接管理者，只能以产品、方案、机制和激励的方式，通过区域或业务渠道拿到结果。无论是直接还是间接，处于阶段二的客户成功从业者都需要通过他人来获取结果。

因此，我们需要掌握如何激发团队的潜力，调动团队的积极性，提升团队的效率。我们需要了解团队成员的需求和期望，并制定合理的激励措施，以激发他们的动力和创造力。同时，我们还需要关注团队的整体发展和成长，为他们提供培训和支持，帮助他们不断提升自己的能力和价值。

除此之外，我们还需要学会制定明确的目标，为团队提供清晰的方向和指导。我们需要及时给予团队成员反馈和评估，帮助他们了解自己的工作表现和改进方向。同时，我们还需要关注团队的沟通和协作，建立良好的工作氛围和合作关系。

通过他人拿结果，作为客户成功实践管理者的从业者需要具备以下 6 项能力。

4.2.1　迭代从 P 到 M 的角色认知

大多数的客户成功团队或业务管理者，过去都是作为专业明星来拿结果的。在他们的专业领域，他们都非常优秀，从而调任为客户成功管理岗。从 P（Professional，专业）序列到 M（Management，管理）序列的角色转变过程中，需要对自己的角色认知和拿结果的方式进行迭代。处于客户成功从业阶段二的管理者不是结果的直接产出者，而是通过激发团队的能量和管理业务运营来创造价值，以及在执行过程中，通过定目标、抓过程和盘结果的方式，深挖差距的根因，推动业务的发展，从而拿到结果。

在 P 序列中，专业明星主要关注的是自己的专业技能，追求的是个人的成功和成就。而在 M 序列中，客户成功实践的管理者需要关注的是团队和业务的发展，追求的是团队与公司的成功和成就。因此，他们需要转变自己的思维方式和行为模式，从关注个人成功转变为关注团队和业务的发展。

总之，从 P 到 M 的角色转变既是客户成功实践中一种更高层次的挑战，也对管理能力提出了更高的要求，需要我们掌握更多的管理技能和领导力，以带领团队取得更好的业绩和成长。

4.2.2 制定客户成功标准的能力

团队或业务的管理者能够基于业务特点和发展趋势来制定标准，这就是他们的核心能力，因为客户成功标准是整个客户成功实践的方向和价值牵引。在真正的实践中，客户成功是老客户收入的创造者，是反熵增的增长引擎，其标准是量化的。客户成功标准的通用指标有续约率、增购率、活跃率、NDR 等。

- 续约率对应的是主动服务的成功。通过统计一定时间段内续约或活跃的客户数量与总客户数量的比例，可以衡量客户对产品的满意度以及服务的质量。
- 增购率对应的是向上销售和交叉销售的成功。增购率是指客户在原有产品或服务的基础上增加购买的数量或种类，体现了客户对现有产品或服务的满意度和信任度。
- 活跃率是指客户在产品或服务中的活跃程度，反映了客户对产品或服务的参与度和使用频率。活跃率的提升意味着客户对产品或服务的使用体验更好，更愿意持续使用和推荐给他人。
- NDR 是指客户在现有产品或服务的基础上继续选择购买的比例，对应的是老客户持续性收入的增长，反映了客户对产品或服务的忠诚度和满意度。

除了以上通用指标，客户成功标准里还有外部衡量指标：客户预算支出占比。比如做新能源物流车租赁业务的 ToB 企业，其客户在企业的支出占客户总用车支出的比例：占比越高，说明你跟他们的业务走得越近，你的解决方案对他们越重要，被替换的可能性越低，为高黏性客户；占比越低，说明你跟他们的业务离得越远，你的解决方案对他们没那么重要，被替换的可能性越高，为低黏性客户，需要重点关注，设法增加客户在你身上的预算支出占比。

需要注意的是，客户成功需要有"业务线"的概念。客户成功是个业务，是一个能够真正创收的业务，必须离客户的业务线和业务领导很近，只有这样才能够有黏性，有持续的增购、转介绍和续约。这不是随随便便找几个客户成功经理或者业务经理，然后定个续约、增购和转介绍的指标就能做到的。

4.2.3　能够延迟满足感

专业明星是能够直接带来业绩增长和结果的人，他们可以迅速获得自我满足感和成就感。然而，管理者的角色更加复杂，需要通过团队和业务相关方来实现结果。这种满足感是延迟的，因为管理者不是直接的生产者，但成功带领团队取得成果时，同样可以获得"酣畅淋漓"的自我满足感。

通过他人取得结果，需要学会如何带领团队。一个成功的团队不仅需要个人的才华和努力，更需要团队成员之间的相互协作和支持。作为管理者，需要培养团队成员，帮助他们发现自己的潜力和能力。当看到团队成员的成功和成长时，管理者同样可以获得一种不同于个人的成就感。

为了更好地带领团队，管理者需要与团队成员和业务相关方保持密切的沟通。通过了解他们的需求和问题，管理者可以更好地了解团队的发展方向和目标。同时，管理者还需要通过引导、训练、赋能等方式来帮助他们解决问题和提高能力。当看到团队成员的进步和成功时，管理者不仅可以获得一种延迟满足的成就感，还可以获得一种"自我实现"的快感。这是作为管理者的一种独特的快乐和满足感。

4.2.4　善于从全局和细节出发

在带领团队或管理业务时，很多管理者会发现，即使是一些看似简单的事情，团队成员或实际业务的执行者在处理时也可能会遇到困难。这主要是因为管理者和执行者在思考方式、经验和对问题的理解上存在差异。

作为一个管理者，需要具备全局思考的能力，能够从宏观的角度出发，解决团队在业务中遇到的问题。同时，也需要关注细节和注意事项，将每一个环节和步骤都考虑清楚。而团队成员或实际业务的执行者可能缺乏这种全局思考的能力，或者没有足够的经验来处理复杂的问题。

因此，处于阶段二的客户成功管理者需要具备的一项重要能力就是，将全局和细节结合起来，从整体到局部进行思考和分析。也就是说，将复杂的业务问题分解成简单的步骤，并清晰明了地向团队成员和实际业务的执行者分享自己的思考过程和解决方案。

通过这种方式，处于阶段二的客户成功管理者可以有效地提升团队拿结果的效率，帮助团队成员更好地理解和解决所遇到的问题。同时，也可以通过分享自己的经验和知识，帮助团队成员和实际业务的执行者提升自己的能力和专业水平。

4.2.5　乐于做解决问题的教练

在客户成功实践的过程中，作为团队和业务管理者，每天一定会收到团队和业务相关方提出的各种各样的问题。当团队成员或业务执行者向你提出问题并希望得到解决方案时，不应该直接给出解决方案，而是作为一个解决问题的教练，通过反问引导他们思考，培养他们独立解决问题的能力。

例如，当团队成员提出一个问题时，可以问："这是一个好问题。那么当你提出这个问题时，你是怎么想的？你有没有什么好的想法呢？"通过这样的问题引导，可以帮助他们厘清自己的思路，培养他们独立解决问题的能力。

许多员工其实有很多好的想法，但由于缺乏自信或担心自己的想法不够成熟，不敢表达出来。作为管理者，我们需要给予他们信心，让他们有勇气表达自己的想法。我们可以说："你把想法说出来，我可以帮你一起完善和改进，如果不说出来，问题就无法得到解决。"

通过做解决问题的教练，我们可以帮助团队成员提高沟通和解决问题的效率。当他们能够带着解决方案来问问题时，将会更有效率地共同解决问题并取得成功。

4.2.6　构建并执行人才成长标准体系

通过他人拿结果的管理者，工作的重心之一是培养和指导自己的团队。培养一名成熟的客户成功人员，比起增加几个续约、增购或转介绍更有价值。我们对团队的培养和指导投入的精力和心血，决定了客户成功实践团队未来的成长速度和能力上限。只有团队的素质和能力提升了，我们才能更轻松地取得好的业绩。因此，作为管理者，构建并执行一套客户成功实践的人才成长标准体系至关重要。

任何一家 ToB 和 SaaS 企业的客户成功实践，都有特定的人才需求，也会有一定的衡量标准。若能够围绕人才成长标准来培养人才，培养出既懂业务又懂客户成功的人才，是最为理想的选择。

4.3　影响众人拿结果

处于阶段三的客户成功领导者，通过其领导力影响他人并共同取得成果。在当前高度不确定的商业环境中，仅仅依靠管理能力、产品能力和营销能力来带领团队正确地实施客户成功实践已经不足以取得持续性的商业成功。因此，客户成功领导者需要能够在快速变化的商业环境中找到正确的方向，并将方向和价值观传递给团队，带领团队从当前所在的位置到达想去但还没去过的地方，不断取得一场又一场的胜利。这就是领导力，也是通过影响他人共同取得成果的能力。

处于阶段三的客户成功实践领导者通常具有以下 7 项显著特征。

4.3.1 以终为始，肩负起"社稷主、天下王"的使命

正如《道德经》所言："受国之垢，是谓社稷主；受国不祥，是为天下王。"能够承受国家的困难，才能成为社稷的主宰、天下的君王。作为客户成功实践的领导者，需要以终为始，肩负起这一使命。在实践过程中，我们面临各种挑战与困难，包括许多艰难的抉择和舍弃。每一次取舍都会带来内心的挣扎、犹豫和痛苦。然而，只有拥有宽广的胸怀、坚定的决心和强大的内心，才能通过领导力"影响众人拿结果"。

在我国的商业环境中，客户成功实践常常受到质疑。有人将客户成功视为客户服务，认为它只是销售的助手，甚至认为客户成功在我国行不通。当业绩下滑、老客户收入减少或转介绍效果不佳时，客户成功可能会成为缩减成本的首选领域。面对这些挑战和质疑，作为客户成功的领导者，我们必须勇敢地面对现实，分析问题，带领团队采取正确的行动，不断取得胜利。只有这样，我们才能以终为始，确保客户成功实践取得持续性的商业成果。

4.3.2 通过不断取得小胜，帮助团队成员实现目标

员工加入团队，是因为他们相信我们可以带领他们实现自己

的目标。这些目标可能是增加收入，获得荣誉感，得到成长。为了实现这些目标，作为客户成功实践的领导者，我们需要在一场一场的胜利中，证明我们有能力带领他们取得他们想要的结果。只有不断带领团队取得成果，我们才能赢得团队的信任，进而一起取得更大的成功。

客户成功需要精耕细作，主动服务客户，通过解决客户的问题和实现客户的业务目标，取得相应的成果并获得回报。而作为客户成功的领导者，我们需要通过不断取得小胜，让团队成员实现他们的目标，这是在高度不确定的环境中给予团队的安全感和确定性。

4.3.3 以身作则，成为行动的典范

以身作则，就是做好团队的精神领袖和学习的榜样。作为领导者，我们是团队的启明星和方向标，我们的言行举止会受到团队的关注并被无限放大。因此，在制定和执行政策以及践行价值观的过程中，我们的身体力行比口头强调更具影响力。

团队成员往往以领导者为榜样，呈现出"上梁不正下梁歪"的现象。因此，领导者在客户成功实践中必须注重自己的言行举止，不能有失偏颇或逾矩。

4.3.4 描绘蓝图，使团队看到未来

优秀的领导者在阐述战略时，能够形象地描述出一个令人兴奋的目标和蓝图，俗称"画饼"。这也是领导者区别于管理者的一个点，领导者往往善于用梦想和价值观来驱动团队，而不是依赖机制，其核心工作是激发团队的热情，让大家看到未来的可能性。

"画饼"需要避免虚无缥缈的"假大空"，必须能够真正为

客户和行业创造价值，让员工能够通过这个价值来实现自己的梦想。"画饼"可以分为以下 3 个层次。

- **第一个层次：伪装**。在这个层次上，客户成功领导者会以欺骗的心态来描绘一个不切实际的蓝图，给团队成员展示一个根本不存在的"大饼"。这种行为最典型的例子就是传销组织的洗脑行为，这种组织试图通过洗脑让人们相信不存在的价值。这是以创造价值为名义进行欺骗的行为，因此必须坚决避免出现这种状况，否则会伤害到自己和团队成员。

- **第二个层次：夸大**。在这个层次上，客户成功领导者会用自己都不相信的美好未来来"忽悠"团队成员，让他们为了虚构的客户成功价值和情怀而努力工作。这种画大饼的出发点是让团队成员更加努力地工作，以便从团队成员身上获取更多的剩余价值。这种画大饼纯粹属于"空中楼阁"，只是领导者为了某种目的而采取的行动。

- **第三个层次：战略规划**。在这个层次上，领导者因为相信客户成功实践的未来，从而描绘出一幅客户成功实践的战略地图，并对战略地图进行深入的思考和规划。这种"画饼"是真正以为客户和行业创造价值为荣，是可以真正引导团队成员朝着共同的目标去奋斗，去实现客户成功的价值的。客户成功领导者真心相信这个蓝图，团队成员也深信不疑。

4.3.5　引领团队不断成长与进步

客户成功实践的成功需要团队成员不断学习、进取、尝试和冒险，敢于面对未来的挑战。作为客户成功领导者，引领团队不断成长与进步是职责所在。只有具备远大视野和格局的领导者，才能带领团队走得更远。能够在顺境中带领团队不断创造佳绩，也能够在逆境中带领团队破解难题、持续进步，才是客户成功领域真正的领导者。这样的领导者，才能在"厌恶损失"和"极度不确定"的时代，取得客户成功实践的成功。

4.3.6　给予团队和合作伙伴确定性与安全感

面对未知时，人们通常会感到恐惧和不安。在客户成功实践中，团队和相关联的合作伙伴也会面临同样的心理。此时，领导者需要亲自参与具体的工作任务，全流程闭环完成一个客户的客户成功服务实操案例。这种理论结合实战的案例将极具说服力，能够切实给予团队和合作伙伴信心与安全感，让他们相信领导者不是空口说大话，而是真正能够付诸实践并取得成果的。随着更多项目的逐步落地实践并取得一次次胜利，领导者给予团队和合作伙伴的确定性与安全感将使整个工作流程变得更加顺畅。

4.3.7　擅长自我和解与超越

客户成功领导者的"自我和解"包括接纳自己在客户成功实践过程中发生的各种不完美，以及客观认识自己的能力。出于各种原因，领导者可能会在客户成功实践中犯错或表现出不佳的状态。例如，因为表达不当而使团队成员感到不满；因为缺乏有效的策略而努力争取客户但最终失去他们；因为资源协调不力，连续几个月未达到 NDR 目标，导致公司对其失去信任；因为其他原因而感到内疚，一直耿耿于怀，甚至产生抑郁情绪，最后黯然离开。在上述情况下，"自我和解"实际上是一种人生智慧。只有接纳自己，才能更好地"超越自我"，才能真正用帮助客户成功的理念、价值观和领导力来影响他人以实现目标。由于客户成功在国内是一个新的领域,许多企业和职场人士对此并不了解,因此客户成功领导者需要在实践过程中不断地进行自我和解与超越,以推动客户成功理念和实践的发展。

体系篇

客户成功是一个新兴的专业领域，国内很多关于客户成功的理论知识和实践方法都是从欧美引进的。在探讨客户成功实践时，为了取得良好的客户成功效果，我们应就"客户成功是什么"达成共识。每个人都需要理解客户成功的定义，以便进行有效的讨论和交流。

本篇将提供一个客户成功实践的体系框架——"客户成功实践地图"。该地图描述了 ToB 和 SaaS 企业为何要开展客户成功，如何进行客户成功实践，客户成功要做什么以及客户成功的持续性。这个框架可以作为一种语言，让你能够方便地描述和使用客户成功的运作模式，从而构建新的客户成功战略。通过客户成功实践地图的 13 个基本模块，我们就可以很好地描述并定义客户成功战略。

客户成功实践地图就像一个战略蓝图，它分为四个层级：目标层、策略层、路径层和结果层。该蓝图是一个从上到下逐步从理想走向现实的落地过程，也是一个从下到上逐层复盘的闭环，我们可以根据企业组织结构、流程和系统来实现它。

（1）**目标层**：解决的是为何要做的问题。净值目标是所有企业运营的核心，也是 ToB 和 SaaS 企业必须进行客户成功实践的核心原因。

净值意味着企业是盈利的，是增长的。因为企业只有盈利才有可能持续发展，即使暂时亏损，通过融资获得一定的资本支持，在未来某个时间点也需要扭亏为盈才能持续发展，否则将面临破产和倒闭的风险。目标层包括1个净值目标模块。

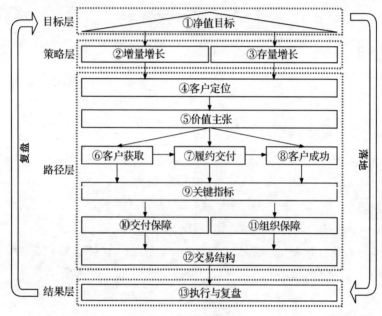

客户成功实践地图

（2）**策略层**：解决的是如何做的问题。以客户为中心的增长策略是ToB和SaaS企业运营的关键，也是实现客户成功净值目标增长的基础。策略层包括增量增长和存量增长2个模块。

（3）**路径层**：解决的是做什么的问题。以客户为中心，梳理客户成功规模化增长的实施路径。路径层包括客户定位、价值主张、客户获取、履约交付、客户成功、关键指标、交付保障、组织保障和交易结构9个模块。

（4）**结果层**：解决的是接下来做什么的问题。目标、策略和路径梳理完成后，制订计划并落地执行，同时持续进行复盘和迭代，逐步将净值目标从理想转化为现实。任何事情的实践和发展都建立在一次次的迭代升级中，最终才能实现理想目标。结果层包括 1 个执行与复盘模块。

四个层级的 13 个模块构成了客户成功商业化运营的整体框架，也是客户成功实践的行动指南。

第 5 章

净值目标：设计聚焦净值的目标数据模型

ToB 和 SaaS 企业高度重视客户持续签约付费的商业模式。净值是衡量 ToB 和 SaaS 企业运营效果和客户成功价值的核心指标。净值展示了企业获取新客户、客户从新客户阶段过渡到老客户阶段以及老客户持续增长的情况。从增长本质上可以将 ToB 和 SaaS 企业业务拆解为两个核心部分：一是围绕新客户的增量增长业务；二是围绕老客户的存量增长业务。而新客户的增量增长是老客户存量增长的基础，前期没有新客户的增量增长，后期就没有老客户的存量增长；若没有老客户的存量增长，新客户的增量增长就无法获得良好的口碑效应影响、客户成功实践案例的支撑以及源源不断的低成本线索供应。

净值对 ToB 和 SaaS 企业来说至关重要，尤其是对那些重视客户持续签约付费商业模式的 ToB 和 SaaS 企业。因此，这些企业需要关注净值目标并采取相应的措施来实现业务运营的良好发展。例如，对于 ToB 和 SaaS 上市企业来说，可以通过查看财报中的 NDR 指标来了解净值情况。如果 NDR 为 120%，意味着即使停止新客户的增长而仅依靠现有老客户的运营，也能保持 20% 以上的年增长率。这表明 ToB 和 SaaS 企业的业务运营状况良好，因为现有老客户在持续扩展产品和服务的使用范围。因此，净值是 ToB 和 SaaS 企业追求客户成功实践的重要目标之一。

5.1 净值体现客户成功的全景

客户成功的目标在于，在客户首次签约付费后，通过专业的服务帮助客户深度使用产品和服务，解决客户问题和满足其需求，为客户带来良好的体验，从而实现续约、增购和转介绍的增长。

衡量客户成功的最佳指标是净值。净值能够全面描绘客户成功的全景，包括续约、增购、转介绍以及流失情况等。当净值增长时，说明续约、增购和转介绍都在增长，而流失率在降低；当净值下降时，则说明续约、增购和转介绍都在下降，而流失率在上升。因此，净值是反映客户成功状况的综合性指标。

5.1.1 客户成功核心目标：净收入留存率

在客户成功实践中，有 4 个常用的净值目标衡量指标：客户净值、收入净值、用户净值和用量净值。这些指标可以用来全面地评估客户成功的状态，从而有效地实现客户价值的持续增长。

- **客户净值**：通常用净客户留存率来衡量，指的是老客户续约以及转介绍新客户购买产品或服务的签约主体的比例情况，这个比例可以是企业或个人。这个指标能够反映客户对产品或服务的忠诚度和满意度。

- **收入净值**：通常用净收入留存率来衡量，指的是客户续约、增购和转介绍产生的收入增值情况。这个指标可以反映企业收入增长的健康状况和可持续性。
- **用户净值**：通常用净用户留存率来衡量，指的是使用产品或服务的留存老用户和新增用户的比例情况。这个指标可以反映产品的用户黏性和满意度。
- **用量净值**：通常用净用量留存率来衡量，指的是续约、增购和转介绍的用量比例情况。用量包含软件系统账号、机械或硬件设备、租车的车辆、订单的单量、网络流量和物品等。这个指标可以反映客户对产品或服务的依赖程度和使用频率。

这些指标共同构成了客户成功实践中的净值目标，可以帮助企业全面了解客户的状态和需求，从而更好地调整业务策略，实现客户价值的持续增长。

那么，如何确保客户成功实践核心目标的正确性呢？这需要关注 6 个基本要素，如图 5-1 所示。

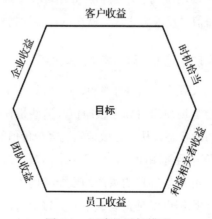

图 5-1　正确的目标模型

- **客户收益**：在客户成功实践中，客户能获得什么。
- **企业收益**：在客户成功实践中，企业能获得什么。
- **员工收益**：客户成功实践第一线的员工能获得什么。
- **团队收益**：客户成功实践的整个团队能获得什么。
- **利益相关者收益**：在客户成功实践中，协同部门、合作伙伴等利益相关者能获得什么。
- **时机恰当**：在客户成功实践中，时机是否成熟。

收入净值完全符合以上 6 个基本要素，任何企业、组织或个人都希望获得持续性的收入增长，客户净值、用户净值和用量净值是收入净值的重要组成部分。接下来将详细介绍常用的收入净值指标——净收入留存率（NDR）。

NDR 是指在特定时期内能够从现有客户获得的收入比例。NDR 通常按月或按年计算，包括增购的向上销售和交叉销售、流失、降级和赔付等。假设你的 ToB 和 SaaS 企业有 100 个客户，流失了 20 个客户，那么是通过留存的 80 个客户所能够带来的全部收入来衡量你的 NDR，从而判定你的客户成功情况和企业的持续性。

同时，NDR 可以帮助 ToB 和 SaaS 企业深入了解其产品或服务对客户需求的满足度和解决问题的情况，如果不能够帮助客户解决问题、满足客户需求，为客户创造价值，客户最终会离开。因此，NDR 是客户终身价值的体现，也是 ToB 和 SaaS 企业良好财务的表现，还是客户成功服务质量的衡量标准。

5.1.2 净收入留存率的计算逻辑

NDR 是一个神奇的净值目标，即使 NDR 只有 100%，它所代表的价值也会超出想象。我们可以通过以下计算来理解：假设新客户所带来的收入增速为20%,那么叠加100%、110%、120%、125%的NDR会带来怎样的效果呢?

当NDR为100%时,保持20%的新客户收入增长和100%的老客户NDR,1000万元的ARR(年度经常性收入)在5年后会增长到约7400万元,10年后会增长到约2.6亿元,如表5-1所示。

表5-1　老客户NDR为100%、新客户收入
增长20%时的收入增长测算　　（单位:万元）

收入	第1年	第2年	第3年	第4年	第5年	第6年	第7年	第8年	第9年	第10年
新客户收入	1000.00	1200.00	1440.00	1728.00	2073.60	2488.32	2985.98	3583.18	4299.82	5159.78
老客户收入		1000.00	2200.00	3640.00	5368.00	7441.60	9929.92	12915.90	16499.08	20798.90
总收入	1000.00	2200.00	3640.00	5368.00	**7441.60**	9929.92	12915.90	16499.08	20798.90	**25958.68**

当NDR为110%时,保持20%的新客户收入增长和110%的老客户NDR,1000万元的ARR在5年后增长到约8800万元,10年后增长到约3.6亿元,如表5-2所示。

表5-2　老客户NDR为110%、新客户收入
增长20%时的收入增长测算　　（单位:万元）

收入	第1年	第2年	第3年	第4年	第5年	第6年	第7年	第8年	第9年	第10年
新客户收入	1000.00	1200.00	1440.00	1728.00	2073.60	2488.32	2985.98	3583.18	4299.82	5159.78
老客户收入		1100.00	2530.00	4367.00	6704.50	9655.91	13358.65	17979.10	23718.50	30820.16
总收入	1000.00	2300.00	3970.00	6095.00	**8778.10**	12144.23	16344.63	21562.28	28018.32	**35979.94**

当NDR为120%时,保持20%的新客户收入增长和120%的老客户NDR,1000万元的ARR在5年后增长到约1亿元,10年后增长到约5.2亿元,如表5-3所示。

表5-3　老客户NDR为120%、新客户收入增长20%时的收入增长测算　（单位：万元）

收入	第1年	第2年	第3年	第4年	第5年	第6年	第7年	第8年	第9年	第10年
新客户收入	1000.00	1200.00	1440.00	1728.00	2073.60	2488.32	2985.98	3583.18	4299.82	5159.78
老客户收入		1200.00	2880.00	5184.00	8294.40	12441.60	17915.90	25082.26	34398.53	46438.02
总收入	1000.00	2400.00	4320.00	6912.00	10368.00	14929.92	20901.88	28665.44	38698.35	51597.80

当NDR为125%时，保持20%的新客户收入增长和125%的老客户NDR，1000万元的ARR在5年后增长到约1.1亿元，10年后增长到约6.2亿元，如表5-4所示。

表5-4　老客户NDR为125%、新客户收入增长20%时的收入增长测算　（单位：万元）

收入	第1年	第2年	第3年	第4年	第5年	第6年	第7年	第8年	第9年	第10年
新客户收入	1000.00	1200.00	1440.00	1728.00	2073.60	2488.32	2985.98	3583.18	4299.82	5159.78
老客户收入		1250.00	3062.50	5628.13	9195.16	14085.95	20717.83	29629.76	41516.75	57270.00
总收入	1000.00	2450.00	4502.50	7356.13	11268.76	16574.27	23703.81	33212.94	45816.00	62429.78

从上述计算中可以看出，当NDR达到125%时，1000万元的ARR在5年后将增长到约1.1亿元（5年11倍），10年后增长到约6.2亿元（10年62倍）。这是一个非常惊人的数据，因此只要能够实现NDR超过125%，几乎可以肯定的是，这家企业会在5~10年内成为行业内的独角兽。如果ToB和SaaS企业在客户成功实践上持续投入，NDR从100%提升到125%，这期间提升的价值将呈几何倍数增长，这就是NDR的复合效应。

通过以上4个针对不同NDR的收入测算，我们可以看到NDR的影响力超乎想象。那么，如何计算NDR呢？

对于ToB和SaaS企业来说，收入模式主要有两种：定期订阅式和不定期复购式。定期订阅式是指通过订阅、租赁或会员制的方式按月或按年定期付费，一般付费时间确定；而不定期复购式则根据客户的实际业务需求不定期购买付费，一般付费时间不确定。两种模式都会对 NDR 的计算产生影响。

1. 定期订阅式 NDR 的计算逻辑

先看年度 NDR 和月度 NDR 的计算公式。

年度 NDR =（年初 ARR + 升级 ARR + 增购 ARR − 流失 ARR − 降级 ARR − 其他损失 ARR）/ 年初 ARR × 100%

月度 NDR =（月初 MRR + 升级 MRR + 增购 MRR − 流失 MRR − 降级 MRR − 其他损失 MRR）/ 月初 MRR × 100%

计算公式中的每个指标解读如下：

- ARR（年度经常性收入）：指 ToB 和 SaaS 企业年度获得的经常性收入，是企业长期稳定收益的重要来源。
- MRR（月度经常性收入）：指 ToB 和 SaaS 企业月度获得的经常性收入，是企业短期收益的重要来源。
- 年初 ARR：指 ToB 和 SaaS 企业去年期末的经常性收入，包含上年度新增经常性收入和往期老客户留存的经常性收入（往期老客户指客户合作时间 >1 年）。
- 月初 MRR：指 ToB 和 SaaS 企业上月期末的经常性收入，包括上月度新增经常性收入和往期老客户留存的经常性收入（往期老客户指客户合作时间 >1 个月）。
- 升级 ARR/MRR：指 ToB 和 SaaS 企业统计周期年度 / 月度内向上销售获得的经常性收入，是客户价值提升的关键指标。
- 增购 ARR/MRR：指 ToB 和 SaaS 企业统计周期年度 / 月度内内交叉销售获得的经常性收入，是评估企业产品组合销售效益的指标。

- 流失ARR/MRR：指ToB和SaaS企业统计周期年度/月度内客户流失损失的经常性收入，是衡量客户稳定性的重要指标。
- 降级ARR/MRR：指ToB和SaaS企业统计周期年度/月度内客户降级损失的经常性收入，是客户价值降低的体现。
- 其他损失ARR/MRR：指ToB和SaaS企业统计周期年度/月度内因赔付、操作失误、设备损坏或其他不当行为等损失的经常性收入。

比如，ToB和SaaS企业的期初ARR是1000万元（其中包含上年度新增ARR 400万元、往期老客户留存ARR 600万元），升级ARR是100万元，增购ARR是300万元，流失ARR是100万元，降级ARR是50万元，其他损失ARR是10万元，那么NDR为

[(1000 + 100 + 300 − 100 − 50 − 10)/1000] × 100% = 124%

对于订阅式的ToB和SaaS企业，还有两个核心的指标需要重点关注：续费率和续约率。续约率关注客户第一个服务周期结束后是否续约，不会超过100%。续费率关注客户第一个服务周期结束后续签的费用，可能超过100%。

2. 不定期复购式NDR的计算逻辑

不定期复购式NDR的计算公式如下。

年度NDR =（年初收入 + 关联收入 − 流失收入 − 其他损失收入）/ 年初收入 ×100%

月度NDR =（月初收入 + 关联收入 − 流失收入 − 其他损失收入）/ 月初收入 ×100%

计算公式中的每个指标解读如下：

- 年初/月初收入：指 ToB 和 SaaS 企业去年/上月期末的总收入情况，包含上年度/上月度新增收入和往期老客户复购的收入（往期老客户指客户合作时间>1年或1个月）。
- 关联收入：指 ToB 和 SaaS 企业统计周期年度/月度内通过关联销售或交叉销售获得的收入。
- 流失收入：指 ToB 和 SaaS 企业统计周期年度/月度内老客户不再复购流失的收入。
- 其他损失收入：指 ToB 和 SaaS 企业统计周期年度/月度内因损耗、赔付、操作失误、设备损坏或其他不当行为等损失的收入。

比如，ToB 和 SaaS 企业的年初收入是 1000 万元（其中包含上年度新增收入 400 万元、往期老客户复购收入 600 万元），关联收入是 100 万元，流失收入是 200 万元，其他损失收入是 100 万元，那么 NDR 为

$$[(1000 + 100 - 200 - 100)/1000] \times 100\% = 80\%$$

那么，怎样的 NDR 算好呢？

在客户成功实践过程中，NDR≥100% 算不错，说明老客户收入持平，NDR≥120% 代表很好，NDR≥135% 则被判定为优秀。Crunchbase 的一项调查显示，成功进行 IPO 的企业 NDR 平均为 104%。如果 ToB 和 SaaS 企业的 NDR≥110%，就算很不错了。我们在客户成功实践过程中，需要对 NDR 的变化趋势做全量跟踪，NDR 越高，说明客户对产品或服务的认可度越高，客户付费意愿越强烈，企业呈上升态势。

NDR 作为衡量一家 ToB 和 SaaS 企业未来发展好坏的基础性指标，首先反映的是企业在过去一年中"留钱"的能力，揭示了企业内部的增长动力，其次是对未来发展的一个预期。如果 ToB 和 SaaS 企业想在 3～5 年实现 NDR≥120%，就需要关注新客户

的规模化增长和存量老客户产品或服务的渗透率。

5.2 推算净值目标运营指标的方法

在客户成功实践过程中,定期订阅式和不定期复购式在推算净值目标运营指标的逻辑上是一致的,都是从梳理上年度的收入情况开始,确定 NDR 目标后,运用 NDR 公式换算出老客户收入目标、拆解老客户结构收入目标,然后利用一系列假定的转化率,倒推得出该业务量所需的线索数量。这个模型是根据多年的客户成功实践经验建立的,如果 ToB 和 SaaS 企业能够测算出自己的转化率,建议用企业的数据倒推计算一次,这样更有利于熟悉整套推算逻辑。

大多数 ToB 和 SaaS 企业在增长的初期阶段并没有较为准确的转化率数据,此时可以参考同行业的转化数据指标做测算,然后在实践过程中逐步优化调整成符合企业现状的转化数据模型。

假定在老客户不流失的情况下 NDR 目标为 120%、续费率为 100%、升级率为 10%、增购率为 10%,以定期订阅式为例进行净值目标运营指标的 15 步推算过程的数据模拟,如表 5-5 所示。

表 5-5 净值目标运营指标的推算

步骤	运营指标值		
(1)梳理上年度 ARR 情况	1000 万元		
(2)确定 NDR 目标	120%		
(3)确定老客户收入目标	1200 万元		
(4)拆解老客户收入结构	续费:1000 万元	升级:100 万元	增购:100 万元
(5)核算平均单价	5 万元	5 万元	5 万元
(6)确定需成交的客户数	200	20	20

(续)

步骤	运营指标值		
(7) SQL（销售合格线索）转化率	100%	80%	80%
(8) 需要的 SQL 数	200	25	25
(9) MQL（市场合格线索）转化率	100%	50%	50%
(10) 需要的 MQL 数	200	50	50
(11) 画像客户转化率	100%	50%	50%
(12) 需要的画像客户数	200	100	100
(13) 目标客户转化率	100%	80%	80%
(14) 需要筛选的目标客户数	200	125	125
(15) 整理出来的潜在客户数	200	200	200

从表 5-5 中可以看出，影响老客户收入的因素包括续费、升级和增购。然而，ToB 和 SaaS 企业也面临着客户流失、客户降级和其他损失等挑战。必须重视以下 3 种具体场景的流失或降级产生的影响。

- **流失一位客户**：这不仅意味着失去该客户对应的收入，还意味着失去该客户所具有的行业影响力和正向口碑传播效应。此外，还可能产生负面口碑影响，进一步影响到企业声誉和客户信任度。
- **客户使用项目减少**：在这种情况下，虽然客户数量保持不变，但所需服务或产品功能项在变少。这可能是因为客户减少了对产品功能项或服务项目的采购和使用，从而造成 ToB 和 SaaS 企业的收入下降。虽然企业并没有直接损失一个客户，但这种情况也需要引起重视。
- **产品或服务的使用量减少**：如果客户内部产品或服务的使用量在持续减少，不仅会造成 ToB 和 SaaS 企业的整体产品或服务的使用量减少，也会导致收入减少。同时，这种情况还会对增购和升级带来更大的挑战,因为客户对产品的信任度和需求量可能会受到影响。

在推算客户成功实践的净值目标运营指标时,我们不需要考虑得过于复杂。只要我们能根据 NDR 计算逻辑,为 NDR 目标或老客户收入目标描绘出符合增长逻辑的蓝图,并在随后通过投入足够的时间来协调好各种影响目标达成的因素并调整实际的运营动作,逐步完善数据模型,就能取得良好的效果。

第 6 章

增长策略:打造贯穿客户旅程的规模化增长模型

在第 5 章中,我们明确了客户成功实践的净值目标,并基于相应的动作拆解设计了 NDR 目标数据模型。接下来,我们需要思考如何打造净值目标的增长策略,包括增量增长和存量增长两大模块。ToB 和 SaaS 企业的增长来源于与客户的价值交换,当客户愿意购买或持续购买我们的产品或服务时,才有可能实现净值目标增长。因此,我们需要深入思考"如何与客户进行价值交换"这个问题。只有找到这个问题的答案,我们才能提出针对性的解决方案,并合理地与客户进行价值交换。

在制定增长策略时,我们需要充分了解客户的需求和期望。这包括了解客户使用产品或服务的原因,他们所面临的问题以及他们希望从我们这里获得什么样的价值。通过深入了解客户的需求和期望，我们可以更好地调整产品或服务，提供更符合客户需求的功能和解决方案。

同时，我们需要关注客户的 LTV（生命周期价值）。LTV 可以帮助我们评估客户对企业的长期价值，并帮助我们制定相应的策略以保持与客户的良好关系。通过了解客户的 LTV，我们可以更好地预测客户的未来贡献，并制定相应的增长策略以实现 NDR 的增长。

在制定增长策略时，我们还需要考虑如何优化客户组合。这意味着我们需要根据不同客户的需求和期望，制定不同的价值交换方案。例如，针对高价值客户，我们可以提供更高级别的服务支持和技术解决方案；针对低价值客户，我们可以提供更经济实惠的产品或服务套餐。

此外，我们还需要关注客户的口碑和推荐。对我们的产品和服务满意的客户更有可能成为我们的忠实客户，并愿意为我们推荐新的客户。因此，我们需要密切关注客户的反馈，积极解决客户提出的问题，以提高客户的满意度和忠诚度。

综上所述，要实现 NDR 的增长，我们需要深入了解客户需求和期望、关注客户生命周期价值、优化客户组合以及关注客户的口碑和推荐。通过制定合理的增长策略，我们可以更好地与客户进行价值交换，实现企业的持续增长。

6.1 贯穿客户旅程的规模化增长模型

客户旅程是企业客户在实际的运营场景中遇到问题，产生某种需求，然后经过了解、考虑、评估、决定购买和使用新产品或服务到退出的整个过程。客户旅程描述了一个全生命周期内客户使用产品或者服务时的体验，从初次接触，签订合约，到进入一个长期合作关系。客户旅程可以通过可视化和图表的方式，从客户的角度来表现其和产品或服务互动的过程，是连续时间和多个互动触点的完整体验旅程。

客户旅程可以从两个视角来描述：客户视角的"客户生命旅程"和企业视角的"客户生命周期"。

客户生命旅程是从客户的视角出发，描述客户意识到问题后与企业发生的关键交互行为的过程。整个旅程包括认知、评估、决策购买、使用和退出5个环节。认知环节是指客户意识到自身所面临的问题，评估环节是指客户定义问题并研究解决问题的方法，决策购买环节是指客户选择相应的产品或服务，使用环节是指客户实际使用和体验产品或服务，退出环节是指客户体验完不再继续使用产品或服务。

客户生命周期是从企业的视角出发，描述客户与企业之间发生关键交互行为的过程。整个周期包括认知、触达、培育、评估、选择、交付、使用、增购、转介绍、续约和流失11个环节。从企业净值目标的增长角度来看，认知、触达、培育、评估、选择5个环节称为新客户的增量增长阶段，交付环节是增量和存量之间的衔接阶段，使用、增购、转介绍、续约、流失5个环节称为老客户的存量增长阶段，它们共同组成贯穿客户旅程的规模化增长模型，如图6-1所示。

（1）认知环节：潜在客户在实际业务场景中遇到问题，或者通过会议、网络、活动、交流等方式了解到问题。不论问题如何被意识到，都是潜在客户认知自我的开始。在这个环节，潜在客户开始意识到企业面临的问题。随后，潜在客户会通过上网搜索、参加研讨会等方式了解更多信息，进一步了解和洞察问题所在。此时，ToB或SaaS企业可以利用这个契机锁定潜在客户，将其标记为目标客户。

（2）触达环节：一旦客户发现问题，他们将希望了解更多有关该问题的信息。他们会主动接触和了解能够提供解决方案的供应商。在这个环节，ToB 和 SaaS 企业可以通过对目标客户的细分，明确客户经常出现的场景或区域。然后，通过各种营销手段和渠道，将解决方案信息传递给客户，引导他们进入下一个环节。

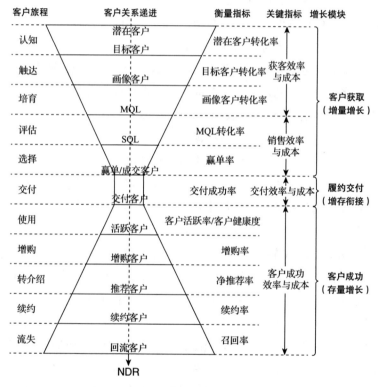

图 6-1 贯穿客户旅程的规模化增长模型

（3）培育环节：客户根据了解到的信息，慢慢开始提出各种各样的问题，向供应商进行咨询，并尝试从公司内部寻找支持和资源。如果客户能够同时获得这两种资源，他们便成为 MQL

（Marketing-Qualified Leads，市场合格线索）。培育是线索转化周期中最为关键的一环，因为这个环节的客户保持着了解更多决策信息的状态。在移动互联网时代，客户与企业之间的双向交流模式是培育环节将画像客户转化为 MQL 的重要方式。

（4）评估环节：客户获得足够的信息后，会筛选出符合需求的产品或服务的供应商清单。根据获得的决策信息，如产品功能、服务标准、价格、客户案例、产品试用或服务体验等，客户会评估并筛选出最符合实际业务需求的几个供应商，并与其进行进一步的沟通和洽谈。在这个环节，ToB 和 SaaS 企业的销售团队会向客户进行多轮产品或服务演示，全面展现自身实力，努力将潜在客户转化为 SQL（Sales-Qualified Leads，销售合格线索）。

（5）选择环节：客户根据评估结果选择一家高度匹配其实际业务需求的企业进行合作。在决策购买的过程中，客户对为其提供全程协助的销售的信任度最高。最终，客户与选定的企业达成一定周期内的服务协议，如半年签、一年签、多年签等，费用一般会按月、按季度或按年提前支付。

（6）交付环节：对于 SaaS 服务来说，此环节涉及系统的实施上线和服务激活使用；而对于其他 ToB 企业来说，则主要是采购产品或服务的交付，如企业租车的交车、设备采购的交货、流量方案的交付、咨询方案的交付等。这是产品或服务履约交付的关键步骤，因为客户希望产品或服务能像宣传时所承诺的那样，使用体验良好、培训简便易用、费用不会超出预算、投入使用的时间也符合协议要求等。若交付环节出现问题，会大大增加客户流失的风险，甚至可能会让公司失去为达成交易所投入的成本，即客户获取成本。因此，交付环节需要按时、按配置且保质保量地交付产品或服务，同时需要考虑交付资源的保障问题。在实际交付过程中，需要根据不同的商业模式来平衡前置和后置的交付资源。例如,供应链型的交付需要提前准备资源,而 SaaS 服务则只需在订单支付后,根据回款的节点后置开通账号,进行交付。

(7)**使用环节**:产品或服务交付后,客户进入正常运营使用的环节。在日常使用过程中,客户会反馈使用的问题或提出新需求。此环节需要实现高效的客户问题反馈和闭环,提升客户体验。同时,可以通过主动上门或线上联系等方式为客户提供服务,确保客户能从产品或服务中获得良好的使用效果,并感受到高质量的服务体验,以提高客户的续约率,降低流失率。

(8)**增购环节**:随着客户频繁地使用产品或服务,他们将越来越体验到所采购的产品或服务的价值。ToB 和 SaaS 产品或服务的供应商还需要向客户分享从其他客户那里获得的最佳成功实践经验,这将会进一步为企业带来增购机会,带动收入的增长。例如,申请更多车辆的租赁、申请系统账号的人数增多、服务的使用频率加快、客户使用的功能增多、采购的设备量增加等。增购环节是客户成功实践实现收入增长的重要环节,需要重点关注。

(9)**转介绍环节**:当客户对使用的产品或服务有良好的体验时,他们会很乐于主动分享或者愿意参与企业组织的分享活动。如果能够因为分享自己的最佳实践案例而从企业那里得到越来越多的好处或价值,客户大概率会变成产品或服务的拥护者、支持者和口碑传播者。

(10)**续约环节**:在使用产品和服务的过程中,存在一个期限。我们需要根据客户签约的时间节点,提前 1~3 个月进行续约的沟通,为合同到期后的续费做好准备。这个阶段根据客户的数据情况,如客户健康度、预流失或流失预警、使用数据下滑、潜在增购或转介绍商机、客户反馈问题多但闭环情况不佳等,制订提前拜访计划、客户挽救计划、客户增购计划、客户转介绍计划、续约回款等续费相关工作计划。

（11）**流失环节**：流失环节的客户也需要重点关注。当 ToB 和 SaaS 企业的产品或服务进行了迭代升级，优化好不良体验，能够给客户提供更好的价值时，之前有糟糕的产品或服务体验的客户是有可能回流的。愿意回流的客户是绝对的好客户，必须好好珍惜，给予价值的确定性，不能再次失信于人。

新客户和老客户对于 ToB 和 SaaS 企业的增长都至关重要。新客户带来增量，而老客户则是企业稳定收入的来源。为了实现净值目标，企业需要同时关注新、老客户的增长，确保两手都要抓，两手都要硬。这样的增长方式才是健康的、良性的，才能为企业带来持续的发展。

6.2 规模化增长模型的实践应用

从客户成功实践应用的角度看，规模化增长模型分为客户视角和企业视角（见图 6-2）。客户视角主要关注的是客户意识到问题后与企业发生的关键交互行为的过程，企业视角主要关注的是企业与客户之间发生的关键交互行为的过程。

1. 价值塑造期

价值塑造期的主要特点如下。

- **客户旅途**：潜在客户意识到自己面临的问题，可能是实际业务场景正在发生，可能是某个会议上听到的，可能是上网遇到的，可能是参加某场活动得知的，也可能是同行交流中碰撞的等。
- **阶段目标**：让客户意识到问题的存在。
- **核心角色**：CEO、营销负责人、产品负责人、市场负责人、销售负责人、客户成功负责人。

第6章 增长策略：打造贯穿客户旅程的规模化增长模型

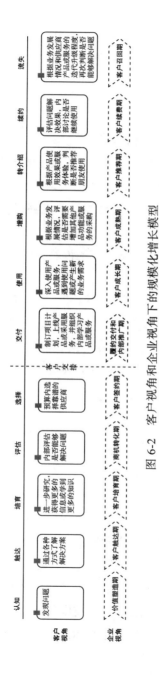

图 6-2 客户视角和企业视角下的规模化增长模型

- **工作要点**：明确目标客户，挖掘客户的核心问题，提炼客户需求，促使客户发现问题，然后锁定目标客户，并打上客户标签。

2. 客户触达期

客户触达期的主要特点如下。

- **客户旅程**：潜在客户通过各种方式了解解决方案，开始上网搜索或参加网络研讨会以进一步了解这个问题，并根据所了解的信息主动去接触和了解能够提供解决方案的供应商。
- **阶段目标**：将企业的解决方案传递给客户，让客户知道企业解决方案的存在。
- **核心角色**：市场推广人员、销售人员、客户成功经理。
- **工作要点**：根据客户所在市场的细分，明确客户经常出现的场景或区域。通过内容营销、社交媒体、搜索引擎优化、展会、朋友介绍等多种方式接触目标客户，与他们建立联系。

3. 客户培育期

客户培育期的主要特点如下。

- **客户旅程**：根据了解到的信息，客户将逐渐开始提出各种问题，向供应商进行咨询，并尝试从公司内部寻找资金和人力资源支持，以了解更多解决方案或产品知识。
- **阶段目标**：将客户转化为 MQL。
- **核心角色**：线索运营人员、销售人员。
- **工作要点**：通过与客户的持续互动，深入挖掘客户的问题和痛点，持续提供企业产品或服务解决方案的价值，影响客户的认知，使客户成为 MQL。

4. 商机转化期

商机转化期的主要特点如下。

- **客户旅程**：在培育环节获得足够信息后，客户会筛选出符合需求的产品或服务的供应商清单。根据所获得的决策信息，如产品功能、服务标准、价格、客户案例、产品试用或服务体验等，评估并筛选出最符合实际业务需求的几个供应商，然后进行沟通洽谈。
- **阶段目标**：将 MQL 转化为 SQL。
- **核心角色**：销售人员、客户成功经理。
- **工作要点**：企业销售团队需要向客户进行多轮产品或服务演示，充分展示自身实力，与竞争对手进行对比分析，并根据客户提出的需求提供解决方案，将潜在商业机会转化为销售合格线索，即从企业视角确定商机。

5. 客户签约期

客户签约期的主要特点如下。

- **客户旅程**：经过评估，客户选择与实际业务需求高度匹配的企业进行合作，并在预算范围内进行投资。他们期待的是所采购的产品或服务能够与销售的描述或承诺保持一致。
- **阶段目标**：控制客户预期，与客户签订合同，提交订单并完成回款。
- **核心角色**：客户成功负责人、销售负责人、履约交付负责人。
- **工作要点**：作为客户"业务伙伴"的销售需要为客户提供所需的一切信息，并协助客户完成整个决策购买流程。在签约期间，销售需要提供一致的产品或服务介绍、客户成功服务流程、项目交付等相关内容，避免过度承诺。

6. 履约交付和内部推广期

履约交付和内部推广期的主要特点如下。

- **客户旅程**：在制订项目计划后，将上线产品或提供服务，并组织内部员工学习产品或服务。目标是帮助客户快速使用采购的产品或服务，解决业务中的实际问题。
- **时间周期**：签约后的 0~30 天为履约交付期，30~90 天为客户内部推广期。
- **阶段目标**：在履约交付期内，帮助客户快速上手使用产品或服务，并提供相应的支持，以满足客户的个性化需求。同时，还要组织对客户内部员工的推广培训，并跟进培训效果。
- **核心角色**：交付经理、实施培训人员、客户成功经理。
- **工作要点**：
    - 销售团队需要整理客户资料，包括客户的期待结果、销售承诺、产品或服务的关注点、版本及约定等，并将其完整地移交给交付经理和客户成功经理。
    - 与客户的关键决策者沟通确认产品或服务的交付标准和双方在交付过程中需要协同的工作，并以邮件的形式进行确认。对于重要的客户，可以考虑召开项目启动会来增加仪式感，提高客户对接人对项目的重视。
    - 根据客户的购买金额、客户规模、标杆效应、采购产品或服务的类型和合作深度等因素，进行分层交付，并匹配相应级别的交付经理负责交付和推广工作。
    - 制定完整的履约交付和推广计划，并根据计划有序地完成产品或服务的交付和推广培训。在交付过程中，如果遇到有疑问之处，需要及时与客户项目负责人或关键决策者沟通协调，以高效解决问题。
- 为了确保标准的履约交付时效和质量标准，构建标准化交付和推广流程及协同机制。

7. 客户成长期

客户成长期的主要特点如下。

- **客户旅程**：在深入使用产品或服务的过程中，客户可能会遇到使用问题或产生新的业务需求。他们希望产品或服务的使用问题能够得到及时响应并妥善解决。
- **时间周期**：签约后的 90～180 天。
- **阶段目标**：在这个阶段，目标是有效跟进客户使用产品或服务的情况，并及时响应和解决客户反馈的问题及需求。
- **核心角色**：客户成功经理、客服、产品经理、技术支持。
- **工作要点**：
  - 在交付经理将产品或服务按时、按配置并保质保量地交付给客户后，需要将项目完结内容、未完结的客户个性化需求或新增的客户问题以及客户新产生的业务期待等清晰地交接给客户成功经理。
  - 及时监测客户使用产品或服务的数据情况，若发现客户使用数据异常或者出现明显不符合业务逻辑的波动，需主动了解原因，如对接人变动、业务调整、市场环境变化等，并与客户保持沟通，协助他们调整并恢复正常。
  - 及时响应和解决客户反馈的问题及需求，构建多服务通道的标准化客户服务体系。确保客户反馈的问题能得到高效响应且闭环解决，并建立与产品、技术、供应链部门等的跨部门合作机制，明确问题和需求的分级、响应时效、处理机制等。

8. 客户成熟期

客户成熟期的主要特点如下。

- **客户旅程**：在此阶段，客户已频繁、深度地使用产品或服务，希望能更好地利用产品或服务来解决业务发展问题，实现业务目标和期待的结果。他们可能会根据业务发展情况，评估是否需要增加其他产品功能或服务的采购。
- **时间周期**：签约后的 180~365 天。
- **阶段目标**：此阶段的目标是打造客户成功实践案例，并通过这些优秀案例影响其他客户，促使他们更深入地使用产品或服务，并探索更高级的产品或服务玩法。
- **核心角色**：客户成功经理、客服、产品经理、技术支持。
- **工作要点**：
    - 定期拜访重点客户，并通过提供资源保障，进一步扩大重点客户的标杆效应和影响力。
    - 努力挖掘和打造客户成功实践案例，并通过线下沙龙、闭门会议和线上直播等方式，促进中部和尾部客户之间的交流，提高他们对产品或服务的价值认同度。
    - 继续及时响应和解决客户反馈的问题及需求。
    - 采取主动服务的方式，努力挖掘客户增购的机会，以提高客户的净收入留存。

9. 客户推荐期

客户推荐期的主要特点如下。

- **客户旅程**：根据产品使用效果或服务体验，客户可能会推荐朋友使用我们的产品或服务。
- **时间周期**：签约后的 30~365 天。
- **阶段目标**：将客户发展成为产品或服务的拥护者、支持者和口碑传播者，并提供销售线索。
- **核心角色**：客户成功经理、销售人员。
- **工作要点**：这部分在 6.1 节介绍过，这里不再重复。

10. 客户续费期

客户续费期的主要特点如下。
- **客户旅程**：在评估问题解决效果后，内部会讨论是否继续使用，考察产品或服务是否能持续解决业务问题或满足业务需求，以及是否能匹配特殊的业务场景。
- **时间周期**：签约后的 270~365 天。
- **阶段目标**：定期回访客户，深入了解客户的需求变化，主动提供解决方案，以确保在客户合约到期前完成续约，避免客户流失。
- **核心角色**：客户成功经理、销售人员。
- **工作要点**：
  - 根据客户的数据情况，如客户健康度、预流失或流失预警、使用数据下滑、潜在增购或转介绍商机、客户反馈问题多但闭环情况不佳等，来制订相应的续费计划，如提前拜访计划、客户挽救计划、客户增购计划、客户转介绍计划、续约回款等续费相关工作计划。同时，还要主动了解客户内部的业务和人员变化，并根据客户使用产品或服务的数据情况及业务发展的实际情况，为客户提供解决方案，帮助他们解决问题。
  - 在客户到期前三个月，需要提前判断客户的续约概率及潜在的流失风险,并制定针对性的续约方案,以确保顺利完成续约。如果遇到客户断约的情况,要详细记录断约原因。此外,还要定期对客户的续费情况进行深入分析,与产品、销售、市场、技术、客服及公司管理层同步信息,共同推动客户成功的进一步发展。

11. 客户召回期

客户召回期的主要特点如下。

- **客户旅程**:在之前的阶段,客户因产品或服务无法满足需求、人员变动等停止使用我们的产品或服务,转而选择其他供应商的产品或服务。但随着业务发展需求的变化和供应商产品或服务的迭代升级,客户重新评估我们的产品或服务是否能够满足他们的需求。
- **时间周期**:签约后的 1～365 天。
- **阶段目标**:在此阶段,目标是挽回流失客户,重新赢得他们的信任。
- **核心角色**:客户成功经理、销售人员、产品人员。
- **工作要点**:
  - 对之前的产品或服务进行深入分析,找出可能的问题和改进点,并进行迭代升级。同时,优化不良体验,提升客户满意度和忠诚度。
  - 根据流失客户记录的原因,针对性地制定挽回方案。这可能包括解决客户之前的痛点、提供更优质的服务、推出新的产品或政策等。
  - 联合销售和产品团队,与流失客户进行沟通并展示我们的改进和优势。通过积极的互动和解决方案的提供,努力挽回客户的信任。

- 持续关注市场变化和客户需求，以便及时调整策略和方案，确保最大限度地挽回流失客户。

综上所述，客户生命周期的每个阶段都存在不同的需求和挑战。因此，对于 ToB 和 SaaS 企业来说，为了有效地推动客户成功，首先需要明确启动客户成功的目的。然后，需要以客户为中心，设计一条针对客户生命周期的客户成功实践路径。在这条路径上，需要建立标准化的客户成功机制，并采用相应的管理工具来确保这些机制得以有效执行。通过这种方式，我们能够帮助客户实现他们的业务目标，从而真正实现启动客户成功的初衷。

6.3 规模化增长模型的 8 个发展阶段

规模化增长模型的设计都会经历商业设想、原型设计、最小可行性产品（MVP）、产品与市场契合（PMF）、产品与渠道契合（PCF）、产品与服务契合（PSF）、规模化增长、常态化运营 8 个阶段（见图 6-3），最后形成行之有效的规模化增长方法。

阶段 1：商业设想。ToB 和 SaaS 企业进入某个市场或赛道，是因为从中发现了商业机会，从而提出自己的商业设想，这个设想包含市场细分、确定目标客户、分析客户问题和痛点、挖掘客户需求、提出解决方案、提炼产品或服务概念等，最终输出商业需求文档。

阶段 2：原型设计。根据商业需求文档，设计能够解决客户问题、满足客户需求的产品和服务原型，包含产品的功能模块、产品外观形状、产品性能、产品视觉等及能够提供的服务项目。完成产品或服务原型设计文档，包含但不限于产品原型图、产品性能参数、服务内容等。

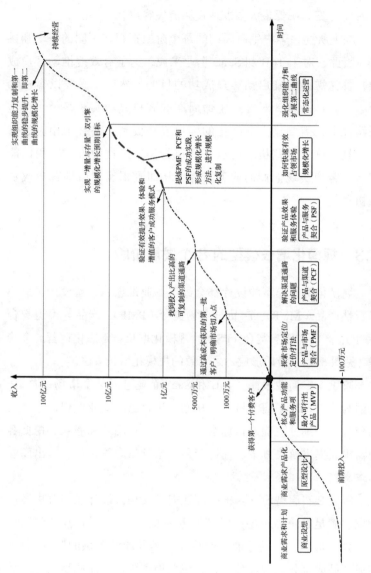

图 6-3 规模化增长模型的 8 个发展阶段

阶段 3：最小可行性产品（MVP）。根据产品或服务的原型设计，打造一款能够体现核心价值、低成本和可以及时提供反馈的产品或服务。如果这款产品或服务所具备的功能是目前客户群需要的，再在这个基础上去完成整个产品或服务。如果这款产品或服务所具备的核心功能不是客户需要的，那就要及时进行调整和优化。这个阶段将会获得第一个付费客户，来验证产品或服务是可以商业化的。

阶段 4：产品与市场契合（PMF）。打造了 MVP 后，我们需要验证 MVP 是否符合市场需求。当客户愿意为 MVP 买单时，说明客户使用后的反馈是正向的，且客户能够提出自己的需求和产品或服务的不足之处；同时，产品或服务的采购和使用数据呈现与日俱增的趋势，说明找到了 PMF。这个阶段企业已经知道产品开始售卖，知道产品怎么定价，知道产品怎么包装，知道针对不同层级的客户怎么去打包、怎么去定价、怎么去售卖。

阶段 5：产品与渠道契合（PCF）。找到了 PMF 之后，我们需要做的就是验证哪个渠道真正契合产品或服务的核心价值。在客户成功实践中，当渠道的投入产出比超过 1/3 时，说明 PCF 验证成功。

阶段 6：产品与服务契合（PSF）。PSF 的验证，是客户购买产品效果或使用服务后的效果和体验是不是正向的。如果是正向的，则说明 PSF 验证成功。我们可以通过 NPS（Net Promoter Score，净推荐值）指标进行衡量。NPS 得分区间为 −100 到 100，如果公司的批评者多于转介绍者，则得分为负，反之，则得分为正。一般来说，NPS ≥ 0 会被认为是"良好"的分数，NPS>30 会被认为是"优秀"的分数。如果 NPS<0，则表明公司需要马上开始着手提升客户满意度。同时，也可以通过实现售后服务和增值收费收入增长的方式进行衡量，当收入获得批量或几何倍数的

增长时,就可以着手启动正式的规模化增长。

阶段 7:规模化增长。在找到 PMF、PCF 和 PSF 后,整个商业化路径基本已经走通,这时候就可以开始逐步进行放量增长,其间要做好随时复盘和迭代升级的准备。这个阶段是 ToB 和 SaaS 企业真正走上商业化和规模化增长的道路的阶段,快速占领市场份额也是企业收入放量和净值增长必须经历的阶段。这个阶段企业的收入一般从 1 亿元开始向上增长到 10 亿元。

阶段 8:常态化运营。经历了规模化增长阶段,当企业的收入进入 10 亿元的规模后,将会进入常态化运营阶段。这个阶段是需要加强组织能力建设和第二曲线的规模化增长,推动企业收入向 100 亿元甚至更高的目标前进。

第 7 章

客户定位：客户细分与明确问题和需求是客户成功的起点

ToB 和 SaaS 企业要开展客户成功实践，首先要进行客户定位，明确谁是自己的客户，并了解他们的核心问题和需求。客户定位包括客户细分与明确问题和需求两个部分。

客户细分是指 ToB 和 SaaS 企业希望将接触和服务的客户分成不同的客户群体或组织。这部分的关注点在于发现企业为谁创造价值，明确谁是企业最重要的客户。通过对客户进行细分，企业可以将客户分成不同的细分类型，每个细分类型中的客户具有相似或相同的需求、行为等属性。

明确问题和需求是指提炼细分客户群体所遇到的各种场景问题和需求。这部分的关注点在于了解客户的痛点和需求，以便更好地帮助他们解决问题、满足他们的需求，并推动客户成功。

客户成功实践的起点是客户，客户构成了客户成功实践的核心。为了更好地帮助客户解决问题、满足客户的需求，推动客户成功，企业需要对客户进行细分，并针对每个细分群体进行深入的需求挖掘。

在了解了目标客户群体的需求后，企业可以设计相应的客户获取、履约交付和客户成功的规模化增长模式。这些模式将帮助企业确定营销策略、制订产品开发计划和客户服务方案，以满足目标客户群体的需求并推动企业的持续发展。

7.1 客户细分的定义

客户细分这一概念最初是在20世纪50年代中期由美国学者温德尔·史密斯提出的。该理论依据主要在于客户需求的差异性和企业在有限资源的基础上进行有效市场竞争的必要性。客户细分，也称为客户分类，是指企业在明确的战略业务模式和特定市场中，根据客户的属性、行为、需求、偏好以及价值等因素对其进行分类。这样做的目的是提供有针对性的产品、服务和销售模式。简单来说，客户细分是指企业根据客户的需求、行为和购买特征，将他们划分为不同群体的过程。

1. 不同客户群体的5个表现

所有产品都有特定的目标客户群体，在开展营销工作之前，你需要清晰地了解你的目标客户是什么样的群体。客户群体的不同主要体现在以下5个方面。

- **不同客户群体需要提供明显差异化的产品或服务来满足其需求或解决其问题**。这意味着，不同的客户群体对产品或服务的需求和期望是不同的，因此需要提供不同的产品或服务来满足他们的需求。

- **不同客户群体需要通过不同的获客渠道进行接触。**这意味着，不同的客户群体有不同的信息获取渠道和偏好，因此需要采用不同的渠道来与他们进行接触。
- **不同客户群体需要不同的履约交付方式进行关系对接。**这意味着，不同的客户群体有不同的交付方式和偏好，因此需要根据他们的需求和偏好来选择合适的履约交付方式。
- **不同客户群体的获益方式或者帮助其成功的方式存在本质的差异。**这意味着，不同的客户群体对产品或服务的收益方式和成功标准是不同的，因此需要根据他们的需求和期望来制定不同的收益策略和成功标准。
- **不同客户群体愿意为提供的不同的产品或服务进行付费。**这意味着，不同的客户群体对产品或服务的价值认知是不同的，因此需要根据他们的价值认知来制定不同的定价策略。

2. 客户细分的 11 个价值点

客户细分对 ToB 和 SaaS 企业具有极其重要的价值，对产品、研发、市场、销售、交付、客户成功、技术支持等各个团队的工作乃至整个公司的战略都有极大贡献。这些价值具体体现在以下 11 个方面。

- **帮助企业明确营销方向。**在市场营销过程中，许多 ToB 和 SaaS 企业会采取全面覆盖的产品或服务推广方式，缺乏针对性，导致资源浪费。通过客户细分，企业可以找到目标客户经常活跃的区域进行精准投放，以有效利用营销资源，获取更多客户。
- **帮助企业实现有效价值营销。**许多 ToB 和 SaaS 企业在针对目标客户进行价值传递时，不注重提炼客户关注点和价值点，而是将全部信息一股脑地推给客户，然后便顺其自然。这种做法既浪费时间又浪费资源，既不经济也不实用。客户细分的价值之一就在于挖掘客户感兴趣的价值点，针对客户的痛点和需求定制具体的价值内容，从而实现有效触达，精准营销，使营销成本达到最优化。

- **帮助企业精准了解客户画像**。通过细分已有客户群体，企业可以深入了解客户群体的属性、特征及其比例和分布情况。结合客户的付费和续费情况，企业可以更准确地描绘出产品适合的使用者、潜在客户和目标客户的画像，从而为市场和销售部门提供精准营销的依据，实现高效客户获取。
- **帮助企业更合理地分配服务资源**。通过识别高价值和低价值客户，企业可以针对性地投入更多的资源来优先服务高价值客户，从而提升整体投入产出比。这样的做法可以帮助企业更好地利用有限的资源，提高服务质量和客户满意度。
- **提升企业服务客户的效率和质量**。通过对客户进行细分，企业可以派遣更合适的团队去更好地服务不同类型的客户。例如，位于深圳的华南客户成功团队可以负责珠江三角洲和周边地区的客户，由于地域优势和熟悉当地市场的特点，他们可以更高效地为客户提供服务。又比如，对于一家家居卖场类的客户，如果由熟悉该行业的客户经理、解决方案专家和客户成功经理负责，他们可以提供更切合实际业务场景的解决方案、更具履约交付的成功实践和持续创造价值的服务。因此，通过客户细分，企业可以更好地满足不同类型客户的需求，提高服务质量和客户满意度。

- **更精准的价值沟通**。只有做好客户细分,才能针对不同客户类型明确其需求和关注点,从而在沟通中准确传递产品或服务的核心价值,确保客户理解和认同。
- **更稳固的客户关系**。通过客户细分,企业能够针对不同客户的兴趣点和需求,提供相应的产品或服务,逐步建立起稳定、长期的合作关系。
- **更高效的客户响应和转化**。精准识别和定位客户,通过客户细分实现分层管理,能够更好地针对不同客户需求提供个性化的服务和解决方案,从而提高客户转化率和满意度。
- **更好地评估企业运营状况**。通过对客户层级的分类占比进行分析,可以了解公司运营状况是否健康,以及后续发展方向,从而及时优化和调整客户成功实践的路径。
- **需求的优先级排序**。在开发资源和时间有限的情况下,面对多个高价值客户的长久需求和一个低价值客户的临时需求,企业需要根据需求的紧急程度、客户价值和开发成本等因素进行优先级排序。高价值客户的需求往往更为重要,因为他们的需求能够带来更大的收益。同时,如果低价值客户的需求具有很高的紧急程度或者开发成本较低,也可以考虑优先满足他们的需求。
- **调研客户画像的优先级**。当我们有新增需求时,通用性需求和个性化需求有很大的差异性。KA 客户的画像更具行业代表性,需求通用性强,而小客户往往是个性化需求,不具有行业代表性。因此,在调研客户画像时,我们需要根据需求的性质和目标客户群体来确定优先级。对于具有行业代表性的 KA 客户的需求,因为其通用性和代表性较强,可以优先进行调研和开发。而对于个性化的小客户需求，可以根据实际情况适当延后或者针对性地进行定制化开发。

综上所述，客户细分对于 ToB 和 SaaS 企业而言具有非常高的价值。通过细分客户群体，企业可以更准确地了解不同类型客户的需求和特点，从而将资源集中在最能创造价值的客户群体上。这种聚焦的方式可以带来更高的投资回报率，提高企业的盈利能力。

同时，客户细分还可以帮助企业为客户提供更贴合需求的产品、服务。通过深入了解客户的需求和痛点，企业可以针对性地提供相应的产品和服务，满足客户的个性化需求。这种个性化的服务模式可以增强客户的满意度和忠诚度，提高客户留存率，从而为企业创造持续的商业价值。

此外，客户细分还可以帮助企业提高资源的利用效率。通过对客户群体的精准识别和分析，企业可以合理分配资源，避免资源的浪费和重复投入。这种精细化的管理方式可以提高企业的运营效率和市场竞争力。

总之，客户细分是 ToB 和 SaaS 企业实现精准营销、提高服务质量和资源利用效率的重要手段。通过细分客户群体，企业可以更好地了解客户需求，提供更贴合需求的产品和服务，从而实现商业价值的最大化。

3. 实现客户细分的 3 个步骤

在客户成功实践中，对客户进行细分主要分为以下 3 个步骤。

（1）**明确目标客户群体**：可以从市场角度和客户角度来确定目标客户群体。例如，从市场角度来看，目标客户群体可以细分为大众市场、小众市场、多边市场等；从客户角度来看，目标客户群体可以细分为不同价值的客户、不同地域的客户、不同付费金额的客户、不同体量的客户等。每个类型的客户都有其独特的需求和问题，ToB 和 SaaS 企业需要深入分析这些需求和问题，挖掘出潜在的机会和挑战。

（2）**选择目标客户群体**：由于 ToB 和 SaaS 企业的资源与能力各不相同，因此企业需要选择适合自己切入的细分客户群体。在选择目标群体时，应重点关注企业是否具备特殊的产品能力、渠道优势或服务资源，以便快速、低成本地触达和服务该部分目标客户群体。在当前商业环境下，客户的注意力易分散且变化迅速，因此企业选择细分客户群体时，应选择那些能够被特殊产品能力吸引、优势渠道能够触达以及服务资源能够保证的客户群体，这样能够提高规模化增长的概率。

（3）**分析目标客户群体的行为路径**：一旦 ToB 和 SaaS 企业选定好目标客户群体，我们就需要重点分析客户的行为路径，即绘制客户的"生命旅程"。后续所有的规模化增长路径和方案的制定都需要围绕客户生命旅程来进行，这样符合客户行为的营销和服务才能产生更好的效果。

7.2 客户细分的方式

客户细分群体存在不同的类型，大多数 ToB 和 SaaS 企业在客户细分时将市场划分为行业客户、零售客户、渠道客户和海外客户。对于行业客户，可以根据客户规模大小或产业类型进行细分，如城配物流客户、跨境电商客户、家居建材客户、大型企业客户、中型企业客户、小微客户，或者按照地域、客户发展阶段进行细分。

在客户成功实践中，客户细分需要从市场和客户两个角度进行深入解析。从市场角度来看，可以按照需求差异、用户多寡等不同维度对目标客户群体进行细分；从客户角度来看，可以按照客户的市场价值、付费金额、客户体量、行业、地域或客户生命周期等进行细分。通过综合运用这些细分方式，ToB 和 SaaS 企业可以更准确地了解客户需求和痛点，并提供相应的产品和服务，从而更好地实现商业价值。

7.2.1 市场角度的客户细分

客户细分是明确企业目标市场、清晰认识目标市场的过程，旨在提高后续行动的效率。因此，从市场角度进行客户细分是客户成功实践的重要环节。每个客户群体都有不同的需求和特点，因此没有一个产品或服务能够满足所有市场的需求。只有对客户群体进行准确的细分，才能提高产品或服务的针对性和契合度，更好地满足客户的核心需求。

从市场角度进行客户细分，主要分为以下 5 类。

- **大众市场客户群体**：该类客户群体规模较大，需求相对宽泛，对产品或服务的质量、价格、性能有普遍的接受度。这类产品通常是大量生产、大量销售的，例如企业日常办公用品的采购。
- **小众市场客户群体**：该类客户群体需求特定，人数相对较少，例如需要采购特种设备的生产制造企业。
- **求同存异的客户群体**：这类客户群体面对相同的问题但需求略有不同，例如同样需要采购装修材料和办公用品的企业客户与个体客户。
- **多元化的客户群体**：这类客户群体的需求和面对的问题各不相同，但使用的是同一款产品或服务。例如租赁新能源物流车的城配物流企业、大宗贸易企业、商贸企业或个体货车司机等群体。

- **多用户的客户群体**：这类客户群体指的是同一个企业为两个或多个不同用户群体提供服务。例如，在新能源物流车租赁服务中，企业需要同时服务货车司机、快递小哥、城配企业以及运力服务商等多个使用者。由于这些用户群体具有不同的需求和特点，因此企业需要提供有针对性的产品和服务，以满足他们的差异化需求。

在实际的客户成功实践中，我们会发现有些客户群体是单一的，而有些则是多个客户群体的组合。例如，幕布和 WPS 等工具性 SaaS 主要是面向单一用户；而新能源物流车的租赁服务则可能涉及多个用户，包括司机、物流公司的车管和采购人员等。因此，ToB 和 SaaS 企业需要清晰地了解每个用户群体的特点与需求，以便提供适合的产品和服务。

在产品或服务推向市场的早期阶段，企业需要从非常细分的市场切入。只有先满足特定细分市场的需求，才有可能逐步扩大市场范围。企业需要仔细思考如何将市场细分得更清晰，并确定哪些客户是企业的种子客户或用户。在早期阶段，与种子客户或用户保持高频的互动和交流，听取他们的建议，深入挖掘需求，并快速迭代升级产品或服务是非常重要的。种子客户或用户是企业产品或服务的首批使用者和价值传递者。

因此，从市场角度进行客户细分时，需要考虑各客户群体的共同需求、行为和其他共同属性。只有当这些共同点得到满足时，才能将客户归为同一细分类型。共同属性或需求的一致性越高，就越容易设计出符合客户需求的价值主张。同时，客户需求越明确，就越有助于产品或服务的设计。

7.2.2 客户角度的客户细分

从客户角度进行客户细分，主要是针对潜在客户、正跟进客户、刚成交客户以及现有客户进行细分。通过客户细分，ToB 和 SaaS 企业可以将具有不同属性、不同特征的客户区分开来，并采取差异化的营销推广、销售策略和售后服务。同时，将具有相似属性、相似特征的客户归为一类，以便企业提供一致的支持和管理。

在进行客户细分后，企业可以按照不同的客户类型对商业化团队进行分组。如果企业根据规模、行业、功能模块、地域等属性对客户进行了细分，那么可以将内部的客户获取团队、履约交付团队、客户成功团队进行组合，每个组合负责几类客户。这样，每个组合可以专注于获取和服务某些细分行业的客户，从而不断积累细分行业的获客、交付和服务经验，提高获客、交付和服务质量，实现客户成功的目标。

以下是10种常见的客户细分方式：

1. 按客户价值细分

在完成基本特征细分后，企业需要进一步根据客户价值进行细分，以确定哪些客户能够为企业带来更高的利润。一般来说，只有少数客户能够为企业带来较高的利润，因此企业需要将精力集中在服务、巩固和发展这些高价值客户上。

在定义客户价值区间时，ToB 和 SaaS 企业需要考虑以下关键要素：客户订单金额、客户及时响应性、客户行业影响力、客户销售收入、客户利润贡献、客户忠诚度、转介绍成交量、客户增购量、客户为企业站台次数等。这些要素可以作为衡量客户价值的指标，帮助企业确定客户的价值区间。

经过基本特征的细分之后，企业需要对客户进行价值从高到低的排序和市场区隔（例如核心客户、重要客户、普通客户、小客户等），以便根据20%的客户为项目带来80%的利润的原理重点锁定高价值客户。同时,我们还可以根据客户细分类别与客户价值的匹配度,挑选最有价值的细分客户作为目标客户,提炼它们的共同需求,以客户需求为导向精确定义企业的业务流程,为每个细分的客户市场提供差异化的营销组合。

2. 按客户付费金额细分

ToB 和 SaaS 企业可以根据年度经常性收入(ARR)、客户贡献年收入、生命周期总收入等客户付费金额指标对客户进行细分。针对不同付费金额层级的客户,企业会投入不同的时间、人力和成本。因此,企业通常会安排专业的客户成功服务人员花更多的精力服务于收入贡献高的客户,以最大限度地提升他们的满意度。

以下是一个以跨境 ERP 的 SaaS 产品为例的客户细分方案。

- **小微客户**:这类客户的 ARR 小于 5 万元。对于这类客户,企业可能需要采取较为基础的服务和支持措施,以满足其基本需求和问题解答。
- **中小型客户**:这类客户的 ARR 介于 5 万元到 10 万元之间。对于这类客户,企业可以提供较为标准化的服务,并确保他们能够顺利使用和受益于产品或服务。
- **中大型客户**:这类客户的 ARR 介于 10 万元到 30 万元之间。对于这类客户,企业需要提供更加个性化和专业的服务,以满足其特定需求和期望。
- **大型客户**:这类客户的 ARR 大于 30 万元。对于这类客户,企业需要投入大量的时间和资源,提供定制化的服务和解决方案,以保持其满意度和忠诚度。

这种按客户付费金额细分的做法可以帮助 ToB 和 SaaS 企业更好地了解和管理不同类型的客户,制定相应的销售和营销策略,并为客户提供更加个性化和专业的服务。

3. 按付费能力细分

ToB 和 SaaS 企业可以根据客户的付费能力强弱，将客户分为以下 4 类。

- **超大型客户**：这类客户是标杆级别的客户，付费能力强，对企业发展具有战略意义。这类客户可以作为优秀案例进行包装，为销售团队提供借鉴。
- **大型客户**：这类客户是行业内的头部企业或标杆企业，虽然有一定的付费能力，但可能稍微弱于超大型客户。
- **中型客户**：这类客户具有一定的增值潜力，但付费能力相对较弱。
- **小型客户**：这类客户的付费能力较弱，潜力较低。这类客户往往被销售团队用来冲业绩。

4. 按客户体量细分

ToB 和 SaaS 企业可以将客户按照其体量进行细分。这种分类方式能够帮助企业根据客户的体量大小来投入不同的资源，优先挖掘和稳定大体量客户。

具体的细分标准应该根据公司的实际情况进行调整。有些公司可能会按照客户的企业总人数或融资轮次来进行划分，优先服务于规模大、知名度高的公司。然而，根据产品实际能覆盖到的客户使用人数来进行分层更为实用，这样可以更准确地了解每个客户的实际使用情况，为服务团队提供有意义的参考。

以下是一个基于产品实际能覆盖到的客户使用人数的细分方案。

- **小型客户**：实际使用人数小于 20 人。
- **中型客户**：实际使用人数介于 20 人到 50 人之间。
- **大型客户**：实际使用人数介于 50 人到 200 人之间。

- **超大型客户**：实际使用人数大于200人。

5. 按地域细分

ToB和SaaS企业可以将客户按照其所在地域进行细分。考虑到不同地区的企业或组织可能具有相似的特征和运营习惯，这种细分方式有助于企业了解不同产业带或地区的需求，并提供相应的产品和服务。例如，珠江三角洲、长江三角洲、环渤海湾地区和以四川、陕西为主的西部地区是我国电子信息产业最为发达的地区，也是电子信息产业集群的主要聚集地。在这种情况下，ToB和SaaS企业可以在这些地区设立销售和服务团队，以便与当地客户进行快速沟通。

6. 按客户行业或企业属性细分

ToB和SaaS企业可以按照行业或企业属性来细分客户类型。这种细分方式有助于企业更好地了解特定行业的需求，并提供更为专业的支持和服务。例如，新能源物流车运营服务提供商可以根据行业属性分为生鲜电商、连锁餐饮、本地生鲜、大件电商、耐用仓配、快消配送等类别；而根据企业属性，则可以划分为政府、国企、上市公司、外资企业、个人企业等不同类型。针对不同类型的客户，企业可以安排熟悉相关行业的销售和服务人员提供更专业的支持与服务。

7. 按客户交易行为细分

ToB和SaaS企业可以根据客户的交易行为来细分客户类型。客户的交易行为可能包括触达、培育、评估、选择、交付、续约、增购、转介绍和流失等不同阶段。其中，续约、增购和转介绍是衡量企业竞争力的重要标准。企业通过对客户交易行为数据进行深入挖掘，并对交易行为的各个阶段进行分析，可以帮助企业对客户行为和需求进行精细化管理，制定标准化打法，促进规模化增长。

8. 按客户需求细分

ToB 和 SaaS 企业可以根据客户的需求来细分客户类型。通过分析客户管理系统中的咨询记录、沟通与跟进记录、订单记录、收款记录及合同记录等，企业可以了解目标客户及客户群对产品的需求及购买规律，包括需要的产品和服务、购买的产品和服务、购买的时间以及特殊需求等。通过评估客户需求状况和需求是否被满足，可以将客户细分为需求未满足客户、需求待满足客户和需求已满足客户等不同的客户需求群体。

9. 按客户使用的产品功能细分

当 ToB 和 SaaS 企业拥有多种产品或服务种类时，可以根据客户使用产品种类的不同进行分类。这样，企业可以更精准、更高效地为客户提供相应的产品功能更新和使用引导，同时也能为客户提供及时的服务与支持。

10. 按客户生命周期细分

ToB 和 SaaS 企业可以依据客户所处生命周期阶段的不同，对客户进行细分。在客户生命周期的不同阶段，根据各阶段客户所遇到的问题，确定每个阶段客户服务的重点并提供针对性的专项服务，帮助客户达成不同阶段的目标，提升客户满意度和控制感。通过该分类方式，企业能够分配合适的团队给处于同一阶段的客户，并提供高效、精准的服务和指导。

在实际操作中，为了满足企业的实际需求，ToB 和 SaaS 企业需要根据自身情况进行客户细分，不能将其他企业的细分方式生搬硬套到自己的企业中，以免出现水土不服的情况。对客户量较大、客户层级多、产品线较多的公司来说，需要同时使用多种方式进行客户细分，以实现高效的客户管理。

7.3 客户细分的 5 个业务层级

在客户成功实践过程中，我们经常发现企业的管理者对自己需要主攻的客户群体没有清晰的认识，把大量的资源投放在低质量和未来大概率会流失的客户身上，并对他们报以过高的期望。在这种情况下，问题的根源往往在于没有对客户进行清晰的细分，也没有按照不同层级进行划分。

划分客户细分层级的标准是预期带来的收益、每种客户类型的潜在客户数量以及服务这些客户所需的成本。通过对客户进行细分层级的确定，我们可以在客户获取、履约交付和客户成功过程中制定高效的策略，即将优势资源投放到高质量、能带来高价值产出的客户市场，同时将低成本的线上销售团队投放到客户基数大但价值较低的长尾客户市场。

对于 ToB 和 SaaS 企业而言，根据不同层级制定相应的销售策略和服务策略至关重要。通过对客户的细分和层级划分，企业可以更加精准地投入资源、优化销售和服务流程并制定更具针对性的市场策略，以实现更高的业务效益。

综合考量收入、成本和人效，几乎所有的 ToB 和 SaaS 企业业务都拥有 5 个客户细分的层级。无论具体业务数据如何，都可以将客户归入这 5 个不同的层级中，如图 7-1 所示。

从图 7-1 中可以清晰地看到，免费试用或体验用户为第 1 级，小微客户/专业用户为第 2 级，第 3 级为中小型客户，此类客户的决策者是单一的，第 4 级为中大型客户，此类客户的决策者不再单一，需要考虑的流程节点比第 3 级多，但比第 5 级少，第 5

级为大型客户，此类客户涉及多个利益相关者和决策者，需要打通的关系和流程节点多且复杂。

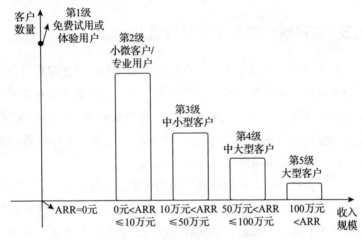

图 7-1　客户细分的 5 个层级

在客户成功实践过程中，最理想的情况是只服务和面对 5 个层级中的某一级，这样企业就能根据客户情况及时采取相应的行动。但实际情况是，通常面对的是两个层级甚至全部层级的客户。因此，ToB 和 SaaS 企业需要清晰界定客户的每个细分层级，准确定位产品，并匹配对应的市场、销售和服务人员。这样就可以明确地知道客户获取、履约交付和客户成功的目标，这对实现规模化增长是非常重要的。

1. 免费试用或体验用户（即 C）

ToB 和 SaaS 企业为了获取客户，可以采用免费体验或试用的模式，特别是 SaaS 服务或产品型商业模式的供应商可以向客户提供基础服务或产品让客户免费试用，客户经过试用后，有良好的体验，想使用高级功能、想频繁使用或想批量购买产品时，就需要付费。免费试用或体验模式的目的是吸引用户体验服务或产品，随着使用频率的增加，ToB 和 SaaS 企业可以从高频用户中获得客户关系的递进和收入的增长。

2. 小微客户/专业用户（即 LB 或 BC）

小微客户或专业用户指的是个人独资企业、10 人以内的小企业或分散的个人用户等，他们有着和大部分企业一样的组织行为模式。在互联网或移动互联网的经商环境下，ToB 和 SaaS 企业需要关注他们，绝对不能忽略他们的存在。虽然他们通常不会带来较大的经济收益，但他们是未来中小型、中大型、大型企业的摇篮，是客户成功实践的目标客户之一，同时这些专业用户以后大概率会成为某个中小型、中大型或大型客户的员工。对专业用户市场的服务，是 ToB 和 SaaS 企业在互联网营销或数字化营销中快速成长的捷径。

3. 中小型客户（即 SMB）

ToB 和 SaaS 企业的绝大部分客户成功实践和规模化增长是为了赢得中小型企业市场。中小型客户成长潜力大，是高增长型的市场。我们需要懂得利用数字化的手段和线索获取以及清晰的业务流程去筛选潜在客户和目标客户，将他们转交给销售团队进行转化，然后由客户成功团队为中小型客户提供专业服务。客户获取阶段的线索获取和销售转化最关键的是效率，即时间效率，所以必须按照"专业加专业的高度匹配"原则给客户获取团队的人员分配任务。同时，为了降低业务成本和提升效率，客户获取团队人员集中在一起办公是最佳选择。

4. 中大型客户（即 LA）

中大型客户的最大特点是能够为 ToB 和 SaaS 企业创造超越

客户规模的价值。此类客户的领导者往往致力于快速增长,并愿意为专业服务买单,以此来优化组织能力,提升组织效率,降低运营成本。因此,专业服务或产品需要针对中大型客户的实际运营场景提供个性化方案,以帮助他们解决问题。此外,需要配置优质的大客户经理、解决方案专家和客户成功经理去服务客户。

5. 大型客户(即KA)

ToB和SaaS企业的大型客户通常由大客户销售团队进行管理,并在跟进客户过程中,由企业最专业的解决方案专家全程配合,直至完成整个客户获取周期。在周期内,总部大客户销售团队和解决方案专家需要全程分析客户需求,计算投入产出比,制定涵盖专业服务的价值性提议。同时,区域的业务开发人员会属地化地拜访客户,打通商务关系,维护客情关系,以及挖掘价值空间等。最重要的是,需要为大型客户提供针对性的高价值业务模型。在这个层级上,大客户销售团队必须与各部门通力协作,根据大型企业的各个利益相关者的需求或要求开展客户获取的工作。

ToB和SaaS企业通常在中小型和中大型客户市场都会取得成功,并获得相对较高的市场评价。同时,他们也能够在大型客户市场取得一定的成功。需要注意的是,要想在大型客户市场取得成功,核心在于资源整合和利益相关者的利益协调,而不是单纯依赖创新和开发。因此,ToB和SaaS企业需要建立自己的客户层级业务模型,根据不同的客户层级进行差异化的资源匹配,建立客户反馈问题闭环机制,以及采用合适的客户成功服务模式。同时,需要关注免费试用客户或体验用户以及小微客户/专业用户更深层次的客户价值挖掘,不断做大中小型客户市场,深入中大型客户市场和大型客户市场。

7.4　企业客户的 5 个需求层级

对于每个具体的产品或每项具体的服务，ToB 和 SaaS 企业都需要清楚地知道客户在生命周期每个阶段所面临的核心问题，因为产品或服务的问题归根结底都是"人"或"组织"的问题。在客户成功实践过程中，企业将会面对两个角色：企业用户和企业客户。

- **企业用户**：在企业里一般指产品或服务终端使用者（含员工和管理者），他们直接与产品或服务交互，是真正使用企业产品或服务和体验应用效果的角色，他们基本不参与产品或服务的采购决策过程，但是是真正关注使用效果和服务体验的群体。
- **企业客户**：产品或服务的购买者（包括渠道代理、专业用户）。作为产品或服务的买单决策者，是真正参与产品或服务的选型和付费的过程，具有采购影响力和决策力的角色，甚至是企业的合作伙伴，参与到产品或服务的设计及研发过程。企业客户关注的是如何提升效率和降低成本，希望通过产品或服务本身获取价值回报，而不是其他。

不管是哪个角色，解决问题和满足需求是最高标准。问题即需求，明确客户的需求是什么，是客户成功的核心所在，也是客户成功存在的价值。ToB 和 SaaS 企业的客户是企业，我们根据企业运营和发展阶段，将企业客户需求分为 5 个层级，如图 7-2 所示。

这 5 个层级的需求场景分别为：企业消费需求、日常运营需求、效率提升需求、价值创造需求、企业实现需求。它们的关系是逐步递进和升级的，每一个层级的客户需求都需要差异化的产品和服务来进行匹配。

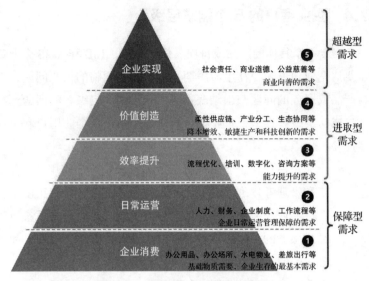

图 7-2 企业客户的需求层级模型

企业消费和日常运营是保障型需求，效率提升和价值创造是进取型需求，企业实现是超越型需求。

企业消费和日常运营为效率提升、价值创造和企业实现提供基础资源保障，效率提升为价值创造提供关键能力赋能，价值创造为企业实现提供价值交换基础，而企业实现是 ToB 和 SaaS 企业存在的终极目标。同时，企业创造的价值越多，意味着可以收获更多的利润回报，反向牵引企业消费升级、日常高效运营、效率有效提升，正向促进企业实现超出预期。无论如何，满足客户需求和为客户创造价值都是 ToB 和 SaaS 企业客户成功实践的核心，也是企业自我实现的根基。

1. 企业消费需求

"企业消费"与"个人消费"对应，是指将企业及其所拥有的人（管理团队、员工群体）视作一个整体且具有消费特征的"企业消费者"。企业消费类需求主要集中在占用或损耗上,它并不能直接产生业绩贡献,而是作为业绩达成的支撑存在。它是为ToB和SaaS企业的价值创造过程提供支撑的基础保障要素,主要体现在空间占用(如办公场所)、物料型损耗(如办公用品、耗材)、资源型损耗(如水、电)和业务型损耗(如差旅出行)等方面。企业消费需求种类多、数量大、持续周期长、频次高,且随着企业规模的增长呈正比例的增长趋势。

对ToB和SaaS企业来说,企业消费需求是降本和灵活。针对企业消费需求的价值诉求,处于产业链上游的供应链型的ToB和SaaS企业创新商业模式应运而生,如办公电脑租赁、共享办公、云服务器、企业费用报销、生产设备租赁等。每一种针对企业消费需求的商业模式的核心都在于围绕降本和灵活两个价值点,展开企业服务模式创新,整合内部供应链资源,提升运营效率,放大总成本领先的竞争优势;同时,通过用户的规模化增长和加大资源的周转率,最终为客户创造价值,满足客户降本和灵活的需求。

2. 日常运营需求

日常运营指的是企业客户为了实现其运营或业务目标而从事的经常性运营活动以及与之相关联的活动。在运营过程中,企业客户会产生各种各样的运营需求,如生产需求、销售需求、资金需求、管理需求、招聘需求、研发需求、营销需求、原材料采购需求和日常会议需求等。这些日常运营需求是由供应链采购、研发生产、市场销售、服务增值等循环往复的业务场景组成的。

对ToB和SaaS企业来说,企业客户的日常运营需求是降本和匹配。日常运营的"降本"需求和企业消费的"降本"需求都是客户永恒的刚性需求。日常运营的"匹配"需求是指企业客户的供应链采购、研发生产、市场销售、服务增值等经常性运营活动需要匹配合适的资源，包括人力资源、资金资源、供应链资源、研发资源、生产资源、营销资源和服务资源等，以最优的成本创造更大的价值，形成总成本领先的成本优势。针对企业客户日常运营需求的价值诉求展开商业模式的创新，是 ToB 和 SaaS 企业为客户创造价值的关键，如供应链集中采购、企业礼品团购、人力资源外包、研发项目外包、客服外包等都属于此层次的价值创造。

3. 效率提升需求

在当今 VUCA 时代，企业客户要想生存并赢得竞争，获得持续发展，必须持续提升自身的竞争能力，由此便产生了"进取型需求"的效率提升需求。效率提升的关键是能力提升，能力是企业参与市场竞争的关键要素。企业一般是通过自我能力进化提升和与外部专业服务供应商建立合作关系提升，如为企业客户提供咨询、培训、SaaS、设备租赁等各种各样的企业级服务。不管是哪种方式的提升，都是围绕效率提升的需求展开的。

能力提升后，效率也会随之提升，同时成本会对应下降，这体现了效率提升需求对于 ToB 和 SaaS 企业的价值是专业能力提供的"增效"和"降本"。为具有效率提升需求的企业客户服务的 ToB 和 SaaS 企业，面对的客户一般都是遇到了自身无法解决的问题，或者是自己能解决但利用外部服务供应商来解决性价比更高，又或者是外部的服务供应商对企业遇到的问题有更优解。这些都体现了 ToB 和 SaaS 企业提供的企业服务必须具有帮助企业客户解决效率提升问题的"专业能力"。

专业能力的效率提升服务在传统行业是一种高度依赖行业专家的细分行业类型，随着互联网、信息技术的发展，数字化正在重构企业的核心竞争力,如各种各样 SaaS 产品的推出、ChatGPT、AI、IoT(物联网)、云计算等都属于满足企业客户效率提升需求的创新手段或模式。

4. 价值创造需求

企业存在的价值是为客户创造价值,其核心价值主张就是为目标客户提供能够解决客户问题、满足客户需求和能够为客户创造价值的产品与服务。价值创造需求是 ToB 和 SaaS 企业在为企业客户提供产品与服务的过程中,帮助客户通过优化供应链、协同产业生态和分工协作等方式,实现更优的成本控制、更高的效率,从而为客户创造更大价值的需求。

对 ToB 和 SaaS 企业来说,价值创造需求的价值在于提供"柔性供应链"服务。这体现为几个方面:柔性供应链是通过将产品组件进行拆解,掌握某项核心技术,成为下游客户产品中不可或缺的核心要素,然后将某项产品的单个组件或模块化组件提供给下游客户,这种产业分工在很多生产制造型企业中是常态化的;服务能力外包,如 ToB 企业为其下游企业客户提供诸如办公用品采购、售后客服、软件实施、物流配送等服务,仅需支付服务费就可享受到优质的服务,而不用自己养庞大的服务团队;订单委托加工,这主要集中在附加值较低的劳动密集型环节,如品牌珠宝首饰的委托加工等,其核心要素是充分利用较低的劳动力成本优势或智能工厂的成本优势来形成规模效应。

价值创造需求强调柔性供应链的产业分工和生态协同,通过降低供应链成本的方式帮助企业客户达成总成本领先的优势竞争力,实现降本增效的目的。同时,随着全球可持续发展趋势的推进,ESG(环境、社会和治理)逐渐成为衡量企业社会价值的重要标准。

5. 企业实现需求

企业是以盈利为目的的商业组织，但随着不断发展和成长，它们往往会寻求更多的价值创造机会。在这个过程中，它们不仅关注经济效益的创造，同时也开始关注社会价值的创造，以实现企业的使命和获得公众的尊重。当前，ESG 成为衡量企业社会价值的重要标准。ESG 从环境、社会和公司治理三个维度评估企业经营的可持续性与对社会价值观念的影响，如图 7-3 所示。

图 7-3　ESG 主要内容

在现如今这个关注可持续发展的时代，ESG 表现优秀的企业更加受到社会公众和投资者的关注，资本市场也在持续加强企业 ESG 信息的披露力度。对于 ToB 和 SaaS 企业来说，满足企业客户的自我实现需求并帮助其实现社会价值是其核心价值之一。

ESG 已经成为企业不可或缺的一部分。从公共治理的角度来看，我国已经步入了高质量发展的阶段，ESG 作为符合我国国情的政策导向，旨在引导实现"双碳"目标和可持续发展目标。从企业角度来看，ESG 越来越受到公众和资本市场的青睐，这将帮助企业获得更低的融资成本和得到社会公众的认可，从而使企业经营得到更多的关注和支持，变得更加稳健。

因此，企业客户的领导层越来越重视 ESG，并在企业内部形成共识。他们设立了相关的治理架构，重塑了企业文化，改进了企业管理，加强了风险管理，并打造了可持续发展的价值体系。对于 ToB 和 SaaS 企业来说，在为企业客户提供产品与服务的过程中，通过加强 ESG 社会价值的同频和对齐，将有助于满足客户的自我实现需求，从而真正帮助其取得成功。

ToB 和 SaaS 企业可以通过以下方式来满足企业客户的企业实现需求。

- **提供定制化的解决方案**：根据企业客户的具体情况和需求，提供定制化的产品和服务解决方案，以满足它们在环境、社会和公司治理方面的特定需求。
- **培训和教育**：提供相关的培训和教育服务，帮助企业客户掌握与 ESG 相关的知识和技能，从而更好地实现社会价值的创造。
- **可持续供应链管理**：与企业客户合作，提供可持续供应链管理服务，帮助它们选择更环保、更具有社会责任的供应商和合作伙伴，从而共同实现可持续发展的目标。
- **创新和研发**：加大在 ESG 领域的创新和研发投入，推出更符合可持续发展的新产品和服务，以满足企业客户的自我实现需求。
- **监测和评估**：建立监测和评估机制，对企业客户的 ESG 表现进行定期评估和监督，以确保它们在环境、社会和公司治理方面达到可持续发展的目标。

此外，ToB 和 SaaS 企业还可以通过以下方式来加强 ESG 社会价值的同频和对齐，以帮助有企业实现需求的企业客户实现社会价值：

- **建立合作伙伴关系**：与关注 ESG 的社会组织和企业建立合作伙伴关系，共同推动可持续发展目标的实现。这可以包括与环保组织、社会责任倡导组织和其他具有相似价值观的企业进行合作。
- **参与行业倡议**：加入与 ESG 相关的行业倡议和合作平台，与其他行业参与者共同推动可持续发展标准的制定和实施。
- **强化内部管理**：在企业内部强化 ESG 意识，将 ESG 理念融入日常运营和管理流程。通过培训让员工了解并遵守相关法规和标准，建立可持续发展的企业文化。
- **实施绿色采购**：与供应商合作实施绿色采购政策，要求供应商符合环保和社会责任标准。通过与供应商合作，推广可持续生产和消费模式。
- **开展企业社会责任项目**：鼓励企业客户开展关注 ESG 的社会责任项目，如环保公益活动、社区服务计划等。提供支持和资源协助客户实施这些项目，共同为社会创造价值。
- **定期报告与评估**：要求企业客户定期报告其 ESG 绩效并对其进行评估。这有助于透明地展示企业在环境、社会和公司治理方面的努力和成果，同时也可以帮助 ToB 和 SaaS 企业了解客户需求并提供针对性的解决方案。
- **激励与奖励**：对于在 ESG 方面取得显著成绩的企业客户给予激励和奖励措施。这可以包括提供优惠的产品和服务、实施合作推广计划等，以激励企业客户持续关注 ESG 并积极采取行动。
- **提供技术支持和创新孵化**：利用技术手段为企业客户提供支持，如数据分析、碳足迹计算等工具。同时，可以建立创新孵化平台，协助企业客户开发和应用具有可持续性的新技术和创新解决方案。
- **参与国际合作与交流**：加强与国际组织和同行的交流与合作，分享经验，推动创新可持续发展最佳实践。通过国际合作与交流，拓宽视野并加强与全球可持续发展目标的对接。

通过以上方式，ToB 和 SaaS 企业可以更好地满足企业客户的自我实现需求，并帮助它们实现社会价值，从而真正地帮助它们取得成功。

第 8 章

价值主张：产品从一开始就是为客户成功设计的

价值主张用来描绘为特定细分客户创造价值的系列产品或服务，是客户选择这家企业而不选择其他企业的原因。价值主张解决了客户的问题，满足了客户的需求，为客户创造了价值，也可以说是实现了对客户的承诺。

价值主张主要解决的问题包括：我们应向客户传递何种独特价值？我们正在帮助客户解决哪一类问题或满足哪些客户需求？客户需要花多少钱购买我们的产品或服务？我们能给客户提供什么样的交付承诺和服务体验？相比于竞争对手，我们有何种竞争壁垒？我们有何种独特的方式维护客户关系？

价值主张更多是一种价值选择或价值承诺，即决定企业做什么而不做什么。价值主张往往是与竞争对手形成差异的核心，是企业能否脱颖而出的关键因素。在 ToB 和 SaaS 企业的运营过程中，应该保持价值主张的一致性，以满足客户需求、为客户创造价值、助力客户成功，并最终实现企业的商业价值。

8.1 价值主张的 7 大关键要素

价值主张是通过满足细分客户群体需求的产品或服务的独特价值组合来为客户创造价值的关键要素。价值可以是定量的（如质量标准、价格、服务时效等）或定性的（如服务体验、设计新颖、视觉舒适、符合人体工程学等）。从客户成功的视角来看，价值主张主要包含 7 大关键要素，如图 8-1 所示。

图 8-1　价值主张的 7 大关键要素

8.1.1 独特卖点

独特卖点是指你的产品或服务与竞争对手相比有何独特之处，为什么客户会选择你而不是竞争对手。客户选择你只有一个理由，即你的产品或服务能够满足他们的需求并能够帮助他们解决问题。有时候可能是因为效率、价格或服务等，这些都是对客户关注点的承诺。例如，飞书针对企业运营管理跨部门协同和目标管理的痛点，推出了飞书文档和 OKR（目标与关键结果）等功能，针对性地解决了这些痛点。因此，飞书最独特、最具有竞争力的卖点就是"协同"和"目标管理"。

8.1.2 解决方案

在竞争激烈的企业服务市场中，产品或服务的多样性使得一家企业或一款产品不可能满足所有客户的需求。因此，我们需要瞄准目标客户群体的共性需求和特定核心价值，明确我们的产品或服务的独特卖点，并提供相应的解决方案。对于具有个性化需求的客户，我们可以提供定制化的解决方案。这就需要考虑客户细分，并确定我们通过哪些产品或服务来实现我们的独特卖点。

8.1.3 定价

一个产品或服务的独特客户价值包含3个部分：功能价值、体验价值和情感价值。定价的本质是企业通过创造这三个独特的客户价值，从客户那里获得收入上的回报。企业创造的客户价值越高，其定价就越有说服力。价格是产品或服务价值从抽象到具象的体现。这是因为客户在看到产品或服务时，往往无法准确评估其价值；而当企业给出了一个价格之后，客户就会清楚地知道其价值是什么，应该支付多少费用来换取这样的产品或服务。价格能够明确地让客户感知到产品或服务的价值，从而帮助客户做出采购决策。

价格的本质不在于产品或服务本身的价值，而在于客户对其价值的认知。价格是对产品或服务价值的量化，同时也是客户做出采购决策的一个关键因素。因此，从价值主张的角度来看，定价不仅是将产品或服务的价值量化，还需要深入了解客户的底层心理需求和心理价位，更要与客户的认知保持一致。这是因为定价不仅是商业模式设计的重要环节，也是投资预测与利益分配的关键载体。定价行为实际上是在选择不同的目标客户群体，因为不同的价位决定了你的目标客户群体是谁，你的产品或服务在哪个层次与竞争对手抗衡，以及你的市场大小。当我们定好产品或服务的价格后，将其投放市场，价格将自动筛选出企业的目标客户。从某种意义上讲，定价就是设计市场切入的行为，从而挑选出企业的目标客户。

定价的背后实际上代表了企业能够提供给客户的价值大小。一旦确定了价格，企业就需要确保这个价格背后所对应的客户价值。这里的价值不仅是指产品本身的价值，还包括这个产品的服务价值以及情感价值。定价不仅仅决定了企业的营业收入和利润水平，定价背后还代表着企业的整个利益链。它涉及客户利益、员工利益、供应商利益和股东投资人利益等多方面的利益分配机制。这就使定价包含各种成本的核算和利润的来源，同时也需要考虑其背后多方面的利益链。

定价还决定了企业的资源配置与价值链。不同的定价要求配置不同的产品、团队、服务、环境和营销资源。定价也决定了企业的市场竞争力大小，不同的定价会决定企业与谁在市场上竞争，如何打破别人的封锁，建立自己的竞争力。

8.1.4 交付标准

价值主张的交付标准通常包括交付时效、交付质量、交付数量和交付物4个部分。交付标准的管理具有很强的专业性，因为它涉及物流、信息流和资金流的多个环节。例如，在新能源物流车租赁服务中，新能源物流车供应链的物流涉及多个交易关键点，同时需要考虑库存储备、物流效率、服务水平、车辆损耗、物流费率等问题。在信息流方面，需要考虑车辆库存信息的透明度、信息的对称性、物流数据的及时性等问题。从资金流的角度来看，需要考虑资金的收付环节账期长短、物流成本高低等问题。这些都需要一套交付解决方案来提供支持。这些专业问题都是围绕可交付、可量化、可追溯的交付标准来进行设计的。

在交付标准的管理过程中，企业需要制定一套完整的交付流程和标准，以确保产品或服务的顺利交付。这需要对产品或服务的检验、测试和审核等方面进行规定，以确保其符合客户的期望和要求。同时，企业还需要建立一套有效的反馈机制，以收集客户对产品或服务的评价和建议，进一步优化和改进交付标准。

通过专业的交付标准管理，企业可以提高产品或服务的质量和效率，增强客户的满意度和信任度。同时，还可以降低企业的成本和风险，提高企业的竞争力和市场占有率。因此，交付标准是价值主张设计的重要环节之一，对企业的成功运营至关重要。

8.1.5 竞争壁垒

巴菲特经常在给投资者的信中强调"企业护城河"的重要性："你们不要忘记经营企业如同守城，应当先考虑挖一条深沟，以便将盗贼隔绝在城堡之外。"企业护城河是可以防止竞争对手进入市场的壁垒，以保证企业能够持续创造价值。巴菲特的护城河理论中，经典四因素分别是无形资产、转换成本、网络效应和成本优势。如果加上互联网、新技术等引发的创新和资本的冲击，可以把"竞争壁垒"扩展为 6 个因素。

- **无形资产**：无形资产就是无法简单地用金钱来衡量的东西，ToB 和 SaaS 企业最主要的无形资产是商标权、专利权和法定许可权。商标权就是品牌；专利权就是通过法律手段来保护自己的特权，但专利有期限且很容易受到挑战；法定许可权让竞争对手很难甚至不可能进入你的市场，通常只有在企业需要通过审批后才能运营的情况下，这种优势才能发挥到极致。无形资产在消费升级和供给侧结构性改革的大环境下是最有价值的竞争优势来源。如果能够持续保持无形资产的活力，它将持续为企业创造更多的价值和获得更多的回报。
- **转换成本**：指客户从 A 企业产品或服务转到 B 企业产品或服务所需的成本。转换成本体现在 ToB 和 SaaS 企业与客户业务的紧密结合、财务成本和培训成本等方面。转换成本可以成为企业非常有价值的竞争优势，因为如果企业有办法让客户不跑到竞争对手那里去，就可以从客户身上获得更多的增值收入。客户转换成本的高低，决定了先发优势持续性的强弱。网络效应强的产品或服务，如飞书、金蝶等办公和财务软件，机械制造业的精密铸件公司，金融服务行业中的资产管理公司，能源行业中的丙烷配送业务，医疗卫生领域的实验室设备生产企业等，具有较强的数据沉淀和资源独特性，其转换成本会很高，客户不会轻易转换。

- **网络效应**：指 ToB 和 SaaS 企业的产品或服务价值随客户数和用户数的增加而增加，那么企业就可以受益于网络效应。网络效应在互联网行业最典型，客户或用户主动进行口碑传播，帮助公司接近零成本地去获取新客户或新用户，客户或用户越多，网络效应的价值就会越大。典型案例有阿里巴巴、腾讯、Amazon、顺丰、京东等 B 端商家随着 C 端用户增长产品或服务价值的提升。

- **成本优势**：迈克尔·波特的 3 种竞争战略之一就是成本领先，这是企业竞争的有效手段之一。成本领先可能来自规模效应，可能来自先进的技术，也可能来自企业持续的、精益求精的专业度。在价格决定客户采购决策的企业服务行业里，成本优势至关重要。成本优势主要包含 4 个方面：低成本的流程优势、更优越的地理位置、与众不同的资源和相对较大的市场规模。低成本的流程优势往往只能建立起暂时性的护城河。源于地理位置的先天优势与建立在流程优势基础上的成本优势相比更持久，因为地理位置更加不容易复制，如义乌小商品市场、清远石材加工等。

与众不同的是稀缺资源优势,而相对较大的市场规模带来的成本优势会更持久,规模带来的成本优势有生产规模、大规模配送网络和对利基市场的"统治"。成本优势意味着企业有足够的利润去实现竞争优势,企业将有更大的竞争空间。

- **创新**:企业需要具有持续的创新能力,不断利用新技术和新理念去实现客户价值的创造。这意味着护城河是动态的,而不是安全的。21世纪,特别是最近几年的重大技术和商业模式创新层出不穷,给了护城河最大的冲击。创新的本质是选择和体验的突破,是革命性的改变,如ChatGPT的推出将极大地降低企业用工成本和提升工作效率。
- **资本**:资本市场造就了一个又一个的财富神话和创业奇迹,雄厚的资本也将成为企业强有力的护城河,因为资本会助推有价值的、商业模式得到验证的ToB和SaaS企业进行大规模复制。

8.1.6 客户关系

客户关系是价值主张的重要组成部分,对ToB和SaaS企业而言,建立良好的客户关系至关重要。企业需要与客户建立高效的联系,维护好客户关系,让客户充分了解企业、信任企业,并能够复购、增购、续约和转介绍新客户,为企业带来更多的增值。

客户关系可以分为以下4个维度。

- **信任度**:客户对企业的产品或服务产生信任是建立长期合作关系的基础。如果客户不信任企业,则没有购买的可能性。即使客户购买了企业的产品或服务,如果客户对企业的销售和客户成功产生不了信任,那么签约、续约、增购和转介绍的可能性也微乎其微。
- **忠诚度**：通过信任关系达成一些简单的交易后，最终会形成忠诚，这是客户关系的最高层次。例如，生产工厂通常会选择固定的原材料供应商，不会轻易改变。这种忠诚度是客户关系维护的重要目标。
- **价值定位**：指企业的核心价值和优势是什么。当客户寻找某一类型的供应商，或者他认为需要某一类型的产品或服务，而企业恰好能够提供符合他的需求的产品或服务时，企业就有可能成为客户的供应商。如果有独特的价值能够符合客户预期，企业成为客户供应商的概率会大大增加。
- **满意度**：价值定位和客户满意度是让客户关系从信任到忠诚必经的重要阶段，或者说非常关键的两个因素。客户的满意度与他们的期望值密切相关，超越期望会感到满意，低于期望则不满意。客户的期望值是可以根据企业的价值主张来进行管理的，企业主张的就是希望客户期望的，没有主张的就是不希望客户期望的。企业通过对客户期望值的管理，可以影响客户的满意度，进而维护良好的客户关系。

8.1.7　GTM

GTM（Go-To-Market，走向市场）是一种以客户群体为目标的企业战略，旨在将产品或服务的独特价值主张推向市场。它源于快消品行业，并在ToB和SaaS行业中迅速得到采纳并流行开来。GTM本质上是一系列的营销活动，主要目的是将产品或服务推向市场。通过有效的GTM流程和方法，ToB和SaaS企业可以将其产品或服务的价值主张传递给目标市场，从而促进线索获取、销售赢单、流失客户召回以及提升客户活跃度等。

图 8-2 GTM 的成功实践路径

GTM 贯穿从概念化、产品化、商品化、市场化到规模化的整个产品生命周期（见图 8-2）。其价值在于通过市场洞察，明确产品或服务的战略定位，制定产品或服务的商业化战略。它包括对内和对外传递产品或服务的价值主张，打造客户成功最佳实践等，以促进产品或服务的销售、使用、增购、续约、转介绍和客户回流等，最终实现 ToB 和 SaaS 企业的规模化增长。同时，GTM 还将客户使用场景需求反馈到产研端，推动产品以客户为中心进行迭代升级。

在启动 GTM 时，我们需要明确以下 7 个问题。

- 我们的产品或服务要卖给谁？
- 为什么客户会选择购买我们的产品或服务？
- 产品或服务满足了客户的哪些需求？
- 产品或服务是如何解决客户问题的？
- 我们的产品或服务的独特卖点是什么？
- 我们将如何触达目标客户？
- 我们将如何交付产品或服务给客户？

在产品的概念化阶段，我们就应该开始思考这些问题，以确保整个 GTM 过程连贯和统一。通过回答这些问题，我们可以更好地了解目标市场和客户需求，制定更为精准的 GTM 策略，从而推动产品或服务的成功上市和规模化增长。

8.2　价值主张的 6 点注意事项

价值主张需要集中力量，进行聚焦，为客户提供一个选择我们的强有力理由。这个理由必须是明确而有力的，必须围绕一个核心点，以集中吸引和打动客户来购买相应的产品或服务。在寻找和提炼独特的价值主张时，最关键的是找到与市场上同类产品或服务的价值差异。ToB 和 SaaS 企业在打造价值主张时需要注意的 6 点事项如图 8-3 所示。

8.2.1 头部效应

在市场营销中，有一个被称为"头部效应"的原则，即成为第一胜过做得更好。这个原则强调的是，创造一个能成为"第一"的新领域，因为人们往往对第一的印象特别深刻，其在人们心理上的比重比第二、第三更大。例如，当我们提问"世界第一高峰是哪个？"或者"中国第一个获得奥运金牌的人是谁？"时，大多数人都能立即给出答案，但是对于第二、第三，却未必能够回答出来。

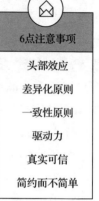

图 8-3 价值主张的 6 点注意事项

这个原则和"二元法则"有相似之处，后者是由定位之父杰克·特劳特提出的著名商业概念。它指的是在一个成熟而稳定的市场上，消费者的心智空间往往只能容纳两个品牌，所有的竞争最终会成为两个对手的竞争。如果 ToB 和 SaaS 企业的产品或服务无法在细分行业做到数一数二，就得重新考虑战略。

因此，ToB 和 SaaS 企业在定义自己的产品或服务时，需要思考如何成为客户心智中的第一认知。这并不只是简单地将产品或服务推向市场，而是需要仔细思考并创造出一种新的、具有吸引力的价值主张，让客户在听到你的产品或服务时，能够立即将其与竞争对手区分开来。

即使竞争对手的产品或服务的质量比你的要好，但如果你能率先提出一个独特的价值主张并通过战略落地抢占了客户的心智，那么你就已经在竞争中占据了优势。先下手为强，谁先下手谁就能在同行业中占领客户心智中的第一认知。

8.2.2 差异化原则

人们的大脑更容易记住独特的东西，因为独特的东西具有差异化的唯一性。大众化的东西则往往会被忽略或遗忘。因此，当为产品打造价值主张时，应尽量使其独特，避免与他人的价值主张雷同或类似。只有这样，你的产品或服务才能在众多的竞争者中脱颖而出。

8.2.3 一致性原则

人的大脑天生追求一致性。如果一个产品或服务的价值主张前后不一致或矛盾，那么客户的大脑就会产生混乱并选择忽视它。因此，为了确保客户能够准确地认知你的产品或服务，必须保持价值主张的一致性。

这种一致性不仅有助于建立品牌形象，还可以提高运营效率并扭转当前的运营困境。当你确定了产品或服务的核心价值主张后，所有的宣传和推广活动都应该围绕这个主张展开。这样做的目的是吸引到最精准的目标客户群体。

传递价值主张时需要有一条清晰的主线。如果频繁更改自己的定位或价值传递口径，客户就会感到困惑并可能会对企业的真正意图产生疑惑。以阿里巴巴为例，自1999年创业以来，"让天下没有难做的生意"这一价值主张始终如一，这种一致性使得人们在想到B端生意时就会立即想到阿里巴巴。

8.2.4 驱动力

ToB和SaaS企业的价值主张必须具有足够的驱动力，而不仅仅是空洞的口号。要使价值主张具有驱动力，应该深入剖析客户的需求动机,只有了解了客户的需求动机,提炼和打造的价值主张、设计的营销流程对客户来说才会有驱动力。

价值主张最好与客户的原始动机关联起来,只要企业的产品或服务与客户的原始动机相关联,那么让客户产生行动的理由就会足够充分。当然,如何让企业的产品或服务与客户的原始动机建立联系,要看具体行业、产品或服务的效果和体验。

8.2.5 真实可信

如果从客户的角度来看价值主张的提出和传递是不真实、不可信的,那么很可能只是企业在"自嗨"。只有客户认可和信任的价值主张才是好的价值主张。可信、真实的价值主张需要满足以下 5 点要求。

- **具体的可量化的效果**。当 ToB 和 SaaS 企业提出非常明确、具体、可量化的价值主张或承诺时,客户会认为其真实性和可信度较高。
- **展示价值主张的佐证数据或材料**。ToB 和 SaaS 企业可以展示关于价值主张的研究结果或提炼逻辑作为佐证,这可以更好地证明其价值主张。因此,在提出价值主张之前,可以尝试引入佐证的数据或材料,说明产品或服务解决了与之相关的客户问题或改善了他们的处境。
- **承诺的保证**。ToB 和 SaaS 企业在展示价值主张时,可以对效果和售后服务做出相应保证,并确保所承诺结果的可实现性。如果企业对自己的价值主张没有信心且无法提供有力的保证,那么客户对企业的产品或服务的效果和体验很可能会产生怀疑。这其实体现了企业对自己的产品或服务的信心。
- **客户成功案例**。这是描述合作客户为什么选择你而不是竞争对手的重要佐证，需要有唯一性，即在同类产品或服务领域里成为你企业的成功案例，不能是别的企业的成功案例。如果有客户愿意站台，为企业的宣传提供成功案例的支撑，可信度和真实性就会很高，就会大大降低客户存疑的概率，其怀疑的理由也会减少很多。
- **提供试用或体验**。当客户亲身体验到 ToB 和 SaaS 企业传递的价值主张所描述的内容时，比其他任何形式的展示都更有说服力和公信力。因为只有客户真正相信企业的价值主张，企业才可能存在真正的价值主张。

8.2.6 简约而不简单

越是将价值主张简约、精练和清晰明了地传递给客户，就越容易让客户在第一时间理解并认同企业的价值主张。简约而不简单的价值主张应该能够用最少、最精练的语言介绍给客户，或者能够用一句话或 1~2 分钟的时间给客户讲明白，让客户产生"这就是我需要的"的感觉。如果能够用简约而不简单的语言非常清晰地传递出产品或服务的价值主张，将会使客户获取和客户成功变得容易很多。在客户获取阶段，销售能否签订高价值合同、能否获得高价格订单，与基于价值主张的传递和客户成功案例的呈现密切相关。因此，ToB 和 SaaS 企业在整个规模化增长的场景下需要加大价值主张的设计力度。

第 9 章

客户获取：打造持续传递价值主张影响力的渠道

客户成功的根基是客户，没有客户，客户成功就是一句空话。如果说产品从一开始就是为客户成功设计的，那么客户获取是客户成功的开始。客户获取是指吸引有价值的潜在客户，将他们转化为现实中成交客户的过程。客户获取一般分为市场和销售两个部分，属于增量增长阶段。认知、触达、培育、评估和选择是增量增长阶段的 5 个环节，是一个持续传递价值影响力的过程。

在面向客户的团队中，团队之间的协同是非常重要的。如果把客户获取的市场、销售、交付和客户成功比喻成一辆汽车的 4 个轮子，那么只有保持一致性，才能够确保客户获取成功。在客户成功实践中，以客户为中心模式的核心理念是：ToB 和 SaaS 企业的商业模式与企业运营管理需要把焦点放在客户的身上，围绕细分客户的问题和需求，为客户创造价值。

9.1 客户成功是市场和销售的重要资产

市场和销售是持续建立信任与不断做出选择的过程。客户成功是履行 ToB 和 SaaS 企业在市场和销售过程中做出的承诺。客户付钱给企业是为了企业承诺的价值，客户成功就是为了兑现这个价值。这个价值是什么样的？简单来说就是在 GTM 的时候市场给客户传递的价值主张，或者是销售向客户做出的某种描述或承诺，这些应该记在销售记录或客户交接单里。比如市场或销售说过能够为客户提高或降低哪些关键 ROI 指标，这就是客户期望获得的成功。客户成功就在于实现市场或销售向客户承诺的 ROI 指标，并对每一个利益相关者采用同样的做法。如果企业的价值主张有针对企业主、管理者的，也有针对员工的，那么企业就需要同时满足这三类"客户"期待的结果，并促使这三类"客户"都能够成功。市场和销售通过逐步渗透和培育的方式，循序渐进地与潜在客户建立联系并进行互动，推动他们沿着设计好的销售路径前进，最终成为企业的客户；客户成功采用同样的方法确保实现企业向客户承诺的客户成功价值，并能够做到定期检查、看板化展示客户成功达到的 ROI 指标。这些可以成为合同结束后进行续约谈判时最有说服力的理由，而客户成功的最佳实践案例也将成为市场和销售最重要的证明材料与营销素材，所以客户成功是市场和销售的重要资产。

第一个知道企业客户的用户或决策者离开原企业加入另外一个企业的人，应该是客户成功团队的成员。这是一个跟随他们获取到下一个企业客户的绝佳销售线索。在常规的职场路径中，新入职人员在试用期会面临许多挑战，包括适应新工具、掌握新方法论、与新的合作伙伴建立关系等。在这个过程中，他们可能会采购新的工具、引进新的方法论，并与新的合作伙伴进行洽谈。这些行为为企业提供了转介绍线索的机会，可以促进企业的增量增长。因此，当客户的新入职人员开始试用时，客户成功团队应密切关注这些动态，并及时将这些信息转交给销售团队进行跟进和转化。通过这种协作，企业可以更好地利用这些机会，提高转化率和成功率，从而实现更好的增长。

在市场组织与潜在目标客户的活动或销售与潜在客户做项目沟通，听取客户需求和看法的时候，客户成功参与其中分享服务客户的真实案例和最佳实践，有助于潜在客户对企业的产品或服务建立信任。客户成功也可以让潜在客户与已经和企业建立了良好的合作关系并认可企业的产品或服务价值的老客户建立联系，以有效促成交易。

随着企业的业务发展，市场在进行企业或产品介绍时，不再编写客户成功案例，因为有大量的客户成功最佳实践可以引用，来说明产品或服务是如何帮助客户实现 ROI 的增长的。客户成功可以从自己服务的客户中找到有价值和有说服力的使用数据与产品使用者，并将这些信息传递给市场团队，作为营销的真实素材和资料，以提升价值主张传递的可信力。

对于客户成功最佳实践或客户成功的成果，客户成功经理需要随时记录在 CRM 系统或者客户成功管理系统里，因为这样市场和销售团队可以根据实际的工作需求，获取相关的佐证材料。客户成功实践的人员需要能够提炼和报告所有客户或特定客户群的客户成功成果，当客户达到"客户成功目标"时，客户成功团队要有能力获取这些有价值的信息，并定期提供给市场和销售人员，作为客户成功实践成功的证据，比如文档、图片、视频等。如果市场或销售需要产品或服务的支持者，实现"客户成功目标"

的客户是做这件事的最佳人选,这些客户可以在会议、演讲和对新产品的反馈方面提供尽可能多的案例支持。

在 ToB 和 SaaS 企业规模化增长过程中,客户成功的价值需要更好地向企业的利益相关者或者其他部门传递,让其意识到客户成功工作的重要性。通过传递价值和提供帮助,客户成功可以创造不一样的客户价值和商业价值。因此,客户成功不但是市场和销售的重要资产,也是企业的其他部门和工作单元最有力的客户成功实践案例和价值的贡献者。

9.2 打造持续传递价值主张影响力的获客渠道

在贯穿客户旅程的规模化增长模型中,市场团队扮演着重要的角色。在 ToB 和 SaaS 行业里,持续性收入是非常重要的,因为可以从存量客户中获得规模化的向上销售收入和交叉销售收入,市场团队必须思考这部分价值。市场团队不能只考虑如何获取客户线索,并把线索传递给销售团队。相反,市场团队应该思考如何利用存量的客户基础来提高收入。比如,如何引导和激励存量客户进行口碑分享,如何在存量客户的基础上获取更多的新增销售和交叉销售的线索,如何提升存量客户的满意度。这是从客户成功的视角重新定义市场获客价值,关注点在于客户价值的升华,将会对当前市场团队的工作产生革命性的影响。

9.2.1 线索不是市场工作的全部

市场获客与客户成功的高效协同,是确保续约、增购和新签客户的持续性收入增长的关键。为了实现这一目标,保持行动节奏和价值主张的一致性是非常重要的。一致性主要体现在以下 5 个方面。

1. 保持价值主张的一致性

客户成功是 ToB 和 SaaS 企业商业模式的核心理念，也是企业产品或服务的价值主张。市场是企业对外传递价值主张的官方窗口，客户成功是兑现价值主张的核心载体。如果宣传和传递的是一回事，而实际使用和兑现的是另外一回事，那就会造成客户认知的混乱，严重的将会造成虚假宣传。在客户成功实践中，市场、销售和客户成功需要保持高度的价值主张一致性，给予客户确定性和控制感。这意味着从市场宣传到销售转化再到客户成功的过程中，需要始终保持一致的价值主张，让客户感受到企业提供的产品或服务是可信的、可靠的。

2. 保持客户旅程衔接的一致性

市场需要与客户成功在客户旅程的前后衔接上保持一致性。市场视角的客户旅程一般是把线索传递给销售团队就结束了，最多是关注到销售把线索转化完成后就完结。客户成功更关注产品或服务的交付、使用培训、问题反馈、续约、增购和转介绍等。这两个流程是相互衔接的，并非独立存在，整个客户旅程包含客户获取、履约交付和客户成功三个部分，市场与客户成功一脉相承，需要紧密协同才能提升客户的整体体验。这意味着从市场团队获取线索开始，直到最终实现客户的成功，都需要保持流程上的一致性和顺畅性，从而提升整个客户旅程的效率和质量。

3. 保持目标共识的一致性

在客户成功实践中，增长是永恒的主题，增量和存量的增长都非常重要。市场部门需要同时关注增量增长目标和存量增长目标，这与客户成功的目标是一致的。市场部门需要明确传达市场和客户的"期待的结果"，同时要为客户带来良好的体验，让客户感受到价值影响力的一致性。因此，市场部门和客户成功部门必须保持目标共识的一致性。

为了实现这一目标，两个部门需要定期进行沟通，分享各自的目标、计划和进展情况，确保双方对当前的工作进展和未来的发展方向有相同的理解与认识。此外，市场部门和客户成功部门还需要建立有效的协作机制，共同制定并执行市场策略和客户成功策略，以确保两个部门的工作能够相互配合、协调一致。

4. 保持客户信息的一致性

市场部门在进行产品或服务的宣传推广时，需要从客户成功部门获取最佳实践案例作为证明材料，同时也可以邀请具有良好行业和管理背景的客户来站台，为产品或服务现身说法。此外，市场部门从整个行业获取的客户信息，如客户评价、客户的市场行为等，都可以为客户成功部门赋能，帮助其更好地进行主动服务。

为了保持客户信息的一致性，市场部门和客户成功部门需要建立共享的客户信息数据库，将所有的客户信息集中存储和管理。这样不仅可以避免客户信息的重复、混乱和不一致，还可以使两个部门方便地获取和使用这些信息。此外，市场部门在收集和整理客户信息时，需要遵循相关的隐私政策和法律法规，确保客户信息的合法性和安全性。

5. 关注客户声音价值的一致性

客户声音是客户在选择、使用产品或服务时对获得效果的切身感受。不管是良好的还是糟糕的互动，都会产生各种各样的客户声音。没有客户声音，市场策略和客户成功策略是不完整的。

客户声音的来源渠道丰富多样，包括调查问卷、电话访谈、上门拜访、400电话等。ToB和SaaS企业在关注客户声音时，必须注意这些声音可能存在盲点或片面性。为了确保对客户需求的全面理解，企业需要对客户声音进行客观的分析和评估。这样做可以挖掘出对提升产品或服务体验有帮助的建议，进而采纳并落地执行这些建议，推动产品或服务的持续改进。

在收集和整理客户声音时，企业需要注意不要偏听偏信或有选择性地收集反馈，应该尽量广泛收集客户的反馈和建议，以确保信息的全面性和客观性。在收集到反馈后，要对它们进行分析和归类，尽量从多个角度来评价每个反馈。这样做有助于在后期解决问题的过程中实现问题的闭环，并做到以点带面、举一反三、触类旁通地解决一类问题，而不是仅仅解决表面上的独立问题，避免"头痛医头，脚痛医脚"的片面处理方式。通过收集和整理客户声音，并对其进行分析和归类，企业能够更高效地响应客户需求，提升客户满意度，并持续优化产品或服务。

9.2.2　客户成功视角的 4 类客户获取问题

从客户成功的视角来看，客户获取阶段的问题主要集中在 4 个方面。

- 如何获取精准、可供销售转化的线索？
- 如何挖掘销售线索漏斗中的线索价值？
- 如何将销售线索进行更高效的转化？
- 如何衡量每个阶段的销售线索转化效果？

在客户获取的实操过程中，可以将这些问题归纳为销售线索获取、销售线索流转、销售线索转化、销售线索管理 4 个方面（见图 9-1）。这四个方面是相互关联和支持的，只有通过有效的管理和协作才能实现客户获取阶段的目标——提供更多、更好的精准销售线索，为企业的增量业绩做出贡献。

1. 销售线索获取的问题

在当前的商业环境下，客户获取信息的渠道越来越广泛，ToB

和 SaaS 企业的客户关系变得越来越复杂，信息变得越来越对称。客户越来越清楚企业的一系列行为是为了让他们购买产品或服务。市场和销售人员需要提供有价值的线索，例如产品或服务内容、试用期、可靠的购买方案等，以吸引潜在客户进行采购。然而，客户对损失的厌恶心理，让他们越来越警惕，从而使获取高质量的销售线索变得越来越困难。

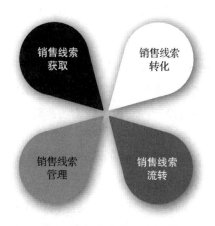

图 9-1　客户获取 4 大问题

2. 销售线索转化的问题

在客户成功实践中，大量的无效销售线索充斥在企业的 CRM 或其他线索库中，这表明获取高质量的销售线索存在较大问题。根据笔者的实践经验，企业获取的销售线索中，只有约 25% 的线索能成为销售机会，而其他线索最终沦为无效线索。经常发生的情况是，ToB 和 SaaS 企业即使有自己的销售线索数据库，线索数据也存在准确性差、完整性弱和精准度低等问题，导致近 30% 的线索数据是不准确、不可用或重复的。从客户成功的角度来看，加强客户关系的建设将是重中之重，因为转介绍的新增销售线索不会出现类似的问题。

为了解决这些问题，市场团队需要更加关注客户的需求和行为，并利用数据分析和营销自动化工具来识别潜在客户和他们的需求。同时，市场团队还需要举办有针对性的营销活动，以吸引潜在客户的关注和兴趣，为销售团队提供高质量的销售线索。此外，加强客户关系建设也是必要的，因为客户关系的加强可以增加客户满意度和忠诚度，从而促进销售线索的转化和业绩的提高。

3. 销售线索流转的问题

市场获取到销售线索后，需要将其录入 CRM 系统或导入线索数据库中，并通过设计一套销售线索的流转规则，实现高效流转，从而挖掘线索的价值并创造价值。然而，在实际的销售线索流转过程中，大量的销售线索可能会长时间停留在某一种状态，导致销售线索流转和使用效率低下。

为了解决这个问题，我们需要关注销售线索的流转规则设计，以推进销售线索的有效流转。在客户成功实践中，常用的销售线索流转规则有 4 条，如图 9-2 所示。

- **设定销售线索的首次跟进时间**。当线索分配给销售人员后，应设定跟进时间，要求销售人员在规定时间内（例如 24 小时）完成跟进，否则线索将自动返回公池并重新分配给其他人。这样有助于培养销售人员的及时跟进习惯，并第一时间了解客户需求。同时，从客户角度来看，客户需求具有一定的时效性，及时跟进有助于提高成单率。
- **设定私有池数量上限**。为每个销售人员的私有池设定数量上限，例如 100 条。当达到数量上限后，销售人员将无法再接收新线索。如需接收新线索，必须通过成交或返回公池的方式减少手中线索数量。这样可以防止销售人员长时间占用一条线索但不进行跟进,同时也可以加快销售人员手中线索的跟进速度。

- **多业务线之间相互流转**。如果公司涉及多条业务线,且客户具备重叠属性(例如新能源物流车租赁行业的物流企业同时具有租车、购车、充电、维保、车务和保险的需求),则可以将线索在这 6 条业务线之间进行流转。如果物流企业的租车线索中出现充电关键词,可以通过人工或系统的方式将该线索转化为充电业务线的线索,让充电销售人员进行跟进和转化。
- **设定超期未跟进规则**。制定超期未跟进的规则,例如销售人员手中的线索如果超过 15 天未进行跟进,将自动返回公池。这样可以防止销售人员长期占有线索但不进行跟进的情况发生。

图 9-2 销售线索流转的 4 条规则

从客户成功实践来看，销售线索流转过程中，"线索分发"和"线索分配"这两个环节对提高销售线索流转效率具有重要影响。

线索分发指线索在完成当前环节工作后，触发进入下一环节的动作。例如，市场获取到的线索需要分发给 MDR（市场开发人员）进行清晰化处理，或者 MQL 需要分发给 SDR（销售开发代表）进行销售验证，这些都属于"线索分发"动作。通常，线索的分发是有清晰的标准或规则的，一般通过 CRM 系统进行自动分发。

线索分配指在同一阶段中，销售主管或负责人将线索分配给具体的销售人员负责跟进的动作。例如，销售主管或负责人将获得的 MQL 直接分配给销售人员跟进。在实际的线索分配中，需要按照一定的标准对线索和销售人员进行分级，遵循高质量线索分配给转化能力强的销售人员的原则进行分配，同时需考虑线索分配的数量和公平性。具体操作中，也可以根据销售人员所负责的客户渠道、客户行业、客户区域、客户规模等客户特征进行分配。

4. 销售线索管理的问题

跟进不及时是销售线索管理的核心问题。尽管国内 ToB 和 SaaS 企业在线索数据库或 CRM 系统上投入了大量资金，并在 CRM 系统的培训、管理和使用上花费了大量的时间成本，但如何将这些成本更有效地用于更高质量的潜在客户身上，是 ToB 和 SaaS 企业面临的现实问题。如果深入一家 ToB 和 SaaS 企业的 CRM 系统或线索数据库，会发现 70% 以上的销售线索未被营销或销售人员联系过。销售线索的平均回应时间超过 72 小时，这表明大部分销售线索未被及时跟进。在信息越来越发达、时间越来越碎片化的今天，客户希望得到企业更快、更具有针对性的响应和反馈。

在笔者的客户成功实践经历中，一位在知名 SaaS 企业担任资深市场 VP（副总裁）的市场人提出了及时跟进线索的 2124 机制：线索分发后，销售需要在 2 小时内接触并给予客户反馈；12 小时内，销售需将接触客户后的反馈结果同步到市场；保证在 24 小时内完成线索或商机的首次跟进（这个跟进时间需与市场达成一致）。这个机制是解决销售线索跟进不及时问题的优秀思路。

在销售线索管理过程中，销售团队经常将精力分散在线索管理流程的各个阶段，包括录入线索信息、完善线索数据、参与线索分配、甄别线索质量、记录线索跟进情况、分析线索转化情况等。这会导致大量的时间花费在事务性工作上，但没有一个好的转化结果，这是线索管理的难点。

如果能够很好地解决销售线索管理问题，将会带来以下 4 项好处。

- 减少无效销售线索的跟进时间，提高销售成功联系到潜在客户的机会和转化率。
- 帮助销售人员更充分地利用时间，帮助他们抓住一些更好的销售机会。
- 防止一些投入了时间和资源的线索变成无效的垃圾线索，减少资源的浪费。
- 让销售人员掌握更多的潜在客户信息，给潜在客户创造一种更好的购买体验。

从客户成功的视角来看，需要重点关注存量老客户，通过挖掘老客户与企业间的关系和层次结构来发现新的销售机会。在实战中，可以查看哪些企业与这个客户有关系，无论是上下游关系、竞品关系、合作关系还是投资关系等，都有可能发现新的销售线索。更进一步则可以通过大数据来挖掘企业间的链接关系，获得交叉销售或异业合作的线索来实现销售收入的增加。

要衡量获客效率或者销售效率,无论是基层销售人员还是管理层人员,都需要通过数据来管理和优化线索。例如密切监控线索的数量、转化率、销售机会的状态、跟进或转化的时间、销售活动日志记录等。通过关注这些数据情况,可以快速准确地定位问题,做好销售进度的预测和判断,然后采取针对性的举措,促进业绩目标的达成。

从线索获取到销售转化,数据发挥了非常大的作用。作为客户获取的管理者,如果能够清晰地知道哪些线索已经成交、哪些线索有机会成交、哪些线索存在不足等,那么就会对线索获取和销售流程有较大的可控性。根据线索管理的实际情况,市场和销售团队需要经常问自己以下4个问题。

- 谁将会是我的下一个大客户?
- 哪部分线索我应该重点关注?
- 我应该去拓展哪条已存在的业务线?
- 每月、每个季度、每年的收入和上一个周期比是增加了还是减少了?

为了成交更多的客户,经常回顾和追踪自己跟进转化线索的过程是至关重要的。在这个过程中,会产生一些有价值的数据。通过挖掘这些数据的价值,我们可以调整销售策略,进而提高销售线索的质量。这样,线索的分配和跟进将更加高效,从而创造更大的价值。在客户成功实践中,我们也发现:当跟踪客户获取阶段的销售线索转化漏斗以及客户成功中的增购、转介绍和续约线索时,线索跟进和转化越多,产生的数据就越多。这些数据反馈到整个线索管理流程中,从而提高线索的转化效率和价值,实现更大的商业效益。因此,对于ToB和SaaS企业来说,精细化管理和持续优化线索转化过程,是提升销售业绩和客户成功概率的关键。

9.2.3 持续传递价值主张影响力的 4 类获客渠道

ToB 和 SaaS 企业当前面临的获客挑战包括：客户资源日益稀缺、获客成本不断攀升；一线销售效率降低，缺乏科学、专业的获客方式；难以批量挖掘优质的潜在客户，销售业绩难以达成；客户资源不稳定，业绩表现时好时坏，投入产出比低于预期等。

ToB 和 SaaS 企业面对的企业客户特征是：多人甚至是多部门共同决策、多账户管理和决策周期长。对于企业客户来说，通常是高价值、长转化周期，因为决策者通常不是一个人，而是不同层次的一个群体，甚至要通过企业端管理层的层层把关。企业客户的业务环节中存在多个关键人，由部门负责人、职能部门负责人来选型提建议，确定好产品之后需要向上级申请采购额度，最终审批流程需要走各级管理者，如若遇到规范化管理的中大型客户，审批流程将会更复杂，最终流程需要 CEO 或董事长审批。需要同时推动多个角色在有限的时间内达成一致，去做一个共同的决定，是 ToB 和 SaaS 业务的突出特点。企业客户偏向于理性地考虑所提供的产品或服务带来的价值、付出的成本以及售后的一系列服务支撑等因素。同时产品价值也是影响决策的核心因素，产品、服务、售后均是客户考虑的指标，购买高价值产品以后，服务是否周到，产品使用是否方便，决策者站在职位角度需要承担相应风险，因此考量更多。

从客户成功视角看 ToB 和 SaaS 业务的获客，需要以"持续传递价值主张影响力"为核心开展获客渠道建设。根据笔者多年的实践经验，完成销售线索获取的最佳方案是：以内容、活动、搜索和渠道等组合方式触达目标客户群，如图 9-3 所示。

1. 内容获客

内容获客是 ToB 和 SaaS 企业获取客户线索的一种低成本、

高转化率的方式。在实施内容获客策略时，需要时刻牢记：用业务痛点来抓住所有处于客户旅程中的客户，推动浏览者不断深入浏览内容并留下信息。因为内容的目的在于填补产品与用户认知之间的鸿沟，所以优质的内容能够为浏览者提供价值，并建立信任。

图 9-3　最佳客户获取组合

对于 ToB 和 SaaS 企业来说，负责输出内容的人员应该是行业专家，能够为客户提供有价值的内容，帮助客户避免造成损失的"坑"，并完成选型采购。内容获客是直面客户，真正给客户提供有价值的内容，持续教育市场和培养客户的获客方式。

内容获客主要包含两种方式，其详细效果如表 9-1 所示。

- **制作企业与产品推介内容，如说明书、白皮书、业务课程、案例集等。**这些内容可以详细介绍企业的产品或服务，以及如何解决客户的痛点，从而吸引潜在客户的关注和信任。

- 利用传统媒介如官网、广告、会议、垂直媒体、书籍刊物、直播短视频等进行传播。这些渠道可以让更多的人接触到企业所提供的内容,从而增加潜在客户的数量和曝光度。

表 9-1 不同客户购买旅程中最有效的内容类型

内容类型	意向阶段	考虑阶段	购买阶段
图文	TOP1:73%	21%	6%
案例研究	18%	42%	TOP1:40%
电子书	55%	39%	6%
线下活动	35%	33%	32%
官网	57%	35%	8%
视频	54%	40%	6%
网络研讨会	36%	47%	17%
白皮书	34%	TOP1:53%	13%
其他	36%	37%	27%

ToB 和 SaaS 企业采用内容获客时,需要注意以下 5 点。

- 生产对企业客户有实际应用价值的内容。内容应该是与客户密切相关的产品或服务以及其他有利于客户的内容。这些内容可以包括深入的行业研究报告、实用的业务解决方案、案例分析、博客文章等。通过这些内容,企业可以向潜在客户提供有价值的信息和见解,提高他们的认知和信任度。
- 建立内容到线索的路径。在内容中尽量覆盖明确的 CTA(行动号召)。这些 CTA 可以包括联系信息、注册表单、下载链接等,以便潜在客户可以轻松地找到并联系企业。通过建立明确的内容到线索的路径,企业可以更容易地将潜在客户转化为销售线索。

- **加强内容运营，发挥内容的最大价值**。为了发挥内容的最大价值，企业需要采取一些策略来确保内容能够持续不断地触达各类用户。这可以通过使用不同的渠道和平台来分发内容，例如社交媒体、电子邮件、新闻稿、企业网站等。同时，企业可以利用数据分析来了解用户的需求和兴趣，从而优化内容生产和传播策略。
- **呈现内容获客的效果**。为了更好地评估内容获客的效果，企业需要及时统计内容获取线索的实际获客数量和线索转化效果。这可以通过使用分析工具来跟踪用户的行为和转化路径来实现。通过对数据的分析，企业可以了解哪些内容更受欢迎，哪些渠道更有效，以及如何优化策略以提高转化率。
- **为客户旅程的每个阶段针对性输出内容**。客户旅程中的每个阶段的关注点都是不一样的，因此需要针对不同阶段的客户输出不同的内容。例如，对于初步了解阶段的客户，可以提供一些行业知识和入门指南；对于考虑阶段的客户，可以提供更具体的解决方案和案例分析；对于决策阶段的客户，可以提供详细的比较分析和购买指南。通过针对不同阶段的客户输出针对性的内容，企业可以更好地满足客户的需求并提高转化率。

2. 活动获客

对于 ToB 和 SaaS 企业来说，活动获客是一种非常有效的获取客户线索的方式。通过参与或举办各种行业活动，企业可以扩大自己的品牌影响力，吸引潜在客户的关注，并建立与目标人群的联系。

参与或举办活动的主要目的是获取客户线索，即获取关键决策人的联系方式（包括但不限于电话、微信等），与关键决策人建立联系。关键点在于企业可以通过线上或者线下活动去挖掘潜在的客户，并建立一定的互动关系，了解客户的需求点，并结合产品为之提供对应的解决方案。

活动获客的方式主要有沙龙活动、培训活动、赞助类会议、演讲见面会等（含线上、线下）。这些活动可以围绕垂直行业、目标人群或企业自有的资源来组织和开展。

具体来说，参与行业展会或峰会等，企业可以与同行业交流，了解最新的行业动向和同行产品。同时，通过与更多合作伙伴的交流和合作，可以吸引目标客户的咨询和关注。

主办小型研讨会、沙龙、论坛、培训以及答谢会等活动，则是将目标客户、合作伙伴、渠道资源等集中在一起，进行价值主张的分享，达到教育市场、培育客户、获取客户线索的目的。

在举办活动时，ToB 和 SaaS 企业需要注意以下 4 个方面。

- **明确有效线索标准和目标客户群体**。在策划一场活动时，首先要明确活动的对象是谁，如何定向地触达并邀约客户参加。
- **梳理现有资源**。对于沙龙类活动，是否需要准备"主咖"？对于培训类活动，讲师资源储备如何，什么标准、什么规格的讲师出场？需要盘点清楚所有可用资源，再去确定具体的活动细节。
- **制订具体、可执行的获客计划以及确定具体的活动排期**。根据现有资源制订相应的活动计划，明确团队分工，推动活动进程。
- **活动执行保障及活动数据收集整理**。按照活动既定方案执行活动，活动结束后整理客户相关数据，从中挑选有可能转化的客户，同时为下一场活动积累经验。

活动获客最大的问题是活动邀约和活动转化。因此，ToB 和 SaaS 企业在邀约客户参加活动时，需要把关参会人员的质量，把参会人员集中在目标客户群体中，避免泛式邀约，而要精准邀约。

3. 搜索获客

在互联网时代，搜索获客是 ToB 和 SaaS 企业获取销售线索的必选项。搜索获客指的是企业在搜索引擎上有搜索排名，当目标客户通过搜索引擎搜索相关产品、服务或解决方案来了解和匹配相应的供应商时，能够引导他们点击进入企业的官网，从而进一步了解产品信息与公司信息。通过主动留资或者互动交流，可以沉淀有效的销售线索，便于后续销售跟进与转化。

搜索获客主要有 SEO（搜索引擎优化）和 SEM（搜索引擎营销）两种方式。SEO 主要是通过优化网站内容和结构，提高网站在搜索引擎中的排名，从而吸引更多的潜在客户。SEM 则是通过投放广告来获得更高的搜索引擎排名，从而吸引更多的潜在客户。

在搜索获客的实战中，企业还需要特别重视落地页的创意和内容质量，以及客户路径的设计。这些因素都会直接影响到整个搜索获客的转化效果。因此，企业需要针对不同的目标客户群体和市场需求，制定相应的搜索策略，以提高转化率和获取更多的销售线索。

4. 渠道获客

渠道获客指的是建立产品或服务的分销渠道，包括线上和线下。渠道获客的关键是将 ToB 和 SaaS 企业的产品或服务包装成一个有明确价值主张、发展前景和可观收益的创业项目。为此，企业需要根据业务目标和产品现状制定渠道战略，梳理渠道画像，根据渠道画像找到优质渠道,通过未来预期和出让利益吸引对方。

渠道是重利的,企业在给予渠道短期利益的同时,需要赋予长期价值和夯实产品或服务的易用性、售前支持能力、客户服务能力、产研持续能力等,因为渠道获客每个阶段的能力要求存在较大差异,如起步期关注商机能力和销售能力,发展期关注售前和售后能力,成熟期关注产研能力。

当 ToB 和 SaaS 企业的商业模式得到验证,产品的客户画像明确、定位清晰、标准化程度高,同时企业自己已经摸索出毛利模型和销售打法后,可以采取渠道获客的方式进行销售的规模化增长。反之,如果毛利模型尚未得到验证,或者销售打法不够实用,那么采用渠道获客方式可能会增加企业的负担,难以实现规模化增长。因此,企业需要在自身条件成熟的情况下,再考虑采取渠道获客的方式。

9.3 客户成功视角下的客户获取效率

根据前文所述,在 ToB 和 SaaS 企业的客户中,中小微企业是核心增长客群。在不同客户群体和不同发展阶段中,获客成本存在显著差异。企业主要通过付费或免费的广告投放和主动的目标客户营销两种方式进行客户获取。最终,客户获取效率通过线索流转效率和 ROI 来评估。

在客户获取的实践场景中,针对不同类型客户的线索流转方式存在较大差异。对于小微企业或中小企业客户,客单价一般在 2 万元以下,生命周期较短。这类客户主要通过纯线上方式进行线索流转,例如在线演示和在线关单。对于中大型企业客户,它们通常是区域内的头部或代表性企业,因此需要 BD(业务拓展)的获客能力。对这些企业,可以进行关键性拜访,通常不需要售前支持，而是通过自身能力完成从获客到关单的全链路销售。对于大型企业客户，获客成本最高。它们的数量较少，决策链路长，交付周期长且回款慢。在获取这类客户的过程中，识别客户信息、挖掘人脉、了解核心需求以及触达关键决策人是特别重要的环节。

为了提高客户获取效率，ToB 和 SaaS 企业在实践中需要根据不同销售团队制定相应的线索流转规则。例如，根据企业规模的不同，可分为 20 人以下、20 人到 50 人之间、50 人到 200 人之间以及 200 人以上的团队。此外，还需要考虑企业是否属于垂直行业、高新技术企业、上市公司或新能源公司等，并根据这些关键特征设定相应的线索流转规则。这样可以避免线索交叉和资源浪费，从而提高转化效率。

需要注意的是，制定线索流转规则时应充分考虑企业自身的特点和资源优势。例如，如果企业具有较强的技术实力和丰富的行业经验，可以通过提供专业的售前支持来增强销售团队的获客能力；如果企业的产品具有较高的市场认可度且拥有较多的成功案例，则可以着重加强品牌宣传和口碑营销以吸引更多的潜在客户。同时，为了提高线索流转效率，企业还可以建立完善的 CRM 系统或其他销售管理工具来协助销售团队进行客户获取和后续跟进工作。

总之，针对不同类型的客户制定合理的线索流转规则是 ToB 和 SaaS 企业提高客户获取效率的关键。在实践过程中，企业应根据自身的实际情况和目标客户需求灵活调整策略以实现最佳效果。此外，不断优化销售团队的组织结构和资源配置也是提高客户获取效率的重要手段。通过不断总结经验教训并持续改进销售策略和方法，ToB 和 SaaS 企业将能够实现更高效和可持续的客户获取目标。

从客户成功的视角来看，客户获取效率的高低主要取决于 3 个要素：客户画像的精准度、触达方式的维度以及线索成长潜力。国内 ToB 和 SaaS 企业在客户获取方面面临以下 3 个痛点。

- **客户画像不清晰，难以接触关键决策人**。企业如果无法清晰地描绘目标客户画像，就难以快速精准地找到目标客户，并与关键决策人建立联系。这成为企业客户获取效率低的重要原因。
- **触达方式单一，缺乏多维的触达网络**。许多企业过度依赖一两个获客渠道，如搜索引擎、展会、协会等来触达目标客户。这种单一的获客方式很容易受到外界环境变化的影响，如疫情期间，依赖线下展会进行客户获取的企业业务就萎缩甚至暂停了，严重阻碍了企业的客户增长。
- **过度重视品牌塑造，但价值传递能力弱**。很多 ToB 和 SaaS 企业过度重视品牌建设，渠道网络铺得很广、广告投放品牌宣传多，这可以很快打开品牌知名度，但对于客户获取却没有良好的效果，ROI 不高，甚至出现入不敷出的现象，造成资源的浪费。

为了解决这些痛点，ToB 和 SaaS 企业在客户获取过程中需要重视以下 3 个关键点。

- **明确客户画像**。获客的前提是知道谁是你的"客户"。客户画像就是基于客户相关的信息，建立客户的标签体系，同时利用这种标签体系去描述客户。建立了客户画像，企业才可以在销售中快速识别出哪些客户是自己的潜在客户，再针对潜在客户进行精准营销。不论是广告投放还是 BD、朋友介绍等，都可以通过客户画像来提高效率。通过建立客户画像，企业不仅可以实现对已有客户的精细化获客运营，还可以通过客户画像反推自己的潜在客户，针对性地进行精细化营销，以提高获客效率。
- **采取多维触达方式**。企业在进行客户触达的实践中需要围绕客户的业务场景进行多维度的信息发布和价值传递。比如企业微信的活码、公众号的消息提醒、朋友圈广告、抖音的瀑布流等。关键是把控好多维触达方式的 ROI，对比分析每个获客触达方式的效果并对每个触达方式打上标签，对效果好的路径加大获客资源的投放，实现更多的客户获取。
- **关注线索成长潜力**。线索的成长需要企业进行线索的培育，即对现阶段还没有购买产品或服务的客户先建立良好关系，期望在未来能够发展为签约客户。关注线索成长潜力的目的是对潜在客户进行产品或服务的价值传递和认知牵引，让客户逐步深入地了解企业的产品或服务，并逐渐产生信任，最终促使客户产生购买的行为。这有助于企业把大量可能暂时还没有很强烈需求或还处于观望阶段的暂未成交的客户进行盘活。若能够把线索从观望的状态培育成成交转化的结果，将会成为 ToB 和 SaaS 企业重要的获客渠道。

9.4 全员获客，打造持续传递价值的企业文化氛围

从之前的讨论中我们清楚地了解到，获客是 ToB 和 SaaS 企业面临的一大难题，而在移动互联网时代，全员获客的概念得到了真正的实践机会。

全员获客并不仅仅是要求所有员工都负责线索获取和线索转化，而是一个更为全面的过程。它涉及将获客手段与数字化进行整合，结合公司的产品、报价、广告、销售、服务和口碑传播等

一系列要素，进行全员推广和线索获取。简单来说，全员获客就是让 ToB 和 SaaS 企业内部的每个人都成为获客的接触点。

从事某一行业的职场人通常与该行业的上下游人员有更多的交集，这为全员获客的发展提供了现实的基础。通过这种模式，企业可以充分利用员工的社交网络和专业背景，将获客工作渗透到企业的每个部门、每个工作流程，甚至是每个人身上。

全员获客的核心是通过各种渠道和机制，例如朋友圈、微博等，或者利用社交裂变的机制，将公司的获客内容传播到各自的社交圈子。这并不是要求员工通过自己的社交网络去进行销售，而是培养他们的获客意识，提高他们转发公司获客内容的积极性，从而获取更多的销售线索。

通过这样的方式，ToB 和 SaaS 企业可以更全面、更深入地开展获客工作，充分利用自身的资源和员工的社交网络，提升获客效率，优化客户获取的效果。同时，也能提高员工对企业的认同感和参与度，形成良好的企业文化。

ToB 和 SaaS 企业在实施全员获客时，需要关注多个方面，包括部门协作、获客数据统计分析以及员工分享意愿等。从客户成功的视角来看，以下 5 个方面尤为重要。

1. 统一制作获客内容，降低制作要求

为了提高效率，ToB 和 SaaS 企业通常需要市场部统一制作获客内容，包括软文、落地页、短信模板、电子奖品、图片、表单、音乐等，以吸引用户查看。同时，设计多维度的触达渠道，如留取用户信息、用户填写表单注册、留资下载白皮书等，以快速完成线索的获取、识别、追踪及转化。

在全员获客实操中，需要避免提供给员工的推广素材只有一张海报或者一篇公众号推文，员工需要自己贴图、编辑转发文

案才能完成分享获客任务。因为这增加了员工参与获客的操作难度，如果员工嫌麻烦、没时间操作就会慢慢失去兴趣，甚至会认为这是增加工作量的行为。因此，在制作过程中，需要注重标准化和可复制性，降低对员工的制作要求。

2. 简化分享操作，降低获客门槛

ToB 和 SaaS 企业要发动企业的全体员工进行分享获客，必须降低员工的获客门槛，实现一键分享。这样，员工只需简单操作就能将获客内容分享到自己的朋友圈、微博或微信群等，从而提高分享意愿和执行效果。比如，市场部可以将获客内容编辑好，同步给每个员工，员工只需一键就能转发到自己的社交网络。

3. 统一邀请员工参与，保持获客节奏的一致性

企业员工众多，要保证获客节奏的一致性，让员工能够及时知道相关获客工作，需要利用企业员工最常用的办公工具等通知到员工。比如，可以通过企业微信、飞书群、邮件等方式通知员工参与获客活动。

4. 设置完善的奖励机制，增强员工的获客意愿

为了提高员工的分享意愿，企业需要设置完善的奖励机制。在实践过程中，可以根据不同的激励方式制定奖励规则和奖励门槛。比如，可以按照成单数、获客数、排名等进行奖励，或者提供一小时调休、一次旅行报销等福利刺激员工分享。同时，需要公开透明地做好数据统计，避免因线索归属造成不良影响。

5. 全面收集员工获客数据，公开兑现奖励机制

员工把获客内容分享出去后，企业需要及时收集获客数据，包括曝光线索、名片浏览量、转发量、区域排名、员工排名等。

这些数据可以帮助企业评估实际的转化效果。同时，公开发布全员获客数据和兑现获客奖励是必需项。这样可以持续调动员工的积极性，让他们参与到全员获客的工作中来。在实践过程中，可以借助营销工具自动统计员工转发朋友圈、微信群后所带来的传播效果和转化效果，并针对实际产生的获客结果进行个人或团队奖励。

| 第 10 章 |

履约交付：比起学会用，更应该关注"期待的结果"

在 ToB 和 SaaS 业务中，履约交付是至关重要的一环。履约交付的核心在于，确保每一步交付动作都能强化企业所塑造和传递的价值主张。

客户选择某一产品或服务，是基于他们相信这些产品或服务能够解决他们的问题，满足他们的需求。简单来说，履约交付就是企业提供的产品或服务能够满足或超越客户的期待。然而，许多企业在履约交付方面过于关注过程，而忽视了结果。它们可能专注于如何使用产品或服务，而忽视了客户真正关心的——期待的结果。客户购买产品或服务是为了获得背后的价值，而不仅仅是学会如何使用。

因此，对于 ToB 和 SaaS 企业来说，履约交付的重点应该放在"期待的结果"上。这意味着企业需要深入了解客户的需求和期望，然后提供能够满足这些期望的产品或服务。此外，企业还需要持续改进和优化产品或服务，以满足客户不断变化的需求。只有这样，企业才能真正实现履约交付的目标——提供客户真正关心的价值。

10.1 "期待的结果"交付，从客户交接开始

在整个客户生命周期中，在 ToB 和 SaaS 企业内部的不同部门之间的客户流转过程中，信任和确定性的传递是非常重要的。若在这个过程中出现任何不顺畅，都会影响客户"期待的结果"的体验，其中新签约客户的交接尤为重要。

履约交付是销售与客户签署合同后，由专门的交付团队按照合同约定进行产品或服务交付的过程。对于轻量级的 SaaS 产品的交付，客户成功经理可能会承担这一职责；而对于供应链型产品或重量级 SaaS 产品，如 ERP、定制化项目等，则需要专门的团队进行项目级别的履约交付。无论何种形式的交付，都必须在客户签署合同后，进行销售与交付团队之间的客户交接工作。

在与客户签署合同之前，销售团队会深入了解客户的画像、目标和期望。如果交付团队在签署合同并完成收款后才开始进行项目交付工作，而没有在初次联系时向客户呈现他们在采购过程中所期待的结果，那么客户可能会感到失望。在这种情况下，合作关系中就可能出现信任问题和体验不佳的情况。如果销售团队能够与交付团队无缝衔接，清晰记录并全面分享客户的画像和采购期望，这些问题就可以避免。这样，履约交付就能围绕客户的期待结果进行。

合同一旦签订，客户就会期望尽快使用所采购的产品或服务。因此，履约交付需要精确的资源预测，特别是涉及硬件或实

体物品的供应链交付。为了实现精准的资源匹配计划，供应链管理领域采用了 PMC（生产计划与生产进度的控制），而在 SaaS 领域则称之为新手启动。一般情况下，ToB 和 SaaS 企业都有明确的交付时限，因为客户等待启动交付项目的耐心通常不会超过一个月。根据客户成功的实践经验，客户都希望尽快启动项目。因此，"期待的结果"的交付应从客户交接开始，并提高重视程度。

销售与交付团队或客户成功团队之间在客户交接上发生冲突是常见的情况。这是由于每个角色关注的焦点和需求不同。销售团队通常关注下一个潜在客户或待成交客户，而履约交付团队则希望交付团队或客户成功团队能够承接后续工作；交付团队或客户成功团队则关注获取正确的客户以及确保客户的顺利交付和持续续约，不希望出现客户需求蔓延或过度承诺的情况。此外，企业在收入贡献方面的认知也存在差异：销售团队直接创造收入，有时甚至认为销售是收入的唯一来源；而履约交付团队和客户成功团队则是通过在整个客户生命周期内提供服务并持续获取客户的价值来创造收入。这些认知和关注点的差异可能会导致协同问题，如果没有很好的交接，履约交付团队或客户成功团队可能对客户一无所知，这会直接影响履约交付、新手启动、客户续约、客户增购和转介绍的质量。

在客户成功实践过程中，为避免出现客户交接问题，ToB 和 SaaS 企业应做好以下 3 点。

- **确定交付团队或客户成功团队介入销售流程的节点**。在客户成功实践中，我们通常在销售流程结束或完成 70% 后介入。具体选择取决于客户的签约类型。选择前者，销售流程主要由销售团队掌握，节奏较快，因为交付团队或客户成功团队的介入可能会延长销售周期并增加成本。选择后者，通常需要客户成功团队提供解决方案咨询或方案演示来帮助销售团队更好地完成销售转化。一般来说，随着客户规模或订单的增加，交付团队或客户成功团队会更早且更深入地介入。一旦介入销售流程，交付团队或客户成功团队需要完整的协同方式，合理控制客户的预期，以避免过度承诺，同时帮助销售团队更好地转化客户。

- **明确履约交付的内容和期待的结果**。销售团队和交付团队或客户成功团队需要达成共识，确定交付团队或客户成功团队更好地进行客户的履约交付需要销售团队提供哪些内容，包括客户的基本属性、采购内容、技术需求、期望实现的结果和销售的特殊承诺等。达成共识后，需要严格执行，并借助相应的工具，例如配备 CRM 系统，明确制度以约束销售团队进行交接。此外，定期进行项目复盘十分重要，通常每周开一次销售团队和交付团队或客户成功团队的复盘会，共同协商并解决近期遇到的问题。
- **由交付项目经理或客户成功经理直接联系客户，确认交接并进行自我介绍**。由交付项目经理或客户成功经理直接与客户对接，以更好地衔接服务价值的传递和交付、提升客户体验，并使销售团队能够将更多的时间投入到转化下一个客户上，这对企业来说更具价值。

在交接过程中，交付项目经理或客户成功经理会通过邮件系统向客户介绍自己并引导客户按照操作计划进行交付启动。如果能实现自动化，将大大提高效率。例如，在客户付费后的 30 分钟内自动发送包含交付项目经理或客户成功经理介绍、履约交付和客户成功服务计划以及客户需完成的事项等内容的邮件、短信或系统通知。

客户交接是客户成功实践的关键环节之一。其中，交付清单是主要内容载体，帮助交付项目经理或客户成功经理直接获取客户信息，同时也是制定针对性的履约交付和客户成功服务计划的基础。简而言之，客户能否续约、增购和转介绍以及企业能否实现 NDR 的关键在于客户交接的成功率。

10.2 客户成功视角下履约交付的核心要素

客户成功存在的意义是解决客户问题、满足客户需求和为客户创造价值。因此，从客户成功实践的视角来看，履约交付的核心要素是对齐交付目标，如图 10-1 所示。

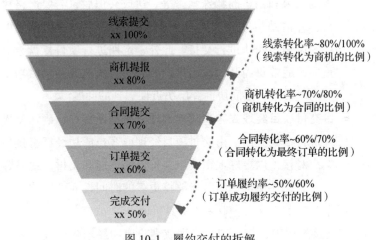

图 10-1 履约交付的拆解

ToB 和 SaaS 企业与客户签订合同时，可能会面临两种情况。第一种情况是总部与客户总部签订框架合同，然后由双方子公司进行实际订单的承接。在这种情况下，履约交付的定义和标准需要在双方总部和子公司之间明确并保持一致。双方子公司的交付标准应该符合框架合同中约定的交付标准，以确保双方子公司之间的交付结果具有一致性和可预测性。

第二种情况是签订的合同本身就是订单合同。在这种情况下，履约交付的定义和标准需要在企业和客户之间明确并达成共识。企业需要清晰地了解客户对交付结果的要求和期望，并将这些要求和期望纳入订单合同中。同时，企业也需要根据行业最佳实践和自身经验，制定出具有优势的交付时效标准、交付质量标准、交付数量标准和交付配置标准，并将其纳入订单合同中，以确保在履约交付过程中能够满足客户的要求和期望。

在衡量履约交付目标是否达成时，企业需要关注以下4个关键点。

- **是否按照承诺客户的数量交付**。企业需要确保订单中的物品数量与客户期望的数量一致，避免出现数量短缺或过剩的情况。
- **是否按照承诺客户的日期交付**。企业需要严格遵守与客户约定的交付时间，避免出现延迟交付的情况。
- **是否配置齐全正确**。企业需要确保交付的物品或服务配备齐全且符合客户的配置要求，避免出现配置不正确或缺失的情况。
- **质量是否达到客户的验收标准**。企业需要确保交付的物品或服务质量达到客户的验收标准，避免出现质量问题或不符合客户期望的情况。

特别是在供应链型的履约交付中，由于涉及的环节和因素较多，企业更加需要重视以上4个关键点。如果企业只是简单地按照约定的交付时间完成了产品的交付，却出现了数量短缺、质量问题或配置不正确等，将导致客户的体验变得糟糕，并对企业的信誉度和合作关系产生负面影响。

因此，在履约交付过程中，企业需要对交付标准进行对齐并严格按照标准执行。这需要企业和客户双方的相关人员做好上下和左右的对齐工作,形成有效的支撑和同频。同时,企业还需要对履约交付过程进行持续监控和跟踪,及时发现并解决问题,确保履约交付目标的顺利达成。

为了实现履约交付的成功,企业需要重视阶段性聚焦的关键作用。在整个履约交付的过程中,需要有整体的节奏,比如第 1 天做什么、1 周做什么、15 天做什么,然后这个月做什么、下个月做什么。只有通过阶段性目标聚焦,才能形成合力,让客户清晰地知道交付的进度和节奏,从而增强客户的确定性和控制感。

在进行履约交付时,还需要对交付项目进行拆解,让企业内部的协同部门了解项目的进度和资源需求。因为履约交付目标的达成需要调动企业各方的资源,联合作战才有可能实现按时、保质保量、按配置的交付。特别是供应链型的履约交付,涉及物料的采购、PMC、物流配送等内外部连接,交付的不确定性较大。如果没有进行项目拆解,向协同的内外部清晰传达交付标准和需要的资源支持等,那么履约交付就会成为一个不可控的事情,将影响未来客户续约、增购和转介绍目标的达成。

综上所述,从客户成功实践的视角来看,履约交付的核心要素是对齐交付目标。企业需要在与客户签订合同时就交付的时效、质量、数量和配置的标准达成共识,并关注 4 个关键点,同时重视阶段性聚焦的关键作用并进行项目拆解,以实现履约交付的成功并提升客户体验,为企业的持续发展奠定良好的基础。

10.3 客户"期待的结果"的履约交付效率

履约交付效率是衡量交付时间价值的关键指标,它反映了从签约到按照约定目标完成交付所需的时间长度。这个时间长度是客户能够直接感知到的,因此时间越短,客户的体验就越好。为了提升履约交付效率，企业需要关注从客户签订合同或下订单完成付款开始，到按照对齐的交付目标完成交付的整个时间段。在这个过程中，企业需要不断优化烦琐的、不增值的流程和环节，缩短交付时间周期，为客户提供良好的交付体验。

从客户成功的视角来看，任何产品或服务的核心价值在于解决客户的特定问题。因此，履约交付效率的时间价值衡量应以客户提出面临的问题到解决方案交付给客户所需的时间长短为依据。这个时间周期不仅反映了履约交付效率，还体现了企业对客户的响应速度。企业洞察到一个新机会后，需要一定的时间将其转化为解决方案并投放市场。这个时间越短，企业在市场上的竞争力就越强。在数字时代，组织的响应速度和能力有时比效率更为重要。

10.3.1　SaaS 产品履约交付效率

SaaS 产品的交付，特别是对于重实施的 ERP、OA（办公自动化）、WMS（仓储管理系统）等系统，每个实施经理通常需要在 1 个月内服务 6～10 个项目，并完成 2～5 个项目的交付。而对于轻实施的账号开通，即可以按照新手引导操作完成使用的产品，通常由客户成功经理负责交付。一个客户成功经理每个月需要服务 20～30 个项目，并完成 15～20 个项目的交付。实际情况可能会因产品的模式、难易程度和交付标准的不同而略有差异，但交付效率的差异不会太大。

SaaS 产品的履约交付效率在很大程度上取决于产品的标准化程度。标准化程度越高，交付效率就越高；反之，则越低。特别是涉及定制化开发时，交付效率会更低。由于国内的管理水平、企业发展程度和行业特性存在较大差异，标准化产品在实际业务场景应用时往往需要进行调试，这会花费大量的时间成本，从而对效率产生较大的影响。因此,为了实现 SaaS 产品的高效履约交付,企业需要与客户明确约定交付标准,并加强产品的标准化建设。

下面将以一个实际案例来说明 SaaS 型产品 ERP 的履约交付效率标准。为了更清晰、更完整地阐述交付效率,我们对时间周期和时间进度进行了调整。整个 ERP 的交付周期为 15~30 天,包括 1 个引导、5 个里程碑(见图 10-2)以及 16 个具体步骤。

图 10-2　SaaS 交付的 1 个引导和 5 个里程碑

1. 售前引导:账户注册

销售引导客户注册,购买 ERP 系统。财务对付款情况进行审批,审批完成之后系统自动部署完成,然后通过短信把账号和密码发给注册客户。

2. 里程碑 1:项目启动(1 天)

第 1 步:与销售进行项目交接信息确认。这一步要确认销售交接文档(客户信息调研表,销售售前说明)。确认点包括:客户地址、关键对接人电话、关键业务、单量、销售承诺、客户初始期望(希望供应商解决哪些问题)。

第 2 步:内部启动说明(根据项目情况来确认是否需要召开内部启动会议)。内部启动会与销售一起进行项目的情况分析与沟通,把销售了解到的关键点、关键人、关键业务诉求等了解清楚。重要客户项目需要组织会议进行沟通确认并邀请客户成功团队参与。

第 3 步：电话建立联系，联系客户项目负责人进行初步沟通。

- **自我介绍，确认对接人以及介绍自己。** 话术可以是：您好，×总，我是本次项目的实施顾问×××，接下来这个项目由我负责，到时候您有什么问题可以通过这个号码联系我，您可以存一下。然后系统对接是您这边负责吧？好的，后续我们保持联系，如果是其他同事的话，联系方式可以发我一下，我后续与他进行项目对接。

- **约定调研时间、内容以及客户方需要准备的事项。** 话术可以是：我们接下来要做一个项目调研，预计 4 小时（如果有培训再调整对应的时间），贵公司什么时候方便呢？我会在××号××时间到贵公司调研，到时候需要您那边提前准备好会议室投影，需要贵公司了解公司业务的人员或是相关部门负责人参加（如果有培训基础数据，还需要客户提前准备一些基础数据，我们提供模板）。

第 4 步：给客户发送项目启动邮件再次说明。 根据标准实施方法论的邮件模板给客户发送项目启动通知，明确项目启动时间，介绍实施方法论。

3. 里程碑 2：项目调研（1~2 天）

第 1 步：准备调研清单与问题（8 问调研法）。 根据与销售进行的项目交接，以及与客户初步电话联系了解到的信息，进行调研清单的梳理，确认需要深入挖掘的问题点以及业务模式，如表 10-1 所示。

第 2 步：现场 / 远程调研。 给出支持调研的区域，其他区域无特殊情况远程调研（统一通过腾讯会议方式进行调研并录音）。

表 10-1 项目调研清单

序号	调研主题	详细内容	业务场景描述与说明
1	系统	是否已有使用的系统	
2	组织架构	介绍参与项目的部门和主要负责人,以及使用系统的用户数量	
3	采购流程	介绍采购业务模式,采购收货作业流程	
4	仓储物流流程	介绍仓库发货作业模式,相关的海外仓情况,头程作业流程,物流服务商等	
5	销售流程	介绍销售订单使用的平台店铺情况,发货单作业流程	
6	客服处理流程	是否使用系统对接的亚马逊邮箱和 eBay 客服模块	
7	财务管理	是否在 ERP 记录采购付款流水和进行服务商对账等相关的财务操作	
8	产品管理	产品分类、SKU(库存单位)、供应商等	

- 了解客户业务模式和流程。
- 跟进客户业务模式和流程,进行系统功能匹配。
- 给客户讲解客户业务进入 ERP 之后的操作流程。
- 确认功能模块上线边界。
- 与客户确认项目里程碑。

第 3 步:给客户发送项目实施计划表。结合调研结果,按照实施方法论的统一模板给客户发送项目实施计划,以及调研之后确认的项目蓝图。

4. 里程碑 3:系统配置(5~10 天)

第 1 步:根据调研情况做好基础数据引导和培训。根据项目蓝图,对照客户的业务确认好相应的数据以及关键字段的引导和培训。

第 2 步：做好检查清单，确认好对应的责任人，精准有效地协助客户完成数据建设。 准备好客户需要维护的基础数据检查清单（匹配客户业务所需的数据建设清单），确认客户维护责任人，确认预计完成时间，主动推进客户完成系统数据建设。基础数据检查清单如表 10-2 所示。

表 10-2 基础数据检查清单

任务名称	模块	具体任务安排	操作路径	甲方人员	乙方人员	完成状态
收集各项主数据	基础数据	角色权限	个人中心→角色管理			
		用户账号	个人中心→账号管理			
		供应商资料	采购→供应商→供应商管理			
		品类	产品→基础设置→产品品类管理			
		产品资料	产品→产品库→产品录入			
		仓库、分区、库位	仓库→仓库设置→仓库管理			
		运输方式（自发货物流、头程物流）	物流→物流管理→运输方式管理			
		店铺账号授权	设置→平台设置→平台店铺授权			
		客服邮箱授权	客服→Amazon→Amazon 邮箱授权			
		SKU 关系	产品→产品对外关系→SKU 关系管理			
		三方仓 SKU 关系映射	产品→产品对外关系→三方仓产品编码绑定			
		海外仓组合产品关系	产品→产品对外关系→海外仓组合产品			
		平台海外仓订单分配规则	设置→平台设置→平台海外仓订单分配规则			

5. 里程碑4：系统培训与试运行（5～10天）

第1步：邮件通知确认培训时间与计划安排。在培训开始前，发送邮件给客户方确认培训的具体时间、计划以及参与培训的人员名单，并要求客户方准备相应的环境和数据，以确保培训的顺利进行。同时，在邮件中附上系统培训议程确认函的模板，方便客户方了解和确认培训的内容与流程，如图10-3所示。

```
xxx - xxx 项目系统培训议程确认函
xxx 发给 xxx                          2021/12/27  18:39  详情

附件：
《系统培训确认单》

尊敬的XX：
    您好！系统初始化阶段已经结束，接下来进入培训与试运行阶段。以下培训会议邀请请关注，烦请准备好会议室和设备并通知需要参加的人员。

时间：2021年12月29日（星期三），下午：14-30-18:30
方式：现场培训
地点：xxxxxxxxxxxxxxxxxx
参与人：客户方、XXX实施顾问
PS：请打印培训确认单，培训开始前进行签到
    如有临时情况需要变更会议时间，烦请提前一天告知我，感谢！
```

图10-3　系统培训议程确认函

第2步：现场/远程培训+实操演练。在培训过程中，首先进行签到，然后结合客户的项目蓝图和实际业务需求，针对性地进行培训讲解。在讲解过程中，尽可能让关键用户直接进行实操演练，以便更好地理解和掌握系统操作。

完成培训后，邀请客户方签署《系统培训确认单》，并邀请客

户方参与本次培训服务的评价。同时，根据客户的反馈及时调整和优化培训内容，以提升客户方对培训的满意度。

第3步：做好试运行检查清单，确认每个实操人员能够独立完成。结合试运行检查清单，确认客户方的关键用户能够独立完成系统的操作，并确认与对应的客户业务流程的实际匹配情况。进一步优化流程，确保系统的稳定性和可用性。同时，根据客户的实际需求和反馈，协助客户输出属于自己公司的业务流程SOP，帮助客户员工熟悉系统操作，助力新员工更快地熟悉系统。

6. 里程碑5：项目切换与验收（3~7天）

第1步：邮件确认系统切换时间点。发送邮件给客户确认系统切换的时间点。在邮件中附上项目切换上线确认函的模板，方便客户了解和确认系统切换的具体时间和相关事项，如图10-4所示。

```
项目切换上线确认函
    收件人：客户
    抄送人：实施总监、实施主管、销售主管、销售
    密送：
    主题：×××-×××项目系统上线确认函
    附件：
    《系统切换确认单》
    《切换准备事项》
    尊敬的××经理/××总：
        您好！目前系统已通过试运行测试可以上线切换，现正式通知双方上线日期。请按附件《切换准备事项》清单，检查系统切换所需的准备数据执行情况，双方将按附件《系统切换确认单》所述的日期××年××月××日正式上线×××系统。
```

图10-4 项目切换上线确认函

第2步：做好检查清单，确认好对应的责任人，准备好切换所需的数据，按任务完成推进。结合客户的实际需求和业务特

点，制订相应的切换计划并做好检查清单。明确数据切换的责任人，确保切换过程中数据的准确性和完整性。同时，根据检查清单逐一完成系统切换全面上线 ERP 的任务（见表 10-3），确保切换的顺利进行和系统的稳定运行。

表 10-3　项目切换检查清单

由甲方进行操作，乙方核查操作是否正确。
根据客户实际业务情况调整切换细则，确保涵盖所有业务情况

序号	事项	处理人员	备注	是否完成
1	历史单据的清理（将历史单据全部挪单至已发货内，避免重复发货）	乙方	1. 时间点由甲方提供 2. 乙方负责挪单操作 3. 要确保时间点之前有货的订单全部在老系统处理完毕 4. 老系统缺货的订单，需要提供给乙方	
2	库存的导入	甲方	1. 切换前必须有准确的库存。库存数据包含了直发仓库存、中转仓数据，还有可能导入海外仓数据 2. 数据量过大，乙方可以进行协助 3. 试运行期间的库存，由乙方进行全面清理 4. 库存导入存在库龄设置，若关注老系统的库龄，则提交的库存记录需要有上架时间	
3	平台标记发货的开启	乙方	1. 甲方提供对应的平台，由乙方开启 2. 开启后，系统会自动标记发货到平台	
4	采购在途的补录	甲方	1. 甲方人员在切换之前，需要准备好直发仓（中转仓）的在途数据，进行导入 2. 之前试运行的数据，乙方会进行清除，但是单据还是保留	

(续)

序号	事项	处理人员	备注	是否完成
5	物流在途的补录	甲方	1. 主要针对海外仓的在途数据进行补录 2. 通过系统头程的方式，将物流在途的数据补录到乙方系统内	

第 3 步：切换关怀与项目验收。在系统切换后的一段时间内，持续关注客户系统的使用情况，以及全面上线之后还有无业务流程问题。如果客户在使用过程中遇到问题，及时协助解决并签署系统验收确认单。同时，邀请客户参与本次系统上线过程的评价，以便更好地改进和完善服务。

经过客户对项目的验收，正式将项目交付给客户时，交接初期使用以下开场白：

尊敬的客户，感谢大家一路以来对供应商的支持，目前项目已完成交付，即将进入客户成功服务环节。为保证项目平稳交接和后续的持续成功运行，我们将预留一个月时间给客户成功经理来熟悉贵司项目情况。在此期间，实施团队仍将主要负责贵司的问题并协助推进，30 天后则会退场完全交由客户成功经理来进行后续的服务。

为确保您的问题能够得到及时解决，我们特别为贵司开通了单独的在线咨询通道。如遇到订单批量拉取失败、发货异常等大面积影响业务运行的问题，请您务必第一时间联系在线客服。我们的专业团队将在收到问题后，快速、高效地集中处理并解决此类问题！

在线客服将在每天 8:30 至 21:00 为您提供服务。如在工作时间内超过 10 分钟未收到回复，您可将问题反馈给客户成功经理，并提交在线工单，以便我们及时核查并督促在线客服尽快响应和解决您的问题！

第 4 步：回访关怀。在项目交付一段时间（如 1 周或 2 周）后，上门回访客户，确认客户的使用情况并讲解后续的服务流程。

在这个案例中，我们详细说明了从项目启动到最终交付的各个阶段的时间安排和具体工作内容。通过这个案例，我们可以看到 SaaS 产品的履约交付效率是如何受到产品标准化程度、实施过程和时间管理等因素的影响的。同时，这个案例也强调了明确交付标准、加强产品标准化建设以及有效的时间管理对于提高履约交付效率的重要性。

10.3.2　供应链服务履约交付效率

供应链服务履约交付效率追求的是"及时交付"，确保按时、按质、按量交付给客户。对于 ToB 企业来说，及时交付指的是在约定的时间内完成并交付产品，不得延误或提前。如果发生延误或提前，需要评估是否事先与客户进行了沟通并重新约定交付时间。如果事先没有与客户重新约定交付时间，则不能视为及时交付；如果事先与客户重新约定了交付时间，则可以视为及时交付。延误的重新约定需要在正常的生产物流提前期之前进行，而提前的重新约定需要在生产计划确定之前进行。

在交付延误并与客户进行了沟通的情况下，若沟通时还在正常交付期内，但已确定无法按照原约定的时间交付，那么就需要与客户进行重新约定。如果与客户沟通时已经延误，则并不属于重新约定，此时应采取补救措施解决问题。

在交付提前并与客户进行了沟通的情况下,同样需要关注沟通的时间节点。如果在生产计划下达之前与客户沟通,可以视为重新约定;如果在生产计划下达之后甚至是生产完成后才与客户沟通,并不构成重新约定,而是解决问题。采用"生产计划下达之前"这个时间节点,是因为如果客户不同意,则不会安排生产计划,也不会进行生产。

为了解决供应链交付问题,ToB 企业需要借助信息化的手段和数据分析的能力来帮助梳理问题、定位问题并寻找解决方案。如果没有信息化的赋能,企业可能会采用传统方式解决,例如增加产能、提高存货应对缺料、延长订单交付时间。然而,随着品号、客户量的增加和管理复杂度的上升,这些传统方法可能无法有效地解决问题。增加库存和产能会导致运营成本增加,订单响应能力下降,企业的盈利能力也会逐渐下降。订单交付能力的下降会导致客户满意度降低,因为计划的产品无法按时完工入库。此外,库存物料的不匹配会导致库存资金占用增加,周转率下降,整个现金周期也会被拉长。因此,ToB 企业必须通过信息化的赋能和数据分析的能力来提高供应链履约交付效率,以解决当前面临的问题并保持竞争力。

ToB 企业需要关注订单的履约交付效率,即订单交付周期。为了提高订单交付效率和有效地控制交付成本,可以从以下几个方面进行优化:

首先,挖掘现有交付周期的无效等待时间占比。通过分析,我们可以找出无效等待时间,并采取措施进行优化和减少等待时间。例如,等待原材料、等待生产、等待验收等环节都可能存在无效等待时间,可以通过优化采购、生产、验收流程等方式来减少等待时间。

其次,分析实际交付时间与 CPM(Critical Path Method,关

键路径法）时间的差距。通过对比实际交付时间和 CPM 时间，我们可以了解哪些业务流程执行得不够高效，哪些任务可以并行操作以缩短交付周期。例如，我们可以通过梳理交付流程，找出关键路径上的任务，并优化任务安排，以实现更高效的交付。

再次，企业可以对整个交付的关键路径进行多维拆解，加上信息化支撑，通过数据指标的定义、数据计算规则的梳理和数据分析手段把供应链交付的全链路问题结构化地呈现出来。这样可以帮助企业更清晰地了解供应链交付中存在的问题，并为优化提供依据。例如，我们可以通过数据分析，了解哪些环节的资源利用不够高效、哪些环节存在瓶颈等，从而为优化提供指导。

最后，企业需要以满足客户的需求为出发点，从价值链的角度对生产周期、响应客户时效、产品交付周期、增值及非增值环节等加强管控，实现供应链服务高效且有质量的交付。因此，供应链履约交付效率的交付流程和关键节点梳理是关键，企业信息化是支撑，数据分析是决策依据。企业需要通过系统的思考和决策推动业务或管理流程的不断优化，最终达到企业所期望的目标。例如，我们可以通过对客户需求进行分析和响应，优化产品设计、生产和交付流程等方式来提高客户的满意度和忠诚度。

在供应链交付中，企业需要关注资源的合理利用、流程的优化和信息化水平的提升，通过不断挖掘和分析数据背后的原因、调整和优化业务流程与管理流程、提高信息化水平等方式来实现更高效的供应链履约交付效率。同时，企业也需要关注客户需求和市场变化，不断调整和优化业务战略与管理策略，以适应市场变化和客户需求的变化。

第 11 章
客户成功:从被动响应到主动服务的价值体验

如果说销售是产品和客户之间的桥梁,那么客户成功就是连接产品价值与客户价值的纽带。销售通过其能力将产品传递给客户,并带来切实的成果和收入增长。然而,销售的成功并不代表客户对产品的完全满意或产品的真正价值得到实现。客户成功,是真正解决了客户问题,满足了客户需求,帮助客户实现了业务目标。

在实践过程中,许多 ToB 和 SaaS 企业依赖于客户调查、400 热线、在线客服或线下门店等手段来收集客户使用产品或服务的信息,了解客户的反馈和需求,以判断关系的稳定状态。然而,这种方式存在一定的局限性,企业往往在问题发生后才能听到客户的意见和声音,虽然可以采取措施进行补救,但行动相对滞后,只能在问题造成一定影响后进行处置。

通过客户成功的标准化实践，我们可以改变这种被动响应的方式，实现主动服务。在客户使用产品或服务出现问题之前，我们可以通过监测和分析客户使用产品或服务的相关指标，例如使用频率、使用时长、使用深度等，主动发起客户调查或检查，及时发现潜在问题并进行早期干预。这种方式可以帮助客户提前预防问题的发生，提升客户使用产品或服务的体验，同时也能在问题发生时及时匹配解决方案。

从被动响应到主动服务的转变，体现了客户成功的核心价值。这种转变不仅提高了企业的服务质量，也增强了客户的信任度和满意度。通过客户成功的实践，企业可以更好地理解客户需求，提供个性化的解决方案，实现持续增长。同时，客户成功也为企业提供了宝贵的反馈信息，帮助企业优化产品和服务，提升竞争力。因此，ToB 和 SaaS 企业需要实现从被动响应到主动服务的客户成功策略。

11.1 客户成功的售前与售后

在客户成功实践过程中，从被动响应到主动服务的价值体验角度，我们将客户成功细分为售前和售后两个阶段。

1. 售前阶段

售前阶段主要致力于帮助市场和销售团队找到对口的客户。找到合适的客户是 ToB 和 SaaS 企业开展客户成功实践的基石，也是实现持续增长的关键。若不合适的客户使用企业的产品或服务，可能会产生不良的体验和负面反馈，对企业产品或服务的口碑造成负面影响。为了筛选出合适的客户，市场和销售团队需要掌握足够的客户真实数据，包括客户来源、行为数据和真实需求等。这些数据有助于任何岗位的员工在首次接触客户时迅速了解客户的真实需求。当销售团队将客户转交给客户成功团队后，客户成功团队能迅速判断出该客户适合哪种产品或服务解决方案，并迅速进行匹配和服务；同时将客户的实际使用数据反馈给销售、市场和产品团队，以便市场团队识别更可靠的线索，销售团队更好地向客户介绍企业的产品或服务，产品团队发现客户的真正业务场景，设计符合客户需求的功能。

售前阶段重在"售"，旨在协助 ToB 和 SaaS 企业的销售团队更有效地获取潜在客户。针对大型客户，客户成功团队会亲自制定解决方案和提供业务指导，以帮助销售团队解决产品和业务之间的关联问题；针对中小型客户，客户成功团队会提供更简单且容易理解的解决方案和销售策略。在与客户沟通时，客户成功团队需要将产品特点转化为能满足客户需求的价值点，以便更好地吸引客户；同时与客户保持密切沟通，帮助销售团队推动交易的完成。

2. 售后阶段

售后阶段主要是持续为客户提供价值交付。这是客户成功的核心工作。客户成功经理根据销售团队提供的客户资料，首先确认客户需求是否被准确理解，然后确保客户期望的产品功能或服务被正确使用。当客户成功经理与客户建立更进一步的关系后，可以发掘新的使用场景、功能或需求。这一过程需要客户成功经理充分了解客户的实际业务情况，并与客户共同确定成功的目标，提供可落地的解决方案；同时根据客户的业务发展和产品或服务的使用情况，主动发现问题并协助解决，帮助客户实现业务目标，提升客户满意度和忠诚度。

在 ToB 和 SaaS 企业的实际运营中，客服与技术支持通常是被动地参与到客户服务过程中的，只有当客户遇到问题时才会进行响应和处理。然而，客户成功团队则是积极主动地发现问题并预防其发生，一切工作都是为了通过主动服务帮助客户实现使用产品或服务的业务目标，延长客户的生命周期价值，降低客户流失的概率，从而实现企业的持续性的客户留存和净值增长目标。因此，从被动响应到主动服务的转变充分体现了客户成功的核心价值和使命。

11.2 客户成功的正和博弈过程

当客户采购产品或服务后，使用过程中可能会因业务场景的差异产生各种需求，或者发现产品或服务存在问题，甚至出现投诉或严重的控诉情况。作为供应商的 ToB 和 SaaS 企业需要针对这些反馈的需求、问题和投诉进行相应的响应和提供相应的解决方案。这个过程中涉及客户与供应商之间的互动，可以用博弈论中的"零和博弈""负和博弈"和"正和博弈"概念来解读这个过程。

11.2.1 客户成功正和博弈解读

博弈论中的"博弈"是指存在利益冲突的双方或多方进行的一场竞争。这场竞争最终会有一个结局：零和博弈、正和博弈或负和博弈。零和博弈又称"零和游戏"，与非零和博弈相对，属非合作博弈，指参与博弈的各方在严格竞争下，一方的收益必然意味着另一方的损失，博弈各方的收益和损失的总和永远为零，双方不存在合作的可能。零和博弈是一种完全对抗、强烈竞争的对局。在零和博弈的结局中，一个参与者的所得恰是另一个参与者的所失。然而在现实的商业环境中，商业环节的利益相关者都希望通过合作带来额外的收益——实现"双赢",即合作往往会给参与者带来大于单独行动的结果。人们将这种合作行为称为正和博弈。相反,如果商业环节中的利益相关者互不合作往往带来小于单独行动的结果——负效应,这种负效应的不合作被称为负和博弈。

客户成功服务追求的是正和博弈,即双赢的局面。客户通过采购的产品或服务获得业务的成功,作为产品或服务供应商的 ToB 和 SaaS 企业获得持续性的收入。正和博弈视角的客户成功服务者,即客户成功经理首先需要学会的是了解客户的问题、理解客户的诉求,以及将诉求转化为需求,因为人的本性都是倾向于以自我为中心,只关注自己相关的、自己理解的、自身需要的和自己认为的,往往容易忽略其他信息。客户成功经理只有对听到的客户诉求或看到的客户问题,经过多方面的了解和洞察,才能够找到问题或需求的根源,以便解决问题和满足需求。在这个过程中,客户成功经理需要与客户保持密切沟通,建立良好的关系。通过了解客户的需求和问题,为客户提供定制化的解决方案,实现双方的共赢。

11.2.2 客户成功正和博弈的关键

客户成功服务的正和博弈中,ToB 和 SaaS 企业需要重点关注以下几个方面。

(1)**信息交流与共享机制**:在客户成功的整个服务过程中,ToB 和 SaaS 企业需要加强与客户的沟通,确保信息的一致性和准确性。这包括客户需求、产品功能、服务标准、解决方案、成功实践等信息。通过让客户参与产品或服务的设计,协助选择产品或服务的开发方法,将客户需求及时转化为产品或服务的性能和服务质量要求。可以建立由企业和客户共同组成的联合小组,解决产品或服务使用过程中共同关注的问题和需求。此外，可以加强企业和客户之间的互访，及时发现和解决合作过程中存在的困难和问题，营造良好的客户成功互动氛围，让客户获得最佳的使用体验，从而实现正和博弈的双赢局面。

（2）**客户的激励机制**：要实现客户成功，维持良好的持续合作关系，对客户的激励至关重要。激励机制的设计应体现公平、一致的原则，对客户进行分层激励。在保证产品或服务的稳定性和易用性的前提下，针对不同层级的客户提供差异化的服务标准，让客户感受到所付出的采购费用是超值的。此外，ToB和SaaS企业可以定期或不定期地举办标杆客户激励活动，如最佳客户使用奖、成功实践案例奖、产品或服务核心数据排行榜、行业标杆案例等，以表彰和激励表现优秀的客户。这会提升客户的荣誉感和价值感，从而使其持续使用企业的产品或服务，甚至成为企业产品或服务的代言人，充当推广人和忠实的价值捍卫者，从而实现真正意义上的正和博弈——双赢。

（3）**合理的客户评价方法和手段**：没有合理的客户评价方法或手段，就不可能对客户的合作效果进行评价。这会影响到客户与企业的合作积极性和稳定性，同时也会影响到客户成功团队的积极性和稳定性。对客户的评价要抓住关键指标或问题，比如客户成熟度、客户健康度、客户NPS、核心功能使用率、客户使用产品或服务的反馈频次、客户对产品或服务的口碑情况、客户的配合度等。客户成功部门通过客户的评价结果与各关联部门（如产品、研发、供应链、客服、销售、市场、财务等）进行交流，共同探讨问题产生的根源，并采取相应的措施予以改进。然后提升客户使用产品或服务的效果或体验，最终帮助客户实现业务的成功以及ToB和SaaS企业的净值目标。在这个过程中，ToB和SaaS企业需要建立一套完善的客户评价系统和流程，以便对客户的需求、反馈和合作效果进行及时准确的评估与跟踪。同时,企业还需要根据客户的评价结果及时调整自身的产品或服务策略,以更好地满足客户的需求和提高客户的满意度。

11.3 客户成功实践的 5 个阶段

在 ToB 和 SaaS 企业中,老客户业绩的增长情况与企业内部的客户成功实践的标准化和成熟度之间存在直接关系。优秀的客户成功实践的企业,随着组织的不断发展壮大,业务也会驱动着组织能力朝以下方向发展。

- **提升净值**:通过优化产品设计、提升产品质量和服务水平,提高客户满意度和忠诚度,进而增加客户的净值贡献。
- **提高客户留存**:通过深入了解客户需求,提供个性化的解决方案,增加客户黏性,提高客户留存率。
- **扩展客户增购**:通过与客户建立良好的关系,挖掘客户的潜在需求,引导客户进行增购,扩大企业的市场份额。
- **增加客户支持**:通过提供专业的售前和售后服务,解决客户在使用产品或服务过程中遇到的问题,提高客户满意度和支持度。
- **挖掘客户价值**:通过数据分析和洞察,深入挖掘客户的价值和需求,优化产品设计和服务,提高客户的满意度和忠诚度。
- **提高跨团队间的协同效率**:建立跨部门协同机制,提高内部沟通效率,实现资源共享和优势互补,提升整体运营效率。

客户成功是一个由若干阶段组成的持续价值交付的过程。我们可以把 ToB 和 SaaS 企业的客户成功实践确定为 5 个阶段(见

图 11-1）：常规交付阶段、被动响应阶段、有意洞察阶段、主动服务阶段和正式转型阶段。

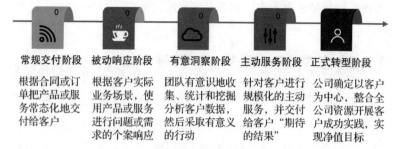

图 11-1　客户成功实践的 5 个阶段

在客户成功实践过程中，当企业的客户成功团队从常规交付阶段推进到下一个阶段时，其 NDR 是呈上涨趋势的。在实践案例中，从有意洞察阶段到主动服务阶段，NDR 的增长趋势是最显著的，最高能达到 50%；正式转型阶段，NDR 基本保持在 104%~130%，如果碰上旺季，在新能源物流车租赁行业，NDR 能够达到 150% 以上，这和租车行业的提车、退车特性有关。这种转变是在 ToB 和 SaaS 企业经营场景中真实上演的。

1. 常规交付阶段

常规交付主要是根据与客户签订的合同或者客户所下的订单内容，按时、按配置、保质保量地把产品或服务交付给客户。这个过程中客户期待的结果是能够快速地把所采购的产品或服务应用到公司的实际业务中，帮助公司实现期待的业务目标。ToB 企业把这个阶段称为履约交付或订单交付阶段，SaaS 企业把这个阶段称为实施阶段或新手启动阶段，不管如何定义，其核心目的都是通过系统实施、产品交付和产品或服务培训等帮助客户正常有效地使用产品或服务，使客户能够从产品或服务的使用中获得收益。产品或服务的交付过程可以按照付费金额将客户分成几个等级，不同的等级有不同的交付方式，从在线支持到团队级支持，也可以从项目复杂程度、客户认知程度等维度分级。通常项目复杂程度与项目的费用呈正相关，所以最简单的方式就是按照客户的付费金额进行分级。鉴于不同的业务有不同的分层标准，ToB和SaaS企业应根据实际的业务场景和发展情况进行分层。

2. 被动响应阶段

被动响应主要是在产品或服务进行常规交付后，客户在使用产品或服务的过程中，出现了问题或者产生了新的需求，主动咨询或反馈给ToB和SaaS企业的售后服务人员，希望能够获得足够的问题解答或技术支持，帮助他们解决出现的问题或实现业务场景中新的需求。这个阶段的关键是快速响应客户的问题和需求，考量的是响应速度和客户反馈问题的闭环时效，客户满意度是其中关键的衡量指标。在客户成功实践的视角中，NPS也是其中的一个关键衡量要素。

3. 有意洞察阶段

有意洞察是客户成功团队的一项主动且有意识的工作。它涉及收集、统计、挖掘和分析客户使用产品或服务的数据。通过对这些数据的分析，团队能够得出关键结论，并采取相应的行动，以帮助客户提升使用产品或服务的效果。在这个阶段，团队需要重点关注客户的成熟度、健康度，以及客户生命周期各阶段的预期结果。这需要观察企业内部每个部门与客户的互动情况，并进行可视化分析。通过这样的了解和跟踪，团队能够优化与客户的互动行为，提升客户使用产品或服务的体验，并稳定与客户的客情关系。这些工作为客户持续付费提供了有力的数据支撑和体验保障，同时也为企业的长期发展奠定了坚实基础。在有意洞察的过程中，客户成功团队需要与客户保持密切沟通，确保他们的需求和反馈被充分理解和考虑，从而为客户提供更加个性化和高效的服务。

4. 主动服务阶段

在主动服务阶段，客户成功团队需要主动分析客户使用产品或服务的数据情况，发现问题和客户需求。也就是说，通过上门拜访或主动电联的方式与客户进行互动，提前干预客户使用产品或服务的行为，让客户在实际业务场景中能够提前规避掉相关问题，并感受到 ToB 和 SaaS 企业主动交付客户期待的结果的态度和对使用产品或服务的控制感。这样，企业可以获得续约、增购和转介绍的机会。这是因为对于 ToB 或 SaaS 企业来说，了解客户行为和分析客户状态至关重要，客户行为决定了客户是续约还是流失。此外，了解客户怎样使用产品或服务，知道哪些功能帮助客户传递了价值，哪些功能客户觉得不好用，哪些客户可以包装成案例等，有助于产研确定迭代方向并为市场提供宣传信息。

在这个阶段，与客户成功相关的部门之间的协作显得尤为重要。在续约管理和增购管理中，客户成功经理需要与销售团队紧密合作，共同专注于挖掘和拓展续约与增购机会，以持续推动业务增长。在流失预警管理方面，客户成功经理需要与客户成功管理者、企业高管以及其他关联部门紧密合作，共同关注重要客户的情况，并制定有效的流失风控策略。在转介绍管理中，客户成功经理需要与销售和市场团队建立紧密的合作关系，专注于挖掘客户口碑、使用效果及体验，并举办相关的转介绍营销活动。

主动服务阶段是获得老客户收入增长的关键环节，也是 NDR 增长的重要过程。因此，衡量主动服务的核心指标是 NDR 以及关键指标（如续约率、续费率、增购金额、转介绍客户数等）。主动服务在实现净值目标中起着至关重要的作用,需要客户成功团队集中核心资源并全情投入。ToB 和 SaaS 企业应高度重视主动服务阶段。

在为客户提供主动服务的过程中,ToB 和 SaaS 企业可能会遇到客户的个性化场景问题。客户成功团队需要充分了解客户的业务情况,并针对性地提供解决方案。客户成功团队应具备快速响应并解决客户问题的能力,甚至要前瞻性地为客户提供帮助、指导和个性化支持。为此,客户成功团队需要从行业角度梳理客户业务,并提供多次培训、线下面谈、沙龙邀请等,帮助客户改善业务,提高业务运营绩效。同时,团队还应关注能力建设与价值提炼,确保能始终为客户提供卓越的服务与支持。

5. 正式转型阶段

在正式转型阶段,ToB 和 SaaS 企业已经经历了前 4 个阶段的发展,并在客户成功实践方面获得了显著的收益。为了持续深化客户成功,企业希望整合全公司的资源,建立更广泛的以客户为中心的组织协作关系。以下是几个重要的协作方向。

- **产研与客户成功的协作**:将客户的需求置于产品或服务迭代升级的高优先级中,甚至让客户直接参与到研发团队中,确保产品始终与市场需求保持紧密连接。
- **销售与客户成功的协作**:客户成功的实践应被视为销售打单的重要佐证。通过分享客户的最佳实践,帮助销售团队更快速地赢得订单,同时也为新客户提供更有信心的购买决策依据。
- **市场与客户成功的协作**:市场活动应充分利用客户成功实践案例,将其作为市场宣传的真实而有效的证言,从而增强品牌的影响力和市场的信任度。

- **产品或服务交付团队与客户成功的协作**：通过专业服务的导入，显著提高客户期待的结果和体验，确保产品或服务的实用性和净值目标得以实现。

以上 5 个阶段是 ToB 和 SaaS 企业开展客户成功实践的必经之路，是践行客户成功理念的最佳实践。每个阶段的背后都需要一个规范的实践方法，包含最佳客户实践的实操步骤。它把客户成功团队人员、流程和资源进行有效的结合，主动驱动客户使用产品或服务实现业务的成功，最后实现客户成功之后的商业成功。

11.4　客户成功的人效衡量

在 ToB 和 SaaS 领域中，客户成功是一个关键部门，其目标主要是帮助企业实现长期稳定的发展和持续的收入增长。在国内的很多 SaaS 企业里，客户成功部门被视为一个成本部门，有些企业在尝试将其转变为一个盈利部门，为企业创造收入。无论是作为成本部门还是盈利部门，客户成功都需要从财务和人力资源两个角度进行考量。从财务角度，需要控制成本投入和毛利产出；从人力资源角度，需要明确人均服务的客户量、能带来多少老客户收入，以及在不增加 HC（企业人头数，即员工数）的情况下如何提升人效等问题。因此，客户成功的人效成为 ToB 和 SaaS 企业必须关注的重要指标。

客户成功的人效是指一个客户成功经理可以同时服务的最大客户数、一个客户成功经理能够产生的老客户收入金额，以及一个客户成功经理可以达成的最大目标净值。

11.4.1　客户成功的人效解读

一个客户成功经理应该服务多少客户、产生多少老客户收入和实现多少 NDR 呢？这个问题很大程度上取决于投入客户成功实践的成本、客户成功能够产生多少收入和客户成功服务的效率。ToB 和 SaaS 企业的经营都需要考虑毛利、净利润等相关的财务指标，因此会考虑能够投入到客户成功的成本需要控制在什么范围。把成本拆解到每个客户身上，即对于不同单价的客户，获客成本是多少、销售成本是多少、产研分摊成本是多少、实施成本是多少、客户成功成本是多少等，这种拆解方式能够从财务角度保障财务指标的达成。

同时，这决定了每个客户成功经理能够服务多少 KA、LA、SMB、LB 等客户。不同的服务难度和成本意味着服务的客户数有很大的差异。KA 客户的服务难度和服务成本很高，但服务的客户数是最少的；而 LB 或 SMB 的服务难度和服务成本较低，但服务的客户数是最多的。ToB 和 SaaS 企业在客户成功实践上的投入是希望能够获得持续的收入，即创造客户成功的高人效和服务效率是企业盈利能力和竞争能力的关键。

客户成功部门是直接产生老客户续费、增购和转介绍收入的部门，但由于在客户成功上的成本投入产生的收入相比于销售来说相对滞后，所以在衡量客户成功的人效时需要对客户成功经理在主动服务上的人力投入、产品资源投入、外部工具采购投入等进行有效衡量，然后结合老客户收入的情况去计算客户成功的人效。可以记录客户成功经理每天的工作内容所花费的时间，例如续费签约需要花多少时间、对接客户信息需要花多少时间等，通过这种方式，可以计算出一个客户成功经理在一定时间内能够服务多少客户。

11.4.2 客户成功人效的 4 个阶段

无论是在 ToB 还是 SaaS 领域，客户成功的人效都是一个关键的考量因素。在客户成功实践的过程中，人效会经历 4 个主要阶段。

1. 服务动作标准化阶段

这个阶段主要是建立标准化的服务流程，一般是在客户成功实践或业务起步阶段。核心目的是通过精细化的 SOP（标准作业程序）来保证服务的规模化复制。在此阶段，人效可能较低，例如一个客户成功经理可能只能服务 1～3 家客户，因为重点放在完成客户成功实践或业务调研与验证上，体现服务的标准化动作。

为了提升客户成功人效，客户成功服务动作的标准化是前提，因为统一的、明确的标准能够解决不确定性问题，降低讨论和发散的成本。有了标准之后，可以减少大部分的沟通与讨论成本，因为标准具有明确的执行要求。例如，客户成功经理给客户进行产品或服务培训：产品或服务的培训内容是什么，分为几个模块，培训对象是谁，这属于做什么；客户培训的方式是什么，线上还是线下，1 对 1 还是 1 对多，录播还是直播，这属于怎么做；怎么验收客户培训效果，怎么代表完成了客户培训工作，是客户签字验收还是完成了系统的初始化，这属于做到什么程度。

客户成功服务动作的标准化分对外和对内两部分。对外部分的标准化主要为：产品或服务的交付方式和内容、客户服务时间和方式、客户反馈问题的响应速度和闭环的时效、产品故障的响应速度和闭环的时效、每个客户层级的服务标准和对应的客户成功经理级别等。对内部分的标准化主要为：产品或服务交付的标准、客户培训效果的验收标准、重大客户投诉的响应速度和闭环的时效、客户成功实践案例的输出标准及验收标准、内部需求及 Bug 的管理规范、客户反馈问题的流转机制等。

2. SOP 线上化阶段

在客户成功实践或业务开始扩张阶段，经过前期的打磨后，核心 SOP 已形成。为保证整个客户成功实践或业务可进行有效扩张，需要将对应的 SOP 线上化，以保证服务品质的可复制。重点是固化服务动作，保证服务的可复制性。在此阶段，客户成功人效在逐步增加。

SOP 线上化是将客户成功服务动作进行流程的固化，需要结合不同业务、不同场景的实际情况，设计不同的流程和方案。比如产品或服务交付内容的先后顺序、客户信息的对接、交付完成后下一步动作的衔接是流程，先做什么、后做什么、和谁对接、如何闭环等是方案，这些都需要通过线上化进行固化，提高客户成功服务的效率。

要想实现 SOP 线上化，不同平台信息之间的打通非常重要，因为信息的便捷性会影响客户成功服务操作的效率。比如客户的档案、服务记录、销售订单、活跃数据、客户健康度等都是客服和客户成功经理日常工作中需要高频查询和录入的数据。SOP 线上化能够有效提升客户成功服务的效率，有助于提升客户成功人效。

3. 数据化阶段

在客户成功实践或业务高速增长阶段，核心 SOP 已基本完成线上化，业务也进入高速增长阶段。为保证用户服务体验与服务动作的最大化匹配，需要数据化的监控与验证。重点是通过数据监控 SOP，保证服务品质。此阶段的客户成功人效将会达到最大值。

4. 自动化与智能化阶段

在客户成功实践或业务成熟阶段，核心是完成关键场景的自动化替代，进一步提升人效，在控制服务团队规模的同时保证服务品质。重点是探索可自动化或智能化的场景，开展客户成功人效的常态化运营和第二曲线业务的客户成功实践。

对于不同的企业发展阶段、不同的产品或服务、不同的行业、不同的客户群体，客户成功的服务人效是有很大差别的。ToB 和 SaaS 企业需要根据企业经营的实际情况，与同行和过去的人效进行对比。也可以通过参考行业里人均服务的 ARR 来计算客户成功人效，即一个客户成功经理服务客户的 ACV（单年合同金额）是多少或者 ARR 是多少，比如国内很多 SaaS 企业中一个客户成功经理服务的客户 ARR 是 200 万～500 万元，新能源物流车租赁行业中一个客户成功经理服务的客户数有较大差异，服务的车辆是 1000～3000 辆，服务的司机是 1000～3000 人。不管什么样的客户成功服务人效，都是希望通过低成本的高效客户成功实践，帮助客户实现业务成功，进而达成净值目标，实现 ToB 和 SaaS 企业的商业成功。

11.5 客户成功计划的成功实践

对于 ToB 和 SaaS 企业来说，客户成功计划是一种从被动响应到主动服务的最佳客户成功实践，它可以帮助客户成功实现业务目标，并为企业带来收益。客户成功计划是基于贯穿客户旅程的规模化增长模型，通过进行目标拆解、制定行动步骤、安排时间进度、设置关键节点等来实现客户业务目标的。

11.5.1 客户成功计划的价值

客户成功计划是一种高效协同的方法，旨在帮助 ToB 和 SaaS 企业与客户共同实现业务目标。客户成功经理结合规模化增长模型的 11 个阶段，针对所负责的客户进行目标拆解、制定行动步骤、安排时间进度和设置关键节点等，并将业务目标的进展和行动变化实时同步给客户，以确保各事项进展顺利。客户成功计划不仅需要与企业内部团队保持同频，还需要与客户共享，成为企业与客户之间关于业务目标实现进度的沟通工具。

对于企业来说，客户成功计划具有以下价值。

- **明确工作任务**：客户成功计划有助于企业系统地梳理客户成功经理的工作内容、服务客户的步骤和各阶段的任务等，从而确保将约定内容与正确的资源匹配，按时、按配置、保质保量地将产品或服务交付给客户，最终帮助客户从产品中获得价值。
- **获得客户信任**：通过客户成功计划，客户成功经理可以及时向客户同步各事项的进展情况，使客户在采购产品或服务后获得一定的确定感和控制感，从而建立客户的信任，有效降低流失风险。
- **避免客户争议**：如果客户成功经理未及时向客户同步行动步骤、业务目标、时间进度等关键信息，可能导致产品或服务履约交付完成后，客户因立场或视角不同对产品或服务不满，甚至引发投诉。而通过客户成功计划，企业可以及时将整个行动目标、步骤和时间进度等客户的关注点实时同步给客户，让客户感受到整个项目的进度在其可控范围内，从而有效避免因沟通不畅导致的争议或损失。

对于客户来说，客户成功计划具有以下价值：

- **发现问题并及时调整**：通过客户成功计划，客户可以全面了解客户成功经理的服务过程和进展情况。如果在服务期间发现问题或与预期产生偏差，客户可以及时向客户成功经理提出诉求并要求进行调整，从而确保产品或服务能够帮助客户实现业务目标并避免损失。
- **明确产品或服务价值期待的结果**：当客户提前了解了自己通过使用产品或服务能够获得的实际业务价值、能够实现的具体业务目标以及所需匹配的资源和工作时，可以更有效地进行相关事项的工作安排和资源匹配，从而最终实现业务目标。

11.5.2 客户成功计划的制订步骤

ToB 和 SaaS 企业的客户成功经理在制订客户成功计划时，可以遵循以下五个步骤：针对客户成功标准达成共识、明确业务目标、制定策略、输出详细计划、持续沟通和更新。

第一步：针对客户成功标准达成共识。在客户成功实践的旅程中，客户成功经理需要与客户针对期望的结果达成共识，即客户成功的标准。这涉及客户采购产品或服务后希望达到的结果，以及能够帮助其解决的实际业务场景问题。为了确保双方对成功标准的理解一致，客户成功经理需要与客户明确约定衡量成功的标准。这是整个客户成功服务的基石，也是处理客户争议的重要原则。

第二步：明确业务目标。制订客户成功计划的目标是帮助客户通过使用产品或服务实现业务价值。为了实现这一目标，客户成功经理需要对客户成功的标准进行量化，明确要帮助客户实现的具体价值。这需要采用定性和定量的方式来衡量客户成功标准，以确保目标是可以度量和评估的。例如，通过某产品核心功能的使用，将工作效率提升 40%，培训覆盖率达到 90%，复购率提升 15%，订单交货破损率降低到 0.1% 等。这些具体的数值能够确保双方对目标的理解一致，从而为制订有效的客户成功计划打下基础。

第三步：制定策略。根据明确的业务目标，客户成功经理需要针对性地制定相应的业务策略。为了实现长期的业务目标，客户成功经理可以将目标拆解为一系列的阶段性目标或任务模块。然后，针对每个阶段或任务，提供合适的产品功能或服务内容来满足客户的需要。在这个过程中，客户成功经理需要及时将这些策略与内部团队和客户进行同步，并询问他们的反馈，以确保计划的可行性和达成共识。

第四步：输出详细计划。在确认了业务目标和业务策略后，客户成功经理需要将它们细化为具体的行动计划。这个计划应该包括每个任务的负责人、任务内容、完成时间以及预期结果。通过这种方式，可以确保每个步骤都明确、可行，并能够在规定的时间内完成。制订详细计划的过程中，客户成功经理可以与客户进行多次沟通和协商，以确保双方对计划的认同。

第五步：持续沟通和更新。客户成功计划是一个持续的过程，需要不断沟通和更新。客户成功经理应该定期与客户交流，汇报业务进展情况，让客户了解计划的执行情况。如果遇到问题或意外情况，应及时与客户沟通并对计划进行调整，以确保客户成功计划的顺利进行。同时，也要定期对计划进行复盘和总结，以便更好地优化和改进计划。

第 12 章

关键指标：衡量客户成功实践的收入、成本和人效指标

"收入 – 成本 – 费用 = 利润"是 ToB 和 SaaS 企业运营的重要常识，如图 12-1 所示。利润中心应尽可能扩大收入，成本中心应尽可能压缩成本，费用中心应尽可能降低费用。对于 ToB 和 SaaS 企业而言，从创业第一天起，实现经营性现金流为正是企业运营的首要任务。如果无法实现正向现金流，企业运营的持续性将面临巨大挑战，即使通过融资暂时保障企业正常运营，未来仍可能变得不可控。因此，构建正向现金流的净值商业模型是 ToB 和 SaaS 企业客户成功实践的核心逻辑。

对于服务型的 ToB 和 SaaS 企业来说，如果在一个客户身上无法实现盈利，那么在 100 个、1000 个客户身上也难以实现盈利。高昂的获客成本、低效的产研投入以及下降的客户留存率是 ToB 和 SaaS 企业持续运营中必须面对的三大问题。客户成功实践在

企业运营中起到牵引作用，旨在尽可能提升收入、降低成本与费用、积累运营利润，再加大研发投入与销售投入，从而带来更多收入，进入良性循环。

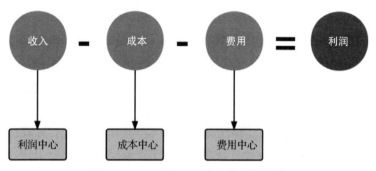

图 12-1　ToB 和 SaaS 企业的利润公式

12.1　界定新老客户的收入边界，确定主攻方向

留住老客户与开发新客户对于 ToB 和 SaaS 企业的运营至关重要。老客户是企业稳定收入的主要来源，是企业的基石，特别是对于 20% 的关键客户，其贡献往往对企业的发展产生重大影响；新客户的加入，为企业注入了新鲜的血液。特别是那些潜力大的新客户的加入，会对企业盈利产生重要影响。一个企业要实现健康平稳的发展，必须做好以下两件事情：第一，实现合作客户忠诚度最大化；第二，不断挖掘新客户资源并将其发展成为合作客户。

12.1.1　新客户和老客户的界定

ToB 和 SaaS 企业要准确地界定新老客户的边界，首先需要明确客户是指已签订合同或协议并发生交易行为的客户。然后，从时间周期、交易行为和交易次数三个维度来定义新老客户的具体标准。

1. 时间周期

在时间轴上，分为统计周期和溯源周期两部分。统计周期和溯源周期在时间上有先后顺序，并且是紧密相连的。例如，统计周期为 2023 年 1 月 1 日至 2023 年 12 月 31 日，则溯源周期为 2022 年 1 月 1 日至 2022 年 12 月 31 日或直至 2022 年 12 月 31 日（含）之前。

从图 12-2 中可以清晰地看到：新客户是指在溯源周期内没有发生交易行为，但在统计周期内发生了交易行为的客户；老客户是指在溯源周期和统计周期内都发生了交易行为的客户；流失客户则是指在溯源周期内发生了交易行为，但在统计周期内没有发生交易行为的客户。

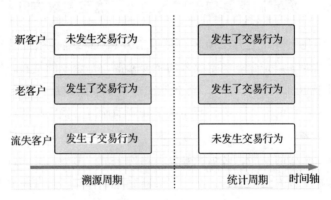

图 12-2　新老客户的定义——时间周期

溯源周期通常包括 180 天（半年）、365 天（1 年）和整个历史时期三个时间范围；而统计周期则通常涉及日、周、月、季度和年度五个时间范围。

例如，如果以 2023 年 7 月 10 日作为当天的老客户统计，那么我们需要查看 7 月 10 日当天的交易行为，以及在溯源周期的前半年、一年或整个历史时期的交易行为。

根据不同的业务形态、客户需求以及数据计算工作量等因素，选择溯源周期的长短，以便更好地支持结果分析并促进决策制定。

2. 交易行为

与客户的互动行为多种多样，包括但不限于询盘、评估、合同签订、下单、支付、成交、续租、登录和点击等。针对不同的互动行为类型，新老客户的定义也是不同的。在 ToB 和 SaaS 企业的客户成功实践中，通常以订单支付行为作为定义新老客户的基础。

3. 交易次数

为了更精细化地运营新老客户，可以按照交易次数来进行细分。这涉及根据实际业务需求对新老客户进行价值评估、重要性等级划分等，以便为公司的资源投入和发展预期提供决策支持。

在实际的客户成功实践过程中，也可以通过其他维度（如收入贡献、转介绍积极性、产品改进积极性和品牌忠诚度等）进行扩展统计。一切都应基于实际业务需求来进行设定。

12.1.2　新客户和老客户的收入边界

根据新老客户的定义和贯穿客户旅程的规模化增长模型，我们可以清晰地界定新客户和老客户的收入边界。以下是具体的界定方式。

- 新客户收入主要发生在增量增长阶段，包括产品、服务或解决方案销售及其捆绑销售，以及统计周期在半年或一年以上的流失客户重新被召回所产生的收入。
- 老客户收入主要发生在存量增长阶段，客户因产品、服务或解决方案的效果、使用体验符合预期，自己升级、增购、续约所产生的收入。

老客户转介绍其他新客户购买所产生的收入则纳入新客户收入的范畴，因为转介绍的客户在统计周期内发生了交易行为，但在溯源周期内未发生交易行为。

在整个客户成功实践中，开发新客户和稳住老客户通常由两个不同的团队负责，这两个团队承担的职责和使命存在较大差异。基于聚焦净值目标的规模化增长模型，客户获取团队负责新客户的增量净收入增长，客户成功团队负责老客户的存量净收入增长。增量增长和存量增长形成有效联动，客户获取团队和客户成功团队共同完成整个ToB和SaaS企业的净收入增长。

因此明确新老客户的收入边界有助于分析新老客户的贡献度和销售团队与客户成功团队人效，并挖掘增长的卡点和机会点，从而做到有的放矢，将有限的资源投入到最能产生效益的地方。

12.2　理顺CAC、CIC和CRC的结构，打造成本领先战略

根据贯穿客户旅程的规模化增长模型，我们知道整个客户成功实践涉及三大成本（见图12-3）：客户获取成本（CAC）、客户实施成本（CIC，也叫履约交付成本）和客户留存成本（CRC，也称为客户成功成本）。然而，在当前的商业环境中，ToB和SaaS企业大多只关注CAC，而很少将CIC和CRC作为企业运营成本的重要衡量指标。

如果我们忽视对CIC和CRC的关注，会使整个净值目标的

达成和规模化增长变得不可预测，并大概率会造成产品或服务的交付与服务不可控，甚至会造成新增客户越多，利润越少，更严重的会导致亏损。

图 12-3　客户成功三大成本结构

ToB 和 SaaS 行业有个共识：**获取一个新客户的成本一般是留存一个老客户成本的 5~8 倍**。一个优秀、高效的企业或客户成功实践团队的领导者必须清楚了解客户获取、履约交付和客户成功的投入与净值增长的关系，并持续关注 CAC、CIC 和 CRC 之间的比例与净值收入的关系，以便为将有限的资源合理配置到净值收入高的环节提供决策依据。

通过关注和分析 CAC、CIC 和 CRC 及其与净值收入的关系，企业可以更好地理解运营成本并优化资源分配。这将有助于提高企业的盈利能力，实现规模化增长。

12.2.1　CAC

CAC 是 ToB 和 SaaS 企业在一定时期内，为了获取单个客户而投入的全部成本。CAC 不仅代表了企业在销售和营销方面的支出，还反映了企业为吸引和转化潜在客户所投入的各种资源。以下是 CAC 所包含的成本项。

- 市场和销售人员的工资、奖金和其他人力费用。
- 广告投放等营销推广相关的花费。
- 获客资源成本，如官网、白皮书、视频、活动、网络研讨会及其他资金和人力成本等。
- 营销和销售工具成本，比如购买 CRM、营销自动化工具及各种 SaaS 销售工具的费用等。
- 额外花费，如客户获取过程中销售人员的差旅费报销、招待费等。

以下是 CAC 的计算公式：

CAC = 市场营销和销售的总花费 / 获取的新签客户数量

举例来说，如果企业在 2022 年花费了 200 万元来获取新客户（包括营销、销售、工资和管理费用等），并成功获取了 200 个新签客户，那么 CAC 就是这 200 万元除以 200 个客户，也就是每个客户的平均获取成本为 1 万元。

在规模化增长过程中，ToB 和 SaaS 企业可以根据营销渠道的不同，分别计算每个渠道的 CAC。比如，如果企业通过广告投放获取客户线索并最终转化了 80 个客户，整个过程中的总花费是 100 万元，那么 CAC 就是 1.25 万元；如果企业通过内容营销获取客户线索并最终转化了 50 个客户，整个过程中的总花费是 50 万元，那么 CAC 就是 1 万元；如果企业通过会议营销获取客户线索并最终转化了 40 个客户，整个过程中的总花费是 80 万元，那么 CAC 就是 2 万元。通过对比不同渠道的 CAC，企业可以找到投入产出比最优的营销渠道，并据此调整资源投入的比例。

通过衡量关键指标 CAC，企业可以了解业务的可持续性和可扩展性。降低 CAC 是提高企业利润和提升每笔交易价值的有效途径。通过计算不同营销渠道或销售方式的 CAC 并进行对比，企业可以找到投入产出比最优的渠道或方式，从而指导销售团队和客户成功团队的高效运作。同时，对 CAC 和客户生命周期总价值进行对比分析，能够有效地优化企业战略。SaaS 行业普遍认为 LTV/CAC≥3 是一个较合理的水平，若低于这个水平，则说明企业获取一个客户的成本过高，会造成较低甚至极低的利润空间，这时企业就需要及时调整营销战略和规模化增长战略。

12.2.2 CIC

CIC 是指 ToB 和 SaaS 企业在单个客户购买产品或服务后，为确保产品或服务的价值按照约定交付给客户使用而投入的全部成本。以下是 CIC 所包含的成本项。

- 云服务许可或托管费用、宽带、软件系统、硬件设备等固定成本。
- 系统涉及的添加或删除新用户、数据迁移、定制、培训等变动成本。
- 硬件设备交付产生的相关费用，如运费、损耗、物料等。
- 实施人员的工资、奖金和其他人力费用。
- 额外花费，如客户实施过程中实施交付人员的差旅费报销、招待费等。

以下是 CIC 的计算公式：

$$CIC = 实施的总花费 / 交付的客户数量$$

举例来说，如果企业在 2022 年投入了 50 万元对 80 个客户进行履约交付，那么 CIC 就是 50 万元除以 80 个客户，也就是每个客户的平均实施成本为 6250 元。

通过衡量关键指标 CIC，企业可以了解业务的可持续性和可扩展性，并优化资源分配。降低 CIC 是提高企业利润和提升每笔交易价值的有效途径。企业可以通过计算不同实施方式的 CIC 并进行对比，找到最优的投入产出比，并据此调整资源投入的比例。同时，对 CIC 和客户生命周期的总价值进行对比分析，能够有效地优化企业战略。

12.2.3 CRC

CRC 是指 ToB 和 SaaS 企业为了留住单个已有客户而投入的全部成本。以下是 CRC 所包含的成本项。

- 客户成功、客服和技术支持等成员为了留住客户而花费的人力成本。
- 内部推广、客户忠诚度管理、客户培训等工作所需的花费。
- 客户成功工具成本，如购买客户成功、客服、运营分析、培训、客户管理等系统的费用。
- 成功实践案例包装和宣传、白皮书、产品介绍单页等成本。
- 额外开销，例如客户成功和技术支持人员的上门费、差旅费报销等。

以下是 CRC 的计算公式：

$$CRC = 在客户留存上的总花费 / 续约的老客户数量$$

举例来说，如果企业在 2022 年为了留住客户并实现客户续约，投入了 100 万元，并且成功续约了 1 万个老客户，那么 CRC 就是这 100 万元除以 1 万个老客户，也就是每个客户的平均留存成本为 100 元。

在客户成功实践过程中，会涉及新功能开发、市场调研、活动运营、案例包装等成本归属问题，这些也属于成本核算的边界问题。针对这些问题，ToB 和 SaaS 企业需要根据实际业务场景和团队情况设定成本的归属。在规模化增长过程中，ToB 和 SaaS 企业需要关注 CRC 与 CAC、CIC 之间的平衡，以实现业务的可持续性和可扩展性。降低 CRC 是提高企业利润和提升每笔交易价值的有效途径。通过衡量关键指标 CRC 并与 CAC、CIC 进行综合分析，企业可以优化资源分配并制定有针对性的营销和销售策略，以实现更高效的增长。

12.3 打造人效核心竞争力，筑起 ToB 企业生命线

人效是 ToB 和 SaaS 企业的生命线，也是最重要的核心竞争力，因为企业竞争到最后都是内部组织效率的竞争。只有当组织人效具有行业竞争力时，企业才有可能实现规模化增长。通过分析不同岗位和整个企业的人效情况，领导者和管理者可以清晰地认识到企业组织的健康状况，并发现企业运营的问题所在。

美国 SaaS 行业的人效标准是：10 万美元的全员人效是及格线，20 万美元的全员人效是优秀线。而国内表现优秀的上市或准上市 SaaS 公司，全员人效大多为 30 万元左右，若能够达到 50 万元则算是优秀。

在评估人效时，需要考虑不同岗位的贡献度和整个企业的人效情况。对于 ToB 和 SaaS 企业来说，不同岗位的贡献度是有差异的，因此需要对不同岗位进行合理的评估和资源配置。同时，整个企业的人效情况也需要综合考虑，以避免局部岗位的高效与整个企业的低效混淆。

通过分析人效数据，领导者和管理者可以发现企业内部运营的问题和瓶颈，并采取相应的措施进行优化和改进。例如，对于低效的部门或岗位，可以采取流程重组、人员调整或技能培训等

措施；对于高效的部门或岗位，可以进一步挖掘潜力、提高工作效率等。

总之，人效是 ToB 和 SaaS 企业的重要指标之一，通过对人效数据的分析和优化，可以提高企业的运营效率和竞争力，实现规模化增长。

12.3.1 人效指标的两种情况

企业无论处于何种发展阶段，都需要重视人效情况。因为只有当企业具备盈利能力时，才有可能实现持续运营。人效是指人均创造的收益，其分子是企业的年收入额，分母是企业的人数。为了提高人效，企业需要关注两个方面：一是减少支出，二是增加收入额。如果 ToB 和 SaaS 企业为了增加收入额而盲目地增加人员，不考虑增长效率和人均产出，会侵蚀掉利润空间，导致非良性发展。同时，企业还需要关注花费的金额和收益的关系，这更有利于企业组织效率的管理和提升。

ToB 和 SaaS 企业关注人效指标有两种情况。

- **关注分母**。在当前业务增长、存活、衰退的状态下，企业需要确定所需的人力资源。当业务增长达到天花板，甚至出现衰退的迹象时，人效管理就成为企业短期内生存下去的底线。在这种情况下，关注人效的部分是：是否使用了过多的人力资源？是否存在优化的空间？企业管理者会以这种防守的姿态来面对企业运营的困难期，同时寻找新的增长点。
- **关注分子**。当企业处于行业或企业的增长期，发展相对稳定时，即使面临经济环境的不景气，也希望能够提升效率。在这种情况下，关注人效的部分是：目前人均产出有没有提升的空间？如何提高人效？企业管理者会以积极主动的方式寻求增长。

以客户成功人效为例说明人效增长的情况。人效的公式为：

客户成功人效 = 老客户收入 / 客户成功经理人数

从客户成功经理的人效公式中可以看到，要想人效增长，只有两条路：要么减小分母，即减少客户成功经理人数；要么增加分子，即增加老客户收入。

很多 ToB 和 SaaS 企业的高层会有一种不理智的认知：减少客户成功经理人数，收入没变，人效就上去了。在客户成功实践过程中，你会发现减少了客户成功经理人数，老客户的主动服务和增购、转介绍、续约等可能会受到影响，导致企业无法正常运转或受到的关注度降低。这会使团队信心受到打击，降低工作效率和人效。因此，单纯地减小分母并不一定能提高人效，甚至可能适得其反。

如果不砍分母，增加分子呢？增加分子就是增加收入。当收入的增长远远大于成本增长时，这会成为企业的主要发展策略。通过规模化增长的趋势积累了一定的增长势能后，企业可以通过人力资源和组织模块的合理配置而形成的组织能力来加速增长。ToB 和 SaaS 企业要增长人效，主要有四种方法：在 SMB 客户之上增加 KA 客户的数量或全面大客化地提高客单价；通过主动服务拉长客户的生命周期；提高服务质量，提升转介绍的新签效率；打造高效的组织能力，形成多业务线或规模复制效应，从而提升整体企业运营效率。

12.3.2 人效指标的运营逻辑

人效指标的运营逻辑是指将资源投入转化为价值回报，其中组织能力的有效转化起关键作用。在客户成功实践过程中，组织能力强的企业能够通过资源的有效利用获得较高的回报，而组织能力较弱的企业则可能无法将相同的资源投入转化为同样的价值产出。人效指标作为量化组织能力中人力资源获利能力的工具,用于衡量企业人力资源的价值以及规模化增长的可能性和成功率。

人效指标通常包括人均类指标、元均类指标、占比类指标和增长类指标等,不同指标在不同的应用场景下具有显著差异。在当前运营环境下,ToB和SaaS企业最为关注的人效指标是人均类指标,因为这类指标能够反映企业的运营效率和质量。对于ToB企业而言,由于回款周期较长,因此将人均回款额作为衡量人效的重点指标;而对于拥有销售部门或子公司的企业,则可将人均销售额和人均订单量作为人效分析的重点指标。

不同企业关注的指标的类型会有很大差异,接下来将从业务逻辑、部门管理、行业特点三个角度,以及结果、过程两个层面,展开说明人效指标运营的特点,如图12-4所示。

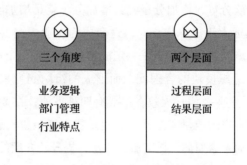

图12-4 人效指标运营的三个角度和两个层面

人效指标运营的三个角度如下:

(1)**业务逻辑**。在这个角度,我们需要关注企业的业务流转逻辑,明确业务流转的流程节点和职能分工,确保每个环节都符合交付标准,并关注员工是否按照职责要求完成工作。例如,对于一个销售流程,我们需要确定每个销售阶段的完成标准和时间节点,并关注员工的销售任务完成情况。

(2)部门管理。在这个角度,我们需要根据不同业务部门的管理要求来确定人效指标。

- **销售部门**:常用的人效指标包括人均销售额、人均毛利、人均订单等。
- **市场部门**:常用的人效指标有人均获取线索数、点击率等。
- **客户成功部门**:常用的人效指标有人均续费率、人均收入、人均服务量等。
- **商品部门**:常用的人效指标有库存周转率、库存滞销率等。
- **技术支持部门**:通常需要根据技术问题的类型确定标准工时之后评定人均闭环率、工单响应时长等。

(3)行业特点。在这个角度,我们需要根据企业所处行业的特点来确定人效指标。不同行业所关注的人效数据存在差异。

- **供应链服务、流量服务、SaaS 服务**:更关注人均类指标。
- **城配物流行业**:更关注占比类指标。
- **银行、保险、证券、金融服务行业**:更关注增长类指标。
- **生产制造行业**:更关注元均类指标。

不管采用哪种细分的人效指标,ToB 和 SaaS 企业都需要结合自身的行业特征来选择。

在进行人效管理时,必须全面分析数据情况。如果企业只关注创造的效益,可能会沾沾自喜,但通过综合对比工资费用率和工资人效比,可能会发现一些更深层的管理问题,例如工资人效比过低,员工工资增长幅度远高于人效增长幅度等。为了更科学地分析企业人效现状,企业需要根据业务导向建立人效评估模型,以该模型为指导,建立核心人效指标库,以确保各项指标都能够更完整地呈现公司现状。

人效指标运营的两个层面如下。

（1）**过程层面**。企业需要关注过程指标，将人效数据回归到因果关系上，探究是什么导致了结果的变化。将运营活动回归到人与组织的影响上，通过过程性指标指导下一步行动，挖掘员工背后的驱动因素，确定资源如何分配，探索还有哪些改善空间。例如，任务达成率是运营结果指标，而影响数据的因素可能有获客资源的投入比例、行业影响力、产品质量和服务体验等。企业需要基于过程数据发现业务流程中的问题，随后逐个击破。

为了反映真实的运营效率，企业在分析、对比人效数据时一定要考虑产生变化的内在原因和影响因素，以便进行合理的管理决策。例如，加大研发投入会使企业的人均利润明显下降，但是这种下降并不必然表明运营效率下降。人效水平可能存在阶段性的、周期性的起伏，不能因为追求短期人效指标数据而忽视长期人效水平的提升。

（2）**结果层面**。企业需要分析自身现状，通过财务量化指标评估投入的人力成本产出的效益情况。在进行人效数据分析时，单纯看指标的绝对数字没有意义，需要基于结果性指标展开对比，判断人效水平。

ToB 和 SaaS 企业需要核算出组织的人效指标数据，按年、季度、月、周、日的时间维度进行纵向、横向的环比和同比。例如，将组织的人均产值和人均费用按月度绘制出来，观察曲线的变化趋势，尤其针对其中的拐点、异常值等情况，深挖背后的原因，直到找到问题的真正答案。

此外，与行业平均水平的人效对比，企业不同发展阶段和运营规模的人效也有较大差异。ToB 和 SaaS 企业除了与行业平均水平对标以外，还需与标杆企业对标。某种意义上，对标对象的选择决定了你的企业可能成为什么水平的企业。只有明确了学习的标杆，企业的人效管理才有了参照物，才能不断提升人效水平。

第 13 章
交付保障：建设高效的产研协同和订单交付能力

整个客户成功实践旅程是一个持续传递和交付价值的过程，按时、按配置、保质保量地交付至关重要。在客户成功实践中，ToB 和 SaaS 企业建设产研协同和订单交付能力以保障履约交付是值得投入的决策。交付的效率和体验是决定客户第一印象的关键因素，也是实现存量客户增长和 NDR 持续稳定提升的基础。

13.1 以提升 NDR 为目标的产品研发保障

对于 ToB 和 SaaS 企业来说，NDR 是最核心的指标，它贯穿了研发、市场、销售、服务的整个过程，是客户旅程中规模化增长模型的基础。为了保障价值的持续交付，产品的质量是至关重要的。因此，"做正确的产品"和"把产品做正确"是 ToB 和

SaaS企业成功交付的关键。从客户成功实践的角度来看,"做正确的产品"是指解决客户问题或满足客户需求。这就需要从客户的真实业务场景出发,经过收集、评估、理解、转化、研发等环节,将需求交付给客户并获得客户的反馈。然后,通过建立统一的研发工作流,"把产品做正确",以加快交付速度,提升交付质量,持续优化效率。

因此,以提升NDR为目标的ToB和SaaS企业的产品研发保障,需要构建以客户为中心的产品研发工作流,以便将解决客户问题和满足客户需求的产品或服务快速推向市场。这样可以不断提升客户满意度、使用效果和使用体验,持续保持竞争优势,并不断提升NDR。

13.1.1　产品研发保障的3大挑战

客户成功实践的实际情况是,建立以提升NDR为目标的产品研发保障体系会遇到许多问题和挑战,主要体现在以下3个方面。

(1)**产品研发离客户太远,难以有效评估客户需求**。任何一个产品或服务的推出都需要基于市场问题和需求,或者根据客户的业务场景创造需求来展开设计和进行研发。然而,实际情况中,产品研发团队往往离客户较远,接收到的需求都是销售、客户成功经理和客服等中间人通过Excel或工单等工具进行传递的二手需求(见图13-1)。这种方式效率不高,产品和研发团队对需求的理解程度依赖于中间人描述需求的水平,而研发团队往往没有直接获取客户需求的渠道,对客户需求真伪难辨,核心需求容易被忽略。

在ToB和SaaS企业中,销售、客户成功经理和客服等作为客户与产品研发团队之间的桥梁,通过Excel或工单等工具传递客户需求。然而，由于这些中间人可能存在对需求理解不足或沟通不畅等问题，导致传递的需求信息不准确或不完整，从而影响产品研发团队对需求的准确理解和实现。

图 13-1　需求传递路径

为了解决这个问题，可以考虑建立客户与产品研发团队之间的更加紧密的联系，例如直接听取客户的声音或引入专业的需求分析师等。这样可以提高需求的传递效率和准确性，减少中间环节的误解和沟通成本。

同时，需要对客户需求过度承诺、紧跟竞争和不区分客户级别等问题引起重视。销售为了拿下大订单可能会过度承诺，导致产品研发团队需要花费大量的时间和精力去实现一些不必要的功能或者解决一些不存在的问题。而紧跟竞争可能会使产品研发团队陷入拼凑的、没有灵魂的产品开发中。不同客户提出相同的需求被不同的业务来回反馈，需求来源的离散度较高，导致客户、业务和产研之间的信息相互割裂，沟通效率低下。

为了解决这些问题，可以考虑建立更加科学的需求评估体系和优先级排序机制。也就是说，对客户需求进行分类管理，根据不同客户级别和需求重要性进行评估和排序。同时，加强内部的沟通协作，建立统一的需求管理平台和沟通机制，提高信息传递效率和共享程度。此外，培养专业的需求分析师和分析团队也是解决这些问题的有效途径之一。

（2）**产品和项目交付周期长，过程和质量不可控**。产品研发的环节多、流程长，任何一个环节的效率都会影响整体研发的进度和时间周期。这主要是由于研发过程涉及多个部门，再加之过程不透明，质量风险难发现，往往是系统上线后才暴露出大量的问题；客户成功经理、销售、客服与产品研发的跨部门协作存在很大的挑战和内耗，销售认为产品研发不懂客户需求，客户成功经理认为销售过度承诺和产品研发支持效率低，产品研发认为销售不会卖产品和客户成功经理没有好好地教客户使用产品；研发的过程数据分散且口径不统一，团队的交付质量和效率也存在盲盒，难以有效地进行数据分析来持续改进团队效能。

（3）**缺少标准的响应时效，客户反馈问题等待时间长，用户体验不佳**。客户响应速度、使用效果和客户体验是提升 NDR 的关键点，但在客户成功实践过程中，客户反馈的问题和需求是客户成功经理、销售和客服进行二次传递的，无法做到及时、有效、准确地传递给产品研发团队，同时客户提出的问题和需求的优先级、进度、路线规划无法实时更新并反馈给客户，使得客户的控制感降低，流失风险加大；客户成功经理或销售不知道所服务客户的问题解决情况，以及无法有效地预测客户的流失风险等。这些都是影响 NDR 提升的因素。

13.1.2　产品研发保障的 4 个关键环节

ToB 和 SaaS 企业需要打通客户、销售、客户成功经理、客服和产研的全链路协同，高效响应客户需求，优化客户体验，提升客户的续约意愿，降低客户流失风险，最终实现 NDR 的持续提升。从客户成功的视角来看，建立以提升 NDR 为目标的产品研发保障体系的关键是需求的流转，主要包括以下 4 个关键环节。

（1）统一需求反馈收集入口。ToB 和 SaaS 企业主要有 3 个需求入口：外部客户需求的反馈、内部业务人员需求的反馈以及市场调研产生的自上而下的产品规划和战略目标需求的反馈。企业需要建立一个统一的需求反馈入口，将内部业务人员、外部客户、产品战略目标拆解的需求收集、汇总至需求池进行管理，然后对客户和业务部门的需求进行统一的定义和分类管理，形成客户需求反馈的组织能力。

（2）**定义清楚可衡量的需求价值**。产品研发团队需要对收集到的需求进行还原、整理、分类、归档等处理，完善需求详情，例如需求类型、负责人、时间等，以实现需求理解的一致性。同时，通过关联相同或类似的需求，减少信息泛滥。将需求与客户进行关联，方便管理哪些客户提了哪些需求，并通过标识重点客户，帮助产品经理做好产品和需求决策。然后，根据需求的客户价值衡量标准，如对需求价值、工作量、客户权重、竞品、团队目标支持度等不同维度设置分数，建立标准化的产品优先级评估模型，得出优先级分数及预计交付时间，从而数据化地评估客户最需要的功能，确保产品目标与 NDR 目标保持一致。由此可以识别高价值需求，定义需求优先级，并形成完整、清晰且规范的需求文档。

（3）**聚焦高价值需求，输出需求排期和路线图**。聚焦高价值需求，让需求相关方评审确认，达成统一的认知和共识，清晰地告诉客户成功经理、销售和客户每个阶段的目标是什么以及当前所处位置的产品路线图。再将推动需求落地的迭代开发进度和状态及时反馈给客户，让客户对需求反馈的响应和自己业务场景需求的状态及进度可控。这样可以实现从需求规划到执行阶段的有效流转，提升客户的满意度和安全感。

（4）**构建持续正向价值交付的客户反馈响应闭环**。ToB 和 SaaS 企业在做出正确的产品且把产品做正确后，更需要的是持续的产品交付能力。因此，关键在于构建产品持续正向价值交付的客户反馈响应闭环。这就需要产品研发与客户、销售、客户成功经理和客服直接沟通，及时同步客户需求的开发进度、功能更新状态和产品路线图，以持续提升 NDR。企业将产品或服务交付给客户后，客户最关注的是产品的使用效果和体验。因此，产品研发需要协同销售、客户成功经理和客服及时收集客户的产品使用体验、建议和需求，并对客户关注的需求和问题给予及时反馈，真正做到高效响应客户需求。

13.2　供应链全局视角下的订单交付保障

订单交付（Order Delivery）是 ToB 企业的主要业务环节，是供应链型商业模式企业的核心业务，也是其企业价值交付的关键过程。为了实现按时交付，很多供应链型企业会采取增加产能、提高库存等措施来应对缺货、订单交付时间长等问题。虽然从短期来看这是很好的保障交付体验的做法，但是从长期来看，预留库存的做法并不一定是最佳做法。这是因为库存成本将不可控，造成现金流紧张。

13.2.1　订单交付保障的 8 个难点

从供应链全局视角看，订单交付涵盖了产品管理、商品 GTM、供需计划、资源分配、订单管理、计划排产、生产制造、物流配送、产品交付、客户收货等端到端的完整业务流程。然而，在实际订单交付过程中，以下 8 个难点经常困扰着企业。

- **产品配置组合多样化**：多样化的产品配置组合带来了个性化的场景，同时也增加了供应链计划与订单交付管理的复杂度，降低了订单交付效率。

- **销售预测准确率较低**：在 VUCA 商业环境中，市场快速变化导致客户业务需求的不确定性加大，给销售订单的预测带来挑战，准确率大大降低。
- **交付资源分配效率低**：由于销售预测准确率较低，订单交付部门难以根据客户的真实业务需求准确、有效地分配产品供应资源。
- **订单运营协同不足**：在供应链全局视角的订单交付过程中，订单的流转信息缺乏有效的同步，流程节点不透明，导致订单流转的割裂。
- **排产计划灵活性欠佳**：以生产效率和生产成本控制的规模化生产的灵活度不足以应对前端订单的优先级变动，导致订单排产满足率较低。
- **产品质量稳定性不高**：不稳定的产品质量或产品质量管控不佳，会使订单交付时间延长，甚至造成客户投诉或退款。
- **物流配送时效无法保证**：缺少统一的订单分拆和合并的处理逻辑，无法做到产品物流配送的精细化管理。
- **缺少标准化的订单交付流程**：端到端的业务流程无法有效地做到交付动作标准化、在线化、数据化，造成订单交付体验和质量欠佳。

从上述 8 个难点可以看出，订单交付难以达到预期效果的原因在于：一方面，订单交付涉及企业的研发、生产、市场、销售、采购、仓储、物流、财务等多个业务部门的紧密配合和高效协同；另一方面，订单交付的交付环境是动态变化的，其中计划内或计划外的变量、相关约束条件和交付条件都在时刻变化着，例如，客户在接到其订购产品前对订单产品的配置参数、订货数量、提货时间、提货地点等频繁修改，竞争对手实施了营销政策，供应链企业内部的生产环节出现突发情况、原材料配送不及时等。

13.2.2 订单交付保障的 5 个关键方面

从供应链全局视角保障订单按配置、按时、保质保量的交付，需要考虑客户需求的产品组合配置、订单计划交货周期、资源分配效率、排产计划准确度、生产资源使用率、库存周转情况，以及产品所在行业的特点、企业的产品生产能力、产品工艺、产品生产流程等因素。ToB 企业可以从以下 5 个关键方面构建订单交付的保障机制。

1. 设计满足业务需求的产品交付运营模式

ToB 企业可以根据订单交付的业务流程是销售预测驱动的还是客户真实订单驱动的，来设计满足实际业务需求的产品交付运营模式，包括按库存生产、按订单优化生产和按订单生产 3 种模式。

- **按库存生产**：是指提前生产的模式，通过销售预测来组织生产，即最终产品是从成品库中直接打包发货的。因此在客户订单到达之前已经完成，也称为备货式生产。这种生产模式下的生产计划基于销售的预测，稳定地生产和供应标准化产品。
- **按订单优化生产**：这也是通过销售预测来组织提前生产的模式，与按库存生产的差别在于先用库存商品尽可能地满足客户的订单需求，提升客户满意度。同时供应链企业会根据客户的实际订单来修改生产计划，进行订单交付资源的快速匹配和交付。
- **按订单生产**：是指需求导向的生产模式，在客户确定订单后再安排生产，聚焦客户的订单需求。这种生产模式无库存，需要具备完整的供应链网络和全链路、清晰的信息化系统支持，各项生产资源能够快速地匹配到位，按照客户的订单需求进行生产，一般需要等待一段时间才能够进行订单产品的交付。

2. 梳理订单交付端到端的业务流程

订单交付端到端的业务流程是指从订单到交付完成的整个业务链路。例如，新能源物流车的订单交付包括商机提报、业务匹配、提交合同、提交订单、提车计划、资源匹配、条件整备、上门提车和交付完成9个环节，如图13-2所示。如果在订单交付过程中加入交付资源计划、资源整备、物流发车等环节，整个业务流程将会有更多环节需要把控。

3. 明确订单交付的组织职能分工

在梳理完订单交付的模式、流程和动作等关键内容后，应明确流程中每个节点的负责人、协作人和监督人，也就是所谓的组织职能分工。组织职能分工包括建立订单交付的协同机制、识别交付决策点和管控点，以及定义组织职能。

订单交付保障能力的建设不是某个岗位或部门的任务，而是需要企业中各个部门的协作。在供应链型商业模式的企业中，通常会设立一个由产品供应链、销售和负责订单交付的服务部门组成的协同项目组，通过例会或项目专题会的形式，推动订单交付保障能力的持续优化和订单交付工作的日常运营。协同项目组的工作切入点是订单交付的决策点和管控点。决策点规定了需要在什么时间对哪些事项进行决策；管控点则明确了需要在什么时间对哪些事项进行重点关注，必要时通过协同项目组的相关岗位来负责落实。

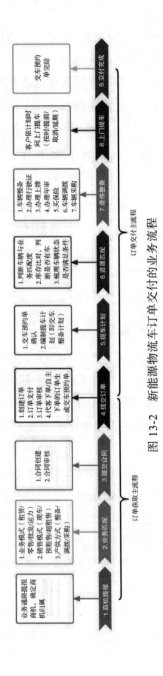

图 13-2 新能源物流车订单交付的业务流程

4. 重视订单交付的数字化能力建设

供应链全局视角的订单交付端到端的业务流程和组织职能分工需要数字化系统的支撑和保障才能够有效落地。订单交付的数字化能力建设是指将产品和订单需求及产品供应信息数据化，并通过系统实现数据的集成，避免出现订单交付相关数据的割裂，形成数据孤岛，从而无法实现订单交付效率和质量的提升，以及无法给予客户良好的交付体验。

产品信息的数据化是指将产品生产物料信息、销售订单清单、生产清单、服务清单和需求变更信息等数据化，确保产品信息在市场、销售、生产、物流、服务等部门之间有序流转。同时，需要将订单需求和产品供应信息数据化，推进供需之间的高效联动，实现订单交付所需信息的高效流转，例如将各种供需数据实时可视化、销售预测数据和订单数据及时匹配、多种交付运营模式有效结合，从而实现订单按配置、按时、保质保量地交付。

5. 加强订单交付的监控和治理

没有衡量就没有管理。供应链的订单交付需要根据重要环节设定关键指标，从而对订单交付的运营进行监控，例如订单交付时效、订单交付率、资源满足率、库存周转率等。订单交付运营需要定期通过数据分析对关键指标进行挖掘和呈现，从而为订单交付的优化决策提供数据支持。例如，如果关键指标的表现与预设目标有较大差距，需要进行风险预警，并提醒相关人员进行人工干预和差异分析。差异分析的结果将有助于企业制定相应的改进方案。

ToB 企业的订单交付也符合熵增定律，如果不进行必要和有效的干预或治理，必将从有序走向无序，导致运营效率指标越来越差。

如上所述,订单交付保障能力的建设是环环相扣、缺一不可的,其中一个环节没有衔接好,订单交付效率就会受到较大的影响,进而影响到客户的交付体验,以及后续的服务体验、净值增长等。

第 14 章

组织保障：客户成功有效落地的团战能力保障

所有的 ToB 和 SaaS 企业在客户成功上投入都希望通过重新打通"以客户为中心"的流程，或者希望通过流程化组织建设来推倒部门墙，打通"以客户为中心"的客户全生命周期的业务流程，创造业务价值。然而，在实际的客户成功实践过程中，虽然大家都认为"客户成功"是非常有价值且重要的一项任务，但实际上，大部分企业的客户成功部门往往被忽视或被认为是无关紧要的。造成这种情况的原因主要有 3 个。

- **缺乏组织保障**。跨部门的流程建设需要强大的组织资源和执行力来支持。没有这些资源，很难建立起有效的流程。
- **组织拉通重视度不足**。很多企业认为只要梳理出"以客户为中心"的端到端客户成功流程，就能够有效地运转起来。

然而，它们忽略了流程是需要人来执行的，缺少组织的拉通和协同，流程就很难高效地运转起来。

- **流程重构意味着利益的重新分配**。某些部门会因为部门或个人利益问题，阻挠"以客户为中心"的客户成功流程化组织建设。

要解决这些问题，ToB 和 SaaS 企业需要构建完善的组织保障体系。这是所有模式落地的基础。如果缺少这样的保障体系，所有美好的构想都将成为空中楼阁，无法落地。通过这样的保障体系，企业可以确保在客户成功实践上的投入能够获得相应的回报，实现客户成功，并最终实现企业的商业成功。

ToB 和 SaaS 企业是由人组成的，人组合在一起才形成了组织。因此，无论是什么样的客户成功组织，归根结底还是要回归到"人"这个话题上。人是客户成功实践永恒的主题，因为 ToB 和 SaaS 企业的客户成功模式需要有关键的人来支撑，客户成功的目标需要由关键的人来实现，甚至客户成功实践中关联的各种各样的工作也离不开具体的执行者。

客户成功人员负责具体行动，而客户成功组织则负责统筹不同的客户成功人员。客户成功组织保障客户成功实践的效率和能力，决定了企业客户成功未来发展的天花板。因此，需要确保客户成功人员和客户成功组织的有效匹配。如果客户成功人员的数量超过企业客户成功实践发展需要的组织规模，那么必然会产生人浮于事的问题；反之，如果客户成功人员的数量没有达到客户成功实践发展所需的组织规模，则难以达到客户成功目标。只有两者达到有效匹配，ToB 和 SaaS 企业才能确保客户成功的人效，从而对高质量的客户成功实践结果产生积极正面的影响。

第 14 章 组织保障：客户成功有效落地的团战能力保障

14.1 客户成功是"3+1+3"团战组织的成功

ToB 和 SaaS 企业的客户成功是一个漫长且复杂的旅程，涵盖了从产品到市场、从市场到线索、从线索到合同、从合同到回款、从合同到交付、从交付到服务、从问题到解决方案、从服务到增值等多个环节。这个过程需要多个角色的配合和协同，不再是单兵作战，而是需要团队合作。

"3+1+3"团战组织（见图 14-1）是指在规模化增长模型中，一共有 7 个角色参与其中，分别是市场经理、销售经理、交付经理、客户成功经理、客服经理、产品经理和技术经理。他们根据增量增长和存量增长的不同阶段形成两个相对正式的项目小组进行协同工作。

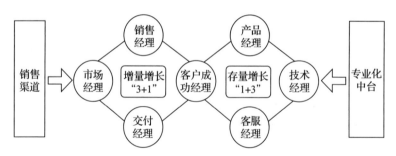

图 14-1 客户成功实践的"3+1+3"团战组织

在客户成功实践的"3+1+3"团战组织中，客户成功经理有两个不同的职责：在增量增长中，负责提供产品或服务解决方案，扮演增量增长的支持者角色；在存量增长中，负责在交付完成后主动帮助客户使用产品或服务以获取收益，实现净值目标，扮演存量增长的主导者角色。

为了打造高效的"3+1+3"团战组织，ToB 和 SaaS 企业需要考虑以下问题：7 个角色的日常工作标准、要求和管理流程；利益分配和激励体系的提成、绩效、晋升规则；团战组织的运营能力和组织文化建设；团战组织的进化方式；增量增长和存量增长的财务指标模型等。

14.1.1 增量增长团战的"3+1"

增量增长"3+1"中，"3"指的是负责线索获取的市场经理、负责线索转化及实现新增销售目标的销售经理和负责合同或订单价值交付的交付经理，"1"指的是负责产品或服务解决方案的客户成功经理。在增量增长团战中，销售经理是主导者，对线索、商机跟进转化成败、增量销售收入增长、毛利目标实现及新客户数量的增长承担主要责任。

1. 销售经理：增量增长新增收入的主导者

作为增量增长阶段整体增量规划、客户开发、线索管理、产品或服务交付、整体客户满意度、新增业绩指标达成、市场竞争等的第一责任人，销售经理是面向客户新增的主导者。销售经理需要承担以下职责。

- 对客户新增业绩结果负主要责任，是客户新增规划的制定者和执行者，需要做好市场洞察、目标和策略制定、规划执行和调整等工作。
- 作为产品或服务销售的主导者，需要做好组建团队、目标和策略制定、监控和执行、竞争管理等工作。
- 作为增量增长链路的主要负责人，需要做好线索管理、机会点管理、客户风险识别、合同签订质量把关、合同履约质量监控、产品或服务交付、回款等工作。
- 作为客户关系管理的核心人员，需要做好客户关系维护规划、客户关系拓展、客户关系挖掘、唤醒和回流等工作。

2. 市场经理：增量增长线索获取的主导者

在增量增长阶段，市场经理是整体产品或服务价值传递、线索获取、线索管理等的第一责任人，是面向客户线索获取的主导者。市场经理的主要职责如下。

- 围绕增量增长既定新增客户目标与线索目标，通过客户全生命周期的各类客户行为和关注点，高效获取线索。
- 结合线上、线下线索资源，拓展新的线索场景，实现优质线索的大规模增量。
- 熟悉线索管理体系与规则，结合线索管理工具，实现线索的有效分发，持续迭代线索的入库、使用策略，不断提升线索的转化和获取效率。

3. 交付经理：产品或服务的价值履约交付的主导者

交付经理是客户签约后整体产品或服务的履约交付第一责任人，是合同或订单履约交付、交付项目管理和交付资源管理等的核心角色。交付经理的主要职责如下。

- 对产品或服务的销售提供售前支持。
- 对签约产品或服务的整体履约交付、客户满意度、交付质量、交付时效和人效负责。
- 作为履约交付的责任人，为客户提供按时、按配置、保质保量、低成本的交付，对产品或服务的交付满意度负责。
- 作为交付经营目标的责任人，对项目交付的交付收入、客户交付成本、交付成功率、交付流失率等业绩目标负责。
- 通过合同关键条款控制、合同谈判、合同交接、合同履行和变更、开票等全流程合同管理业务，提升产品或服务的履约交付质量，促进产品或服务按照合同和交付标准履约交付。

- 作为交付项目的管理者,对履约交付项目的监控与问题预警、交付项目的运营水平、交付项目的客户满意度和客户履约交付的成功负责。
- 作为交付资源的管理者,负责产品或服务交付业务量预测和交付资源需求预测、规划、调配等交付资源的日常管理工作。

4. 客户成功经理:产品或服务解决方案的主导者

在增量增长阶段,客户成功经理是产品或服务解决方案的第一责任人,从产品或服务解决方案视角来帮助客户通过使用产品或服务实现业务成功,对客户解决方案的业务目标负责。客户成功经理的主要职责包括:

- 通过客户调研和沟通,挖掘机会点,促成机会点向商机转化,实现客户拓展的突破。
- 挖掘、转化和管理客户需求,制定针对客户问题和需求的解决方案,主导解决方案的开发。
- 组织客户问题和需求解决方案的推广工作,调研竞品的策略和方案,拉通产品或服务资源,保障解决方案的市场竞争力。
- 在与客户高层和关键产品技术层的对话中,提供解决方案层面的支持,为客户创造价值,获得客户的信任,提高客户转化的概率。

14.1.2 存量增长团战的"1+3"

存量增长"1+3"中,"1"指的是负责交付完成后主动帮助客户使用产品或服务获取收益及实现净值目标的客户成功经理,"3"指的是负责交付完成后产品或服务的响应式服务的客服经理、负责产品或服务需求响应和迭代升级的产品经理,以及负责软硬件产品完善、Bug 修复、系统升级等技术支持的技术经理。其中,客户成功经理是主导者,对续约、增购、转介绍跟进转化成败、存量收入增长、NDR 目标实现及老客户留存承担主要责任。

1. 客户成功经理:存量增长 NDR 的主导者

作为存量增长阶段整体业绩目标的第一责任人,客户成功经理是负责续约、增购、转介绍跟进转化成败、存量收入增长、NDR 目标实现及老客户留存的核心角色。客户成功经理的主要职责如下。

- 负责老客户的运营维护,通过主动服务的方式,为客户提供产品或服务培训,帮助客户解决问题,引导客户深度使用产品或服务,实现客户的续约、增购、转介绍,完成存量收入的增长。
- 了解客户的业务场景和特点,指导客户将产品或服务与实际业务有效结合,促使客户持续使用企业的产品或服务,不断提升客户的活跃度和满意度,实现客户的业务目标和为客户创造价值。
- 不定期地进行客户回访,及时发现和解决客户使用产品或服务过程中的问题或需求,与客户方对接人保持良好的关系,提升客户满意度。
- 协同产研和供应链团队,确保客户反馈的问题和需求得到及时处理并完成响应闭环。
- 密切关注客户的业务发展动态和需求,并及时反馈给产品或供应链部门,推进产品或服务的迭代升级。
- 根据客户的业务场景和行业特性,沉淀客户案例与最佳成功实践,推动产品或服务的迭代优化,为客户提供更优质的服务。

2. 客服经理：存量增长响应服务的主导者

客服经理是存量增长阶段整体响应服务质量的第一责任人，负责企业各服务通道的客户问题或需求的响应和解答，确保客户正常使用产品或服务，并提高客户满意度。客服经理的主要职责如下。

- 负责通过 400 热线、IM 在线客服或社群等为客户提供高质量的支持服务，及时响应客户在使用产品或服务过程中遇到的问题。
- 收集并整理客户的反馈和需求，并提交工单，确保客户需求得到有效跟进，并向产品或供应链团队及业务团队提供有价值的反馈，以便完善和优化产品或服务。
- 按照售后服务标准流程反馈并跟进，客户投诉、Bug 及异常问题，确保客户问题真正得到闭环解决。
- 对 FAQ（常见问题）进行收集及整理并沉淀至知识库，方便客户自助查询。

3. 产品经理：存量增长客户需求闭环的主导者

在存量增长阶段，产品经理是整体客户需求反馈闭环的第一责任人，负责响应企业各服务通道的客户需求反馈，确保根据产品或服务的路线图、市场的实际情况和客户的实际业务场景满足客户反馈的需求，以提高客户使用产品或服务的满意度。产品经理的主要职责如下。

- 负责客户需求的调研转化和优先级排序，确保需求得到及时响应和处理。根据优先级推进需求的闭环，并及时与业务团队和客户同步进展情况。在这个过程中，产品经理还需要为需求的投入产出比负责，确保资源的有效利用和最大化回报。

- 分析客户成功经理和客服经理反馈的客户需求与问题，深入了解客户的痛点。基于这些反馈，产品经理需要推动产品的迭代升级，以满足客户不断变化的需求。通过与客户成功经理和客服经理的紧密合作，产品经理可以更好地理解客户需求，并针对性地进行产品优化和改进，从而提升客户满意度和忠诚度。

4. 技术经理：存量增长客户问题闭环的主导者

在存量增长阶段，技术经理是整体客户问题反馈闭环的第一责任人，负责响应企业各服务通道的客户问题反馈，确保客户反馈的问题得到及时解决，以提高客户对产品或服务的满意度。技术经理的主要职责如下。

- 负责对客户反馈的问题进行排查和定位，确定问题的优先级，并按照优先级推进问题的闭环解决。保持与业务团队和客户的及时同步，确保问题处理的高效和透明。技术经理还需要对客户反馈的问题的处理时效和效果负责，确保问题能够在承诺的时间内得到解决，并达到客户的期望。

- 分析客户成功经理和客服经理反馈的客户问题工单，并实现问题闭环。技术经理需要解决产品或服务的 Bug，提升客户的使用体验。通过对客户反馈的问题的深入分析和改进，技术经理可以为企业提供更好的技术支持，提高产品或服务的质量和可靠性。

14.1.3　团战组织的"奖金包"模式

"3+1+3"客户成功实践团战组织是一种正式的、紧密协作的项目制工作模式，它将市场经理、销售经理、交付经理、客户成功经理、客服经理、产品经理、技术经理整合成"增量增长3+1"和"存量增长1+3"的作战单元。这种模式以客户为中心,强调有组织保障的"协同致胜",通过统一目标客户画像、统一商机验证标准、统一增量和存量增长行为标准、统一规模化增长分析方法、统一客户成功标准,形成统一的规模化增长语言,以实现最大的增长预期。

为了更好地激励团队成员,客户成功实践的"3+1+3"团战组织的绩效和激励制度应该采用"奖金包"分配模式。这种分配模式是指企业根据增量增长和存量增长的利润或毛利管控要求,留出一部分作为"3+1+3"团战组织的激励奖金包。可以根据团队成员的贡献进行论功行赏,合理分配。这种分配模式能够有效地调动团队成员的积极性和团队协同作战的意愿度,同时避免了提成制度可能带来的利益冲突和其他不良影响。

具体来说,"奖金包"分配模式可以根据团队成员在增量增长和存量增长中的贡献程度进行灵活调配。企业可以给出一个可供参考的分配比例,但具体的分配方式由增量增长和存量增长的负责人根据实际情况进行决策。这种分配模式能够真实地反映团队成员的实际付出和业绩,同时能够更好地激励团队成员共同努力,实现真正的客户成功和企业的商业成功。

总之,"3+1+3"客户成功实践团战组织采用"奖金包"分配模式是一种非常有效的客户成功实践方式,能够更好地整合团队资源,提高团队协作效率,实现企业的商业目标。

14.2 专业化发展的客户成功人才成长机制

因为客户成功是一个运营属性和持续主动服务意识很强的工作,需要通过资源整合为客户提供成功服务,所以在客户成功实践过程中，我们需要加强对客户业务场景的理解和行业知识的学习。通过深入了解客户的业务需求和痛点，我们可以更好地整合和利用有限资源，帮助客户完成服务升级，并深入挖掘增值机会。针对客户的痛点，我们可以促进客户的续约及增购，从而实现客户的成功和企业的商业成功。

14.2.1 客户成功面临的人才挑战

在客户成功实践过程中，ToB 和 SaaS 企业会面临诸多的人才挑战。优秀的客户成功人员或具备丰富行业经验的人才往往更倾向于大型企业或行业头部企业，同时会在各大厂和 ToB 及 SaaS 初创企业之间频繁跳槽。这种人才竞争现象给客户成功实践带来了很大的挑战，其中最为突出的两个方面是人才年轻化和高流动性。

首先，客户成功作为一个新兴职业，其从业者的平均年龄在 30 岁以下。虽然年轻化的人才充满激情，能够自主做出许多创造性的工作，但同时也存在一些不足之处。这些年轻人才往往还不够成熟，表现在说话直接、服务意识不强、对行业和产品认知不足、沟通能力有待提高等方面。这些因素在协同合作时可能会造成一定的摩擦，这就要求他们具备更加成熟的管理水平和领导能力。

其次，客户成功人才的流动性非常高。随着 SaaS 和客户成功理念在国内的流行，客户成功在许多行业中的地位逐渐提升，流动性也相应变得更高。尤其是 SaaS 行业的流动性比其他 ToB 行业更高。一些年轻的客户成功人才在积累了一定的客户成功经验后，可能会因为情绪价值或外部诱惑而频繁跳槽。同时，随着 ToB 和 SaaS 行业的发展，对客户成功人才的需求量增大，使得人才流动更加频繁。

针对这些问题，ToB 和 SaaS 企业需要建立专业化发展的人才成长机制来保障客户成功人才的活力。机制的自动运转让客户成功人才能够源源不断地发挥他们的价值，并让优秀人才得以成长，创造更大的价值。同时，企业也需要关注年轻人才的培训和发展，加强他们的职业素养和服务意识，以更好地适应行业发展的需求。

14.2.2 客户成功的人才成长机制

客户成功的人才成长机制需要基于客户成功从业的三个阶段进行构建，即从凡事自己拿结果到影响众人拿结果逐步递进。在图 14-2 中，可以看到客户成功人才成长机制由四个关键要素组成：选具有强成长意愿的人、给成长空间、拿净值结果、让员工因客户成功而成功。虽然 ToB 和 SaaS 企业所处的行业或发展阶段可能有所不同，对客户成功人才的需求也有所差异，但人才成长机制的底层逻辑是相同的。

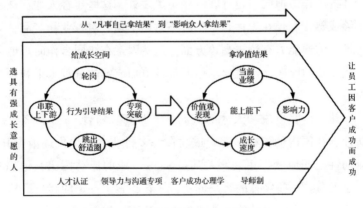

图 14-2 客户成功人才成长机制

（1）选具有强成长意愿的人。在客户成功这个领域，需要选具有强烈成长意愿的人才。这不仅包括追求专业知识和技能的提升，更重要的是具备服务意识并具有深入了解客户需求的意愿。这种意愿驱动的人才能够快速适应工作环境，以客户为中心，主动出击去整合公司资源，帮助客户解决问题和满足客户需求。因此，选择具有强烈成长意愿的人才，是构建客户成功人才成长机制的首要条件。

（2）**给成长空间**。给予成长空间是客户成功人才成长机制的关键要素之一。成长空间不仅包括培训和发展机会，还包括在实践中给予挑战的机会。轮岗是常用的方式之一，即让所选择的人才在客户成功相关岗位中进行轮岗，如客服、产品运营、市场、售前支持、销售支持、交付等。轮岗能够让客户成功人员快速了解企业内部的业务流程和常见问题的协同机制，加强对产品或服务的了解，以便在真正服务客户时能够快速定位和匹配解决方案。通过专项突破和跳出舒适圈的方式，可以提升人才的综合能力。

在轮岗过程中可能会遇到体系壁垒问题，管理者需要愿意贡献和输出人才。为了解决这个问题，可以从人才成长机制上进行调整。例如，可以采用人才推荐、人才培养和激励齐头并进的方式，鼓励管理者推荐和培养更多人才，并得到相应的激励。

（3）**拿净值结果**。客户成功人员需要有成长空间和机会，但最终需要以净值目标结果来证明自己的价值。如果给予了很多机会但没有结果，是不被认可的。客户成功团队需要建立"能上能下"的管理机制，即不进则退，重点强调专业人才必须成长，而且成长速度需要跟上企业或业务的成长速度。如果人才的成长速度低于企业的平均水平，就会面临被淘汰的危险。这个拿净值结果的管理机制是很残酷的，但也是符合商业逻辑的。只有能够拿到净值结果，才有可能真正实现客户成功的目标和期望。

在拿净值结果方面，还需要强调价值观的重要性。如果价值观表现不佳或价值观评分较低，将无法晋升。可以根据客户成功人员在客户或团队中的不同影响力，制定差异化方案，重点奖励对客户和团队有重大正向影响力的人员，鼓励有助于团队正向发展和客户成功落地的行为。

（4）让员工因客户成功而成功。客户成功人才成长机制的最终目的是帮助员工成功。员工在客户成功实践中获得成长是至关重要的。这不仅包括薪酬和职位的提升，更重要的是能力的提高和格局的打开。ToB和SaaS企业需要了解每一位从事客户成功工作的员工的目标和期望，然后根据其期望和目标匹配相应的人才成长计划，助力员工成功。

14.3 客户成功组织保障落地的关键是考核

客户成功"3+1+3"团战组织要在ToB和SaaS企业有效地执行落地，需要有清晰的考核机制（KPI）。实际工作中，考核机制能够在很大程度上帮助管理者更准确地评判客户成功团队中每个成员的工作能力，从而更有针对性地制定个性化的客户成功实践指导和培训方案，以提高客户成功的管理效率。

客户成功部门想要从成本部门转为收入部门，对客户成功团队和客户成功员工的考核机制就必须设定正确的目标和关键指标。正确的目标是指客户成功团队和员工个人的业务目标与公司的经营目标保持一致。比如首先需要确定客户成功实践的关键指标：NDR、续费率、核心功能使用率、客户流失率、挽回率和续约率等。其次是确定支撑关键指标的主要业务指标，包括财务指标和非财务指标，具体如增购金额、回款金额、客户拜访量、转介绍线索、服务客户数、平均服务成本、客户成功实践案例、客户成功服务质量分析报告和案例分享、客户满意情况、利益相关者情况等。

客户成功考核机制涉及的考核对象有两个：客户成功团队和客户成功员工。对这两者的考核分别是团队绩效考核和员工绩效考核。团队绩效是指客户成功团队在一定时间（如一个周期）内客户成功管理目标完成的数量、质量和效率。员工绩效是指客户成功团队内某个员工的工作表现，具体如指标任务、关键客户成功行为、重点工作的完成情况等。个人岗位的业绩结果见表14-1（此表只作为参考，实际绩效考核指标、评分和考核标准需根据各家企业的发展情况和业务现状进行设定）。客户成功团队绩效及收入与员工个人绩效及收入成正比，这样才能够充分调动客户成功员工的工作积极性和创造力。

表14-1 客户成功绩效考核参考表

指标名称	指标描述	目标分类	标准分值	考核标准	考核周期
NDR	老客户的净收入留存率	团队目标	30	NDR<90%不得分 NDR≥90%按比例得分	月度
续费率	一定时间范围内（月/季度/年）到期应续金额（一般指上次合同金额或者ARR）中实际续费金额所占的百分比	个人目标	20	续费率<80%不得分 80%≤续费率<100%按比例得分 续费率=100%得满分	月度
核心功能使用率	使用核心功能的用户占所有用户数的比例	个人目标	20	核心功能使用率<50%不得分 50%≤核心功能使用率<70%按比例得分 核心功能使用率≥70%得满分	月度

(续)

指标名称	指标描述	目标分类	标准分值	考核标准	考核周期
客户拜访量（含异常客户联系）	周均拜访40家客户，含线上+线下拜访	个人目标	5	0.5分/家	月度
转介绍线索	现有客户推荐的线索	个人目标	5	1分/个	月度
客户成功实践案例	客户使用产品实现业务目标的成功实践案例，作为标杆客户	个人目标	5	5分/个	月度
客户成功服务质量分析报告和案例分享	所负责客户的客户成功服务质量分析报告和好评或差评案例，作为提高客户成功服务质量的参考依据	个人目标	5	5分/个	月度
客户满意情况	客户的好评和差评情况	个人目标	5	好评加分、差评减分	月度
客户利益相关者情况	KP（关键人员）更换、KP参与活动等综合情况	个人目标	5	实时更新KP状态	月度
合计			100		月度

在客户成功绩效考核实践中，需要重点考虑以下几个方面：

- 客户成功团队绩效和员工绩效考核的责任部门归属问题。建议团队绩效和员工绩效的考核均由人力资源部门统一负责，财务部提供与收入有关的数据作为支撑。这种安排有利于ToB和SaaS企业进行日常客户成功实践的管理诊断和采取相应的措施。由于人力资源部门和财务部相对于客户成功部门而言属于第三方部门，因此由它们进行数据统计和考核更加客观、中立。具体的实操，可以根据企业的组织架构和发展阶段来定。
- **客户成功团队绩效考核的出发点是客户成功团队的整体绩效**。团队绩效考核结果一般用于客户成功团队的激励机制，考核结果直接影响客户成功团队的年终奖金或股份分红。这种考核方式可以鼓励团队合作，提高整个团队的积极性和工作效率。
- **员工绩效强调的是个人能力和关键工作的完成结果**。员工绩效考核结果一般用于对员工个人的评估，直接与年终或季度奖励、评优和职位或职级升迁挂钩。这种考核方式可以激励员工个人成长和发展，提高员工的工作积极性和创造力。

为了保障客户成功在 ToB 和 SaaS 企业的真正落地，提高客户成功团队和客户成功人员的积极性、工作效率和客户成功能力，必须利用人才成长机制设计明确的客户成功工作方法、标准和流程。同时，还必须有效地利用考核机制提高客户成功实践的效率和质量。只有将客户成功的目标与个人和团队的目标紧密结合，才能实现企业的可持续发展。

| 第 15 章 |

交易结构：设计客户成功利益相关者的交易连接关系

客户成功的底层逻辑是价值交换，即价值交易。这种交易需要至少两方或多方的参与，并建立直接或间接的连接。连接是交易的基础，而客户成功实践的本质可以描述为 ToB 和 SaaS 企业在客户成功实践中与内部和外部利益相关者之间的交易结构。

在客户成功实践中，企业的利益相关者包括外部利益相关者和内部利益相关者两类。外部利益相关者包括企业的客户、供应商、投资人以及其他各种合作伙伴等；内部利益相关者则包括企业的股东、管理者、各协同部门和员工等。而交易结构为企业的各种利益相关者提供了一个将各方交易活动相互联结的纽带，同时也连接了客户价值和企业价值。因此，设计 ToB 和 SaaS 企业的客户成功实践地图就是设计客户成功实践利益相关者的交易结构。

客户成功利益相关者的交易结构的核心主要有三点：成本可控、收益可控与风险可控。这三点对于交易结构的可持续与循环发展至关重要。只有交易各方在业务流转和利益分配上达成共识，才能够实现可持续与循环发展。因此，在构建客户成功实践的交易结构时，必须充分考虑各方的利益诉求和交易风险，并通过合理的机制设计来实现各方利益的均衡和风险的共担。只有这样，ToB 和 SaaS 企业才能够实现客户成功的长期稳定发展。

15.1　客户成功交易结构的 4 个关键点

客户成功是以客户为中心的一种运营模式，旨在解决客户问题、满足客户需求并为客户创造价值。在客户成功实践中，ToB 和 SaaS 企业的客户成功交易结构包括核心资源、关键业务、重要合作、交易组件 4 个关键点。下面将对这 4 个关键点展开说明。

1. 核心资源

核心资源是指客户成功交易结构能够有效运转所必需的重要因素，是为实现客户成功服务的有效供给和交付，ToB 和 SaaS 企业所拥有的有竞争优势的资源。客户成功的核心资源包含知识资产、实体资产、人力资源，这些资源可以使客户成功交易结构有效运作，为客户创造更高的价值。

知识资产包括客户成功实践、细分行业解决方案、客户成功运营手册、客户合作关系地图、客户标签体系、客户健康度模型、客户流失预警模型、客户成熟度模型等。

实体资产如客户成功服务通道、客户数据库、客户成功管理系统、客户成功服务网点、行业客户沙龙、行业大会等。

对于客户成功交易结构的有效运作来说，人力资源是非常重要的，比如细分行业的行业专家和有客户成功方法论的实战经验的专业人才等。

2. 关键业务

为了确保客户成功交易结构的可行性，ToB 和 SaaS 企业必须做好关键业务活动。这些业务活动可以创造和提供客户成功服务，并能够获取增购、续约和转介绍等老客户产生的收入。关键业务可以分为以下 4 类。

- **履约交付**：产品或服务的交付、使用培训、技术支持等。
- **客户反馈问题闭环**：针对客户反馈的问题提供解决方案，并依据服务标准，按时、按配置、保质保量地给予客户回复，把问题闭环。
- **主动服务**：根据客户生命周期的不同阶段的需求和客户场景，主动拜访客户，并针对客户的问题提供主动的服务方案，解决客户问题、满足客户需求和为客户创造价值。
- **增值销售**：客户成功通过主动服务，挖掘客户增购、续约和转介绍的线索机会，然后通过专业的客户成功服务转化线索，获取增值收入，实现 NDR 的增长。

3. 重要合作

重要合作是确保客户成功交易结构有效运转的关键因素，它涉及供应商、外部合作伙伴、内部协同部门等多个合作关系网络。明确哪些合作伙伴对于企业的客户成功至关重要，哪些供应商能够提供核心资源，以及哪些内部协同部门能够共同执行关键业务，是重要合作需要解决的问题。建立合作关系是优化客户成功交易结构的基础，它可以降低客户成功风险，并获取所需的资源。

第 15 章 交易结构：设计客户成功利益相关者的交易连接关系

重要合作可以分为以下 7 类。

- **为客户反馈的问题闭环提供技术支持的合作关系**。这种合作关系涉及与供应商的技术团队合作，为客户提供定制化的解决方案或进行产品升级，以满足其特定需求。
- **负责客户履约交付的合作关系**。这种合作关系对于做好客户服务至关重要。它涉及销售团队与售后团队之间的紧密协作，以确保在销售交接后，能够顺利地完成履约交付并获取客户的信任。
- **促进企业成功的合作关系**。这种合作关系通常涉及与客户或供应商的紧密合作，以提供必要的技术支持和供应链协同。这可能涉及为客户提供定制化的解决方案或进行产品升级，以满足其特定需求。
- **确保可靠的产品或服务供应的合作关系**。这种合作关系对于确保可靠的产品或服务供应至关重要。它涉及与供应商建立紧密的合作关系，以确保提供高质量的产品或服务，并满足客户的期望。
- **降低客户成功服务有效交付与增值风险和不确定性的合作关系**。需要建立长期稳定的合作关系以实现互利共赢的目标，同时还需要对供应商进行定期评估以确保它们能够持续提供高质量的产品或服务。
- **优化客户成功服务模式和规模化增长的合作关系**。这种合作关系通常需要寻找新的供应商合作伙伴以扩大产品或服务的选择范围，以及优化采购过程以降低成本和提高效率。同时，还可以借助外部合作伙伴的力量来帮助寻找新的供应商合作伙伴并优化采购过程。
- **为了获取特定的客户成功资源和业务的合作关系**。这种合作关系需要与客户建立紧密的合作关系以获取支持和理解,并将企业的战略方向传达给股东和投资者。此外,还可以借助外部合作伙伴的力量来帮助客户更好地适应和理解企业的战略方向。

4. 交易组件

客户成功交易结构主要由交易主体、交易内容、交易价格、结算方式、交易场景和交易结果 6 个部分组成。以下是对每个组件的详细描述。

- **交易主体**:涉及参与交易的双方或多方,它们可能是不同的组织形式,如公司、团队或个人,也可能存在关联关系。
- **交易内容**:描述了所提供的产品或服务的具体约定,包括交付的实体产品或虚拟的可感知服务,以及相关的特殊要求。此外,还涉及产品或服务的交付过程和服务过程的完成标准。
- **交易价格**:指交易内容的收支情况。可以免费或付费,并可按照统一定价或分层定价的方式确定价格。定价策略可能会根据行业水平和优惠或让利空间进行调整。
- **结算方式**:描述了款项支付的约定方式,如定金尾款、分期付款等。此外,还涉及对账和发票开具与交付等细节。
- **交易场景**:指完成交易的具体通道或场所,包括微信群、面对面线下交易等。
- **交易结果**:描述了交易获得的利益价值。例如,企业希望获得客户的持续性付费和增加其他增值产品或服务的采购,客户希望产品或服务真正解决业务问题并帮助实现业绩目标,而客户成功经理希望在提供服务后获得相应的物质激励。

交易组件是客户成功交易结构的核心组成部分，任何交易都基于多种要素的组合而完成，而不是单方的供应或需求可以实现的。因此，在客户成功实践中，需要重视各个交易组件的有效组合和连接。为了优化客户成功交易结构，我们需要经常思考如何更有效地组织和连接客户成功的利益相关者，借助各种理念、技术、工具和资源来优化交易结构，使利益相关者获益，推动客户成功，并最终实现企业的商业成功，同时反哺客户和社会。

15.2　客户成功交易结构的实践案例

客户成功理念是随着SaaS行业的兴起而逐渐扩展到其他ToB行业的全新专业领域的。在SaaS企业中，客户成功涉及的利益相关者相对简单，主要包括内部利益相关者、作为外部利益相关者的客户，以及较少考虑的供应链相关的外部利益相关者。相比之下，ToB行业的客户成功涉及的利益相关者众多，需要考虑到供应链和行业的特殊政策要求，这使得交易结构更加复杂。

在客户成功实践过程中，我们需要关注客户成功的利益相关者，以整合各方的资源，形成对关联方都有利益和价值的交易结构，然后合力实现客户成功的目标，达成ToB和SaaS企业在客户成功上投入的期待结果。

假设ToB和SaaS企业的产品或服务包括软件和硬件设备，那么客户成功的主要利益相关者将包括客户成功、企业客户、市场、销售、客服、软件产品、软件研发、硬件设备采购、硬件设备供应商、软硬件技术支持、法务、财务、人力和公司14个方面。其交易结构模型如图15-1所示。

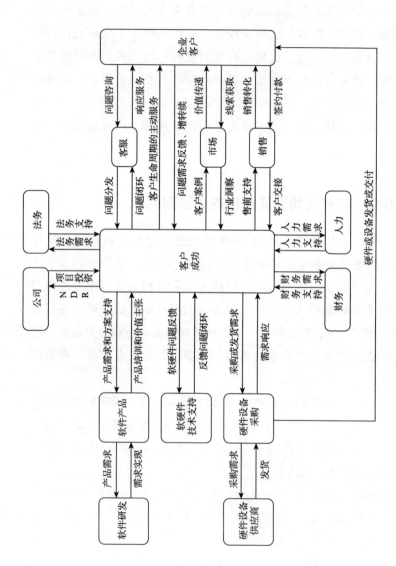

图 15-1 客户成功主要利益相关者的交易结构

- **客户成功和企业客户**：客户成功与企业客户的交易关系是一个相互成就、相互价值交换的过程。客户成功为企业客户提供整个生命周期的主动服务，解决客户问题、满足客户需求和为客户创造价值，同时给予良好的服务体验，从而获得客户的续约、增购和转介绍，实现 NDR 的逐步提升。整个过程是一个信任逐步递进的状态。这种交易是建立在平等互惠的基础上，通过一对一的专项对接服务产生的。有时候还会根据客户细分和服务的差异性进行收费，这种收费是一种等价的交易行为。

- **市场**：在进行 GTM 和传递价值主张的过程中，市场部门会获取很多的竞品信息，能够及时地洞察到市场的变化趋势，同时能够获取到客户线索，为客户成功的存量增长提供源源不断的机会和可能性。市场部门也可以为客户成功提供老客户活动的策划支持。客户成功在服务客户的过程中，会有很多的客户最佳成功实践案例和客户评价，这些都可以成为市场部门进行 GTM 的重要佐证。客户成功还能够为市场部门举行各种市场活动邀约优秀的客户来站台，提供真实的客户证言，促进活动效果的达成。

- **销售**：在进行客户线索转化的过程中，销售需要有符合客户行业和特点的客户成功案例与解决方案做支持，同行的客户案例能够有效地促进线索的转化，最终实现赢单。销售在面对面与客户进行商务洽谈的时候，可以提供产品或服务的专业售前支持。客户签约转化后，销售把了解到的客户画像、客户需求、客户关注点和销售做出的承诺等，整理好一并交接给客户成功，同时陪着客户成功一起与客户建立联系，进行信任的传递。这样可以有效地推进客户期待的结果的逐步实现。销售和客户成功是绝佳的规模化增长搭档，销售不断地拓展新客促进增量增长，客户成功通过专业的主动服务维护老客促进存量增长。销售和客户成功是携手共进的兄弟部门，在客情维护、销售线索挖掘、客户案例打造等方面都可以形成合力。

- **客服**：客服是响应式服务的代表，也是获取客户声音最多的通道。每一通 400 电话或每一次在线对话都能够清晰地记录客户反馈的问题和需求，客服能闭环的及时闭环，若需要技术支持或客户成功协助的将会形成工单流转到相应的部门进行处理。客服与客户成功是服务的双向循环，响应服务和主动服务是左右手的关系，双手合力才能够获取到客户完整的产品使用效果和服务体验感知，最终提升客户满意度，形成口碑效应，助力企业的增长。

- **软件产品和软件研发**：产品是客户成功的基础，产品才能够解决客户问题和满足客户需求。价值主张的提炼和传递的主体也是产品。客户成功在主动服务客户的过程中，客户会根据实际的运营场景提出各种各样的需求，这些需求在提炼后反馈给产品部门。产品部门会根据需求的紧急程度和产品方向进行评估，得出优先级，进行需求响应和产品的迭代升级。研发部门会根据优先级进行研发资源的匹配，完成需求的实现和交付。产品和研发是客户成功的坚强后盾，是客户成功能够直面客户的底气所在；而客户成功是客户实际业务需求的来源，是产品和研发了解客户的窗口。

- **硬件设备采购和硬件设备供应商**：在 ToB 企业或部分 SaaS 企业的运营中，硬件设备的采购、供应和使用是至关重要的一环。例如，机密仪器的采购、办公设备租赁等都涉及硬件设备的操作和使用。在客户成功实践中，硬件设备的供应问题同样需要得到妥善解决。如果在服务过程中需要使用硬件设备,那么及时地供应和配送是至关重要的。因为这会直接影响到客户的业务运营。因此,客户成功需要密切关注硬件设备的采购、供应和交付问题,确保资源的有效利用和及时匹配。

- **软硬件技术支持**:软硬件产品在使用过程中难免会出现各种问题,这时,技术支持的重要性就体现出来了。他们不仅需要为客户的问题提供及时高效的解决方案,同时也是客户成功实践中的重要合作伙伴。通过他们的反馈和建议,客户成功可以更好地了解客户的需求和产品的问题,从而为产品的持续优化和迭代升级提供有力的支持。

- **法务、财务和人力**:在客户成功实践中,法务部门为签约过程提供法律保障,确保合同的合法性和公正性;财务部门负责确认回款、激励和核心数据,保证客户成功工作的准确性和有效性;而人力资源部门则在招聘、培养和绩效考核等方面给予客户成功团队大力支持和协助。可以说,法务、财务和人力是客户成功实践过程中不可或缺的重要帮手。

- **公司**:作为客户成功的投资方和推动者,公司在客户成功实践中扮演的角色是不可忽视的。公司希望通过客户成功实践实现存量客户的规模化增长,提升公司在市场中的竞争力和影响力。同时,公司也需要承担起客户成功实践的领导和管理责任,确保资源的有效利用和目标的顺利实现。

作为客户成功的领导者或负责人,需要关注客户成功实践中的各个利益相关者的目标对齐和拉通,以客户为中心,以客户成功为标准,以净值为目标,整合客户成功实践所需要的资源,实现 ToB 和 SaaS 企业在客户成功上投入的目的和最大的价值。同时,也需要根据公司的发展战略和市场环境,制定出符合公司实际的客户成功策略和目标,推动公司业务的持续发展。

| 第 16 章 |

执行与复盘：让客户成功从理想走向现实

凡事预则立，不预则废。确定了净值目标、增长策略和增长路径后，如果没有一个切实可行的执行计划，那么这些目标很容易停留在空想中，无法落地。在客户成功实践中，ToB 和 SaaS 企业通过制订具体的执行计划，能够更好地把控实践的进度，合理分配和管理时间，协调各种资源，从而有节奏地实现净值目标。

在制订执行计划的过程中，企业需要充分考虑客户的需求和期望，以及市场环境和竞争态势。通过与客户的沟通和合作，企业可以制订出更加符合实际情况的计划，并且更好地满足客户的需求，提升客户满意度和忠诚度。

此外，执行计划的制订还可以帮助企业建立一套完善的监控和评估机制，以便对计划的执行情况进行实时跟踪和评估。通过对执行过程中的数据进行分析和挖掘，企业可以及时发现问题并进行调整和改进，确保计划的顺利执行并达到预期目标。

16.1 客户成功实践计划的 5 个步骤

ToB 和 SaaS 企业在客户成功实践中，将客户成功的净值目标、增长策略和增长路径有效付诸行动，需要遵循 5 个步骤，如图 16-1 所示。

图 16-1　客户成功实践计划的 5 个步骤

16.1.1　给个理由

ToB 和 SaaS 企业在客户成功实践的初始阶段，需要为团队提供一个投入客户成功实践的理由。这个理由的价值在于让团队成员认识到开展客户成功实践是有价值的，是值得付出的。在这个阶段，可能需要花费很多时间来说服企业的管理者下定决心对客户成功实践进行投入。客户成功实践具有自上而下的推动特点，需要高层领导的支持和授权，以打破原有职能部门之间的壁垒，实现跨部门协同。

企业开展客户成功实践的理由主要包括以下几点。

- **保持老客户收入的持续性**：通过客户成功实践，确保老客户的持续收入，避免客户流失。
- **提高客户的服务质量**：通过深入了解客户需求，提供优质的服务体验，从而提高客户满意度。
- **延长客户的生命周期**：通过提供个性化的服务和解决方案，满足客户的长期需求，从而延长客户的生命周期。
- **提高老客户的二次服务渗透率**：通过挖掘老客户的潜在需求，提供更多的服务和解决方案，从而提高老客户的二次服务渗透率。
- **沉淀更多的客户成功实践案例**：通过实践中的案例积累，为企业的成功实践提供有力的支撑。
- **提升客户满意度**：通过持续优化产品和服务，提高客户满意度，从而增加客户的忠诚度。
- **增加老客户转介绍的比例**：通过客户成功实践，提高客户满意度和忠诚度，从而增加老客户转介绍的比例。

当企业的管理者对开展客户成功实践达成共识，并愿意支持客户成功实践时，就需要组建一个团队来负责具体事务。团队应由具备丰富经验和技能的人来领导，这个人需要在企业中具备一定的影响力，精通各种业务，熟悉产品或服务，并掌握客户成功实践的方法论。团队成员需要能够贯彻整体客户成功的思想、目标，并执行增长策略和规划的增长路径。他们需要具备具体的客户成功实践操作能力且深入了解产品或服务，同时能够协调各个业务部门，以客户为中心，解决客户问题，满足客户需求，为客户创造价值。

在定义清楚客户成功实践的价值、策略和路径，以及团队中各个主要人选、实践机制和各自的责任领域后，就可以进行"Go,

or no go"（继续还是不继续）的决策。如果管理层对输出的客户成功实践规划的内容很满意，则可以进入下一步。

16.1.2 定个目标

企业在开展客户成功实践时，需要全面分析当前的实际情况，包括企业的商业模式、优劣势、面临的挑战和机会、运营的痛点和难点、关键的客户增长风险、财务表现以及内外部环境等。然后根据客户生命周期把客户成功实践的实际情况描绘出来，建议根据规模化增长模型进行拆解和分析，把每个阶段的实际结果数据准确真实地呈现出来。

根据不同的客户层级、市场情况、产品与服务、销售渠道，企业可以定义出各层级客户的客户成功表现情况。这样就可以分析问题出在什么环节、哪些客户或产品表现好或差、哪些需要重点关注等，然后确定客户成功实践能够快速突破并取得成果的切入点，并对这个切入点进行数据化衡量，将其定为实践的第一个目标。

作为客户成功实践的领导者，需要针对这个目标，从企业规模化增长全局的视角对接下来的具体工作设定一个范围，并把具体的实践目标、绩效考核、进度安排、输出结果和期待收益等全部明确下来，作为今后实践的指导性文件。

最后，对所有的文档、预算需求、会议决策意见、下一步计划等进行汇总，统一向领导层汇报，通过后就可以进入第3步。

16.1.3 找个对标

在找对标这个步骤中，客户成功实践团队的领导者需要给团队及利益相关者召开项目启动会，详细描述当前企业运营遇到的问题、客户成功实践的目的和价值，呈现客户成功如何改善现状来实现阶段性目标，介绍团队中每个关键成员及其角色等。整体的思路是从大处着眼小处着手，体系化介绍项目整体框架、具体目标、角色分工、时间节点、预算和输出结果等内容。

项目启动会后，就需要根据目标和具体的实践节奏，选择对标对象并找出差距进行细化。对标的目的是了解企业与同行竞争者之间的差距，也可以进行跨行业同类指标的对比，如 NDR、老客户收入等。在对标的过程中，企业需要使用相同的计算方法并考虑区域、产品或服务等的差异性，这样比较出来的结果才有现实意义。

对标的输出物是指将规模化增长模型中的 11 个环节的关键指标与竞争对手的对比，看看自己企业处于什么位置，然后设定一个要达到的目标，比如上市 SaaS 公司的 NDR 均值是 104%，那么我们可以把目标定在 105%，或者齐平或更高。

找到对标，并设定目标值后，可以找出企业的当前数据指标与期望指标之间的差距，以此作为企业努力的方向。比如企业当前的 NDR 是 95%，对标对象的 NDR 是 98%，期望是 100%，可以知道与对标对象的差距是 3%，离期望的差距是 5%，那么 3%~5% 就是我们努力的方向。

16.1.4 排个优先级

经过前面 3 个步骤，企业已经在客户成功实践中识别出了当前遇到的问题点和与期望的差距。然而，资源和时间都是有限的，这就需要企业对这些问题进行优先级排序，以便更高效地分配资源和时间。在确定问题优先级的过程中，ToB 和 SaaS 企业应该汇总客户成功实践中的问题点和差距，并评估每个问题点和差距可能对企业运营产生的影响和产生的价值大小。这将有助于企业进行优先级排序，并确保优先解决对企业影响最大的问题。

为了进行优先级排序，企业需要重点考虑以下 4 个要素：
- **问题相关性**：判断问题之间是否可以并行，还是具有先后顺序。
- **优先级高低**：对于期待的结果改善大的问题发力点具有较高优先级，反之则较低。
- **问题复杂程度**：根据问题发力点的难易程度和风险高低进行划分。
- **NDR 的影响大小**：与财务一起评估决定，对 NDR 影响越大的越早做，反之则越晚做。

16.1.5 实施准备

排完优先级，就需要把优先级高的项目细化到具体的可落地的任务或动作中，并制定一份项目时间进度表和检查清单。在正式开始客户成功实践项目的实施之前，需要系统地根据检查清单检查一下是否已经做好了实施准备，主要的检查内容包含以下 7 个方面。

- **目标**：客户成功实践需要达到的目标是什么？是否能够清晰地描述出来？
- **价值**：客户成功实践对公司、客户、团队的价值是什么？是否能够从全局视角呈现出来？
- **激励**：每一个阶段目标的实现都是一次小赢，都会引起下一阶段目标的重新制定，激励机制也需要同步进行更新。
- **团队**：团队成员是否具备实施客户成功的能力，是否需要补齐能力短板？
- **能力**：客户成功实践需要具备的专业能力模型是什么？
- **策略**：客户成功实践的策略是什么？
- **计划**：客户成功实践的详细行动计划是什么？包括具体做

什么、怎么做、什么时候开始做、谁来做、谁愿意做、什么时候截止等。

检查没问题后，实施准备的最后一个动作就是开始实践，把客户成功方案正式推行下去，然后不断复盘、不断优化升级，最终实现客户成功实践期待的结果。

16.2　一个强化版的目标管理工具：OGSM

客户成功从战略目标到执行计划，要真正实现落地，需要做到以下几点。

- **高层共识**：客户成功实践需要得到企业高层管理者的支持和认可，确保所有策略和方案得到充分的讨论和决策。
- **关联部门拉通**：客户成功实践不仅涉及销售和客户服务部门，还需要其他部门的支持和配合。因此，需要将各个部门有效地整合起来，让它们共同参与到客户成功实践中来。
- **正式发布**：客户成功实践方案需要正式发布，以便让全体员工了解并明确自己的职责和任务。
- **员工赋能与激励**：为了确保客户成功实践的顺利推进，企业需要为员工提供必要的培训和指导，提高他们的专业技能和客户服务意识。同时，制定合理的激励方案，激发员工的积极性和创造力。
- **激活组织**：通过以上步骤，可以有效地激活企业的组织活力，使各个部门和员工都能够积极参与到客户成功实践中来，共同实现企业的战略目标。

为了更好地实现客户成功的目标，我们可以借助一个强化版的目标管理工具——OGSM。

OGSM 是一种基于目标计划与执行的管理工具,能够帮助 ToB 和 SaaS 企业各层级人员将所负责的业务聚焦到战略目标上,然后一步一步从理想走向现实。

OGSM 包括如表 16-1 所示的 4 个部分。

- **战略目标(Objective)**:明确企业的战略目标,即客户成功实践要达到的最终目的。
- **目标拆解(Goal)**:将战略目标分解为可操作的短期目标,以便更好地衡量和评估实践成果。
- **行动策略(Strategy)**:制定实现短期目标的行动策略,包括具体的步骤、措施和时间表。
- **衡量标准(Measurement)**:制定合理的衡量标准,对实践成果进行评估和测量,以帮助企业及时发现问题并调整策略。

表 16-1 OGSM 表

战略目标	目标拆解	行动策略	衡量标准

客户成功实践不仅仅需要策略,还需要能够有效贯穿各个层级的推动力。例如,当提出"NDR 增长 10%"的目标时,虽然提出目标的人非常清楚其中的前因后果,但员工或关联部门在看到这个目标时,可能无法立即产生一致的理解。他们可能不清楚目标应该如何拆解、应该采取什么策略、哪些行动策略是合理的。因此,客户成功的每个层级的管理者在提出目标和相应的策略时,都需要与下属一起进行支撑策略的关键行动设计。他们需要确保自己的行动与上级目标对齐,并与上级的行动策略相匹

配,而不仅仅是记住一个单独的战略目标。OGSM上下层级的衔接示意如图16-2所示。

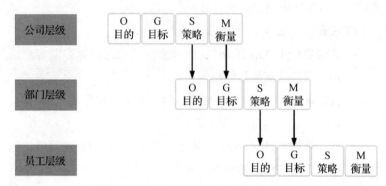

图16-2 OGSM上下层级的衔接示意

在实际的客户成功实践过程中,都是针对具体的问题制定针对性的目标,并细化做什么、怎么做、谁来做、谁愿意做、截止时间等。我们将ToB和SaaS企业的战略目标分解为子目标、行动策略和行动计划,强化OGSM的概念,并让下属根据上级的强化版OGSM来制定他们自己的强化版OGSM。这样,上下级之间能够更好地对齐目标,有效提高执行效率。

强化版的OGSM包括问题定义、目的、目标、策略、衡量标准、行动计划、负责人、激励方案、进度状态9个部分,如表16-2所示。

表16-2 强化版OGSM

问题定义	目的	目标	策略	衡量标准	行动计划	负责人	激励方案	进度状态

1. 问题定义

问题定义解决的是问题是什么的问题。在客户成功实践中，ToB 和 SaaS 企业需要明确核心问题或关键的增长机会是什么。为了有效地解决问题，需要抓住主要矛盾，这通常需要对数据进行挖掘分析和进行客户调研，以便清晰地定义问题。例如，在客户流失问题中，可能存在多种原因，如产品或服务不符合目标客户需求、客户体验不佳、早期使用率低、高层重视不够、缺乏合适的对接人、市场环境不利、竞争对手干扰等。为了解决这个问题，需要深入分析数据和客户反馈，明确主要矛盾，以便采取有效的措施。

2. 目的

目的解决的是想要什么的问题。目的是对定义的主要问题或抓住的主要机会进行定性描述。例如，在上述客户流失问题中，目的是降低客户流失率。为了实现这个目的，需要采取措施提升产品或服务的早期使用率。目的是与问题定义相对应的，核心问题是什么，目的就是解决该核心问题。

3. 目标

目标解决的是具体要什么的问题。目标是对目的进行量化，设定时间期限。例如，在提升产品或服务早期使用率的目标中，可以设定一个具体的时间周期和量化目标，如第一阶段要将使用率从 20% 提升到 50%，第二阶段要达到 80%，第三阶段要达到 95% 以上。这样的目标可以明确团队的期望结果，并为其提供具体的方向和行动计划。

4. 策略

策略解决的是如何实现目标，即怎么做的问题。目标虽然可以量化，但如果没有有效的策略支撑，目标的实现将面临很大的挑战。许多 ToB 和 SaaS 企业能够提出量化的目标，例如 NDR 达到 120%、续约率实现 90%、增购金额为 100 万元、交付时效为 7 个工作日、在线客服响应时效为 15 秒等，但是这些目标并没有匹配有效的策略或者策略设定过于宽泛，导致无法落地执行。

以一个具体的目标为例，假设企业要将产品或服务的早期客户内部使用率从 20% 提升到 50%。对此，一个可能的策略是加大客户培训力度、增加客户回访频率、提高客户响应速度等。这些策略看似清晰，实则过于笼统，无法有效支撑目标的实现。

问题的关键在于，制定策略时没有对目标进行全面的分析。例如，针对这个目标，企业需要分析过去用过的策略中哪些可以继续沿用、能够沿用的原因是什么、需要增加哪些新的策略来支撑目标的实现等。此外，策略的执行结果也需要有明确的衡量标准，否则每个人对策略的理解都可能不同，从而导致策略在落地过程中出现偏差。

因此，制定策略时需要对目标进行全面的分析，明确具体的衡量标准，以便团队能够聚焦量化的策略，并往下拆解执行，从而提高成功概率。

5. 衡量标准和行动计划

衡量标准解决的是做什么的问题。对于每一个策略，都需要有明确的衡量标准来评估其执行效果。只有量化的、具体的策略才会产生恰当的行动。例如，"加大客户培训力度"这个策略可以通过如"培训课程参与率""培训效果评估"以及"客户使用熟练度"等衡量标准来进行评估。

行动计划解决的是具体怎么做的问题。行动计划是对策略的进一步细化，它明确指出在什么时间、什么地点、花费多少资源来执行具体的行动。以"加大客户培训力度"为例,具体的行动计划可能包括:在产品或服务上线后的3天内完成客户的首次培训,培训内容包括讲解30分钟、演练30分钟和实操60分钟;每周通过社群进行产品或服务使用答疑2小时;每周输出一份产品或服务使用报告并同步给客户;每周主动上门或通过视频会议回访客户一次等。

通过明确的衡量标准和具体的行动计划,我们可以确保每一个策略都得到有效执行,从而提高客户成功的实践效果。

6. 负责人

负责人解决的是谁来负责执行的问题。通过策略、衡量标准和行动计划的设定,我们完成了从目标到落地体系的构建,让所有人都知道了目标是什么、怎么做、做什么、什么时间做。接下来,我们需要将具体的人员安排到具体的事项上,以确保策略和行动计划得到有效执行。策略和行动计划往往涉及多个部门、多个层级的人员,如果不能明确地将人员安排到具体的事项上,就会出现策略偏差、行动计划无人承接或者工作分工不明确的状况,所以每一项策略、衡量标准和行动计划都需要安排具体的人员来进行承接,即责任到人、有迹可循。

在确定负责人时,我们需要考虑以下几个方面。

- 负责人需要具备足够的专业知识和经验,能够理解、掌握策略和行动计划,并能够有效地执行。
- 负责人需要具备领导能力和协调能力,能够组织并调动团队和关联部门的人员共同完成工作。
- 负责人需要具备责任心和执行力,能够在规定的时间内完成工作并能够及时反馈进展情况。
- 负责人需要对工作结果负责,并能够承担相应的责任和风险。

在确定负责人后,我们需要将具体的工作任务和责任分配给每个人,并建立清晰的工作流程和沟通机制,以确保工作得到有效地执行和监督。

7. 激励方案

激励方案解决的是谁愿意做的问题,即如何激发团队积极性。客户成功是一个多部门联动才能够实现的目标,需要调动团队和关联部门的积极性才能够达成。合适的激励方案能够激发团队成员的积极性和创造力,提高团队的凝聚力和向心力。

在制定激励方案时,我们需要考虑以下几个方面。

- **激励方案需要与目标相匹配**。激励方案应该与团队的目标和战略相一致,能够激励团队成员朝着目标努力。
- **激励方案需要具有可衡量性**。激励方案应该能够量化或具体化,以明确团队成员的贡献和表现。
- **激励方案需要具有公平性**。激励方案应该公正、公平、合理,以避免团队成员之间的不良竞争和不公平感。
- **激励方案需要具有可持续性**。激励方案应该能够长期执行,以保持团队的积极性和创造力。

在制定激励方案时,我们可以通过物质奖励、精神奖励、晋升机会等方式来激发团队成员的积极性。同时,我们需要明确奖励的标准和程序,以确保激励方案的公正性和透明度。

8. 进度状态

进度状态是为了了解当前的实际进度情况。实时更新进度状态能够让客户成功团队和关联部门及时了解目标的进度和行动计划的进展情况,以便及时查漏补缺,推动目标的实现。

在更新进度状态时,我们需要考虑以下几个方面:

- **进度状态需要具有实时性**。我们需要及时更新进度状态，以反映最新的进展情况。
- **进度状态需要具有准确性**。我们需要准确地记录和评估团队的进展情况，避免出现误差和不准确的情况。
- **进度状态需要具有透明度**。我们需要与团队成员和关联部门保持沟通，及时反馈进展情况并共同解决问题。
- **进度状态需要具有可追溯性**。我们需要记录每个任务和行动计划的完成情况与效果，以便后续复盘和分析。

很多时候，客户成功实践的道路上会遇到各种挑战和问题，面对变幻莫测的市场环境和多样化的客户需求，我们很容易在忙碌的工作中迷失方向。为了更好地应对这些挑战，强化版的 OGSM 可以帮助我们及时或定期地回顾和梳理发展思路，检验目标的进度和完成情况，一旦发现偏差能够及时纠正和调整。

通过强化版的 OGSM，我们可以清晰地了解问题定义、目的、目标、策略、衡量标准、行动计划、负责人、激励方案、进度状态这条清晰的和可追溯的路径。这样的路径不仅有助于我们更好地组织工作，提高工作效率，还可以帮助我们更好地进行团队沟通和协作，让沟通效率倍增。

强化版的 OGSM 还可以让我们始终保持对目标的关注，不断提醒我们客户成功的核心价值。在实施过程中，我们可以结合实际情况不断调整并完善各个方面的规划和执行，以确保客户成功实践的顺利进行。

总之，每家 ToB 和 SaaS 企业都可以采用强化版的 OGSM 方法论，通过明确的目标、策略、衡量标准、行动计划、负责人和激励方案等手段，提高工作效率和团队凝聚力，推动客户成功实践的不断进步和发展。

16.3 结果复盘，让客户成功实践变得更好

复盘是一个棋类术语，通常用于围棋、象棋、国际象棋等棋类活动，也称为"复局"。它是指在棋局结束后，重新演绎该盘棋的记录，以评估每一步棋的优劣和得失。通过复盘，当出现类似的熟悉局面时，往往能够提前知道如何应对，因为你的脑海中已经出现了多种应对方法，或者你能敏锐地感知当前的状态，从而对下一步的走向做出判断。

16.3.1 复盘的 5 个层次

客户成功实践的复盘是对客户成功的战略目标、增长策略、增长路径和增长计划进行完整的全路径回顾分析，以发现其中的优劣势和得失情况。这有助于为下一步的发展提供一个清晰、明确的判断。

ToB 和 SaaS 企业在客户成功实践的复盘过程中，往往只是简单地回顾"客户成功实践做了什么"，例如每天、每周或每月总结：今天、本周或本月做了哪些事情？有什么收获？是否达到预期？这些只是对表面工作的简单回顾，要想达到"通过对过去客户成功实践的复盘，实现更进一步的发展"的目的，还有很长的路要走。

根据多年的客户成功实践复盘经验，我们将复盘分为 5 个层次，如图 16-3 所示。

- **抱怨层**。在这个层次上，人们关注的是外部因素造成当前的结果，认为这与自己无关。
- **自责层**。在这个层次上，人们关注的是自己的不足和责任，认为这是造成当前结果的原因。这是一种责任心的表现。
- **行动层**。在这个层次上，人们关注的是自己做了什么，但

缺乏对更深层次原因的分析。
- **反思层**。在这个层次上,人们关注的是结果,特别是是否达到了目标。他们会分析差距在哪里,遇到了哪些障碍,并考虑如何解决这些问题以及调整计划。
- **成长层**。在这个层次上,人们关注的是如何变得更好和未来的成长机会。他们会分析结果与目标的偏差、产生偏差的原因、提升的空间和可能性,以及突破的机会。他们还会考虑有哪些可以复制的经验和方法论,以及下一步的强化版 OGSM 是什么。

图 16-3 客户成功实践复盘的 5 个层次

正如佛雷迪克·朗格布里奇所说:"两个囚犯站在铁窗前向外眺望,一个看着泥土,一个仰望星辰。"成长层的复盘思维着眼于未来,关注接下来该怎么办,用"成长性思维"进行复盘不但要关注目标的完成情况和原因,更要挖掘提升空间和突破机会。

16.3.2 复盘的 4 个组成部分

客户成功实践的复盘主要包含以下 4 个部分。

- **回顾目标**。在复盘的开始,我们需要回顾当初设定的目标或期待的结果和行动计划是什么。这有助于我们明确复盘的方向和重点。
- **评估结果**。将实际完成情况和原计划进行对比,评估完成的程度和效果。此时,我们需要以翔实的数据为基础,实事求是地描述结果与目标的偏差,找出做得好的亮点和可提升的空间及机会。同时,我们需要注意避免出现指责、抱怨和撇清责任等不理智的行为,而是要客观地分析问题。如果能引入更多的内外部案例样本,将有助于提高复盘的价值。
- **分析原因**。在复盘中,我们需要深入分析成功和失败的原因。在分析成功原因时,要多列举客观原因,并挑选真正的亮点和有价值的行为去推广。而在分析失败原因时,则要多从自身的深层次原因和短板进行深挖。例如,可以分析目标确立是否有偏差、行动策略是否有误差、行动计划安排是否不当等。依据事实结果进行诊断和分析,深挖目标达不成的原因是什么,以及目标达成的原因是什么等。
- **提炼规律**。复盘的目的是提炼出经验,巩固优势,改善劣势,取得下一阶段的胜利。因此,我们需要总结、提炼经验,包括得失的体会以及是否有规律性的东西值得思考。同时,我们还需要明确下一步的行动计划是什么。这可以帮助我们在未来的客户成功实践中更好地应对各种挑战和问题。

16.3.3 ToB 和 SaaS 企业复盘落地的 4 个关键点

在实际的客户成功实践复盘中,ToB 和 SaaS 企业需要重点关注 4 个关键点。

1. 善于记录和思考

在客户成功实践过程中，要随时记录对未来有帮助的想法和亮点，如优化行动的切入点、未考虑到的问题、新的想法和创意、实践中有价值的信息以及与相关部门的沟通中获得的有价值的观点等。然后在空闲的时候，对这些记录进行进一步的处理和思考，转化为对下一步行动真正有帮助的可衡量策略。

2. 完整地收集行为数据

在实现客户成功目标的过程中，企业需要完整地收集每个行为的数据和资料，以便在复盘时能够还原并提炼出完整的路径。这样能够全面了解客户成功实践的全过程，从而找到可以提升和优化的空间与机会点。

3. 重点回顾和反思

回顾并深入反思客户成功实践的全过程，包括问题定义、目的、目标、策略、衡量标准、行动计划、负责人、激励方案和进度状态等各个方面。如果发现结果与目标存在偏差，需要仔细反思哪些行为导致了这种偏差，并考虑采取哪些措施来纠正偏差或优化目标。所有的思考都应该围绕最初的目的和目标，这样才能始终保持初心。

通过全面的回顾和反思，我们可以总结出哪些行为需要继续保持、哪些问题需要优化、哪些环节能提高效率、哪些节点有优化的空间、哪些行动步骤能合并或调整以提高效率、哪些地方能进行突破、哪些好的想法能进行尝试以及存在的风险点等。这是一个不断优化和升级的过程，通过持续的优化和升级，逐渐接近企业在客户成功上投入所期望实现的目标。

4. 制定新的强化版 OGSM

通过重点回顾和反思，明确下一步提升的机会，并将这些机会进行聚焦。然后整合复盘中有价值的内容，制定新的强化版 OGSM，并再次进行实践。客户成功实践的复盘不仅需要找出失败原因和制定改善措施，也需要从成功中寻找可复制和可规模化的可能性。

客户成功实践的复盘需要各方坦诚相待，同时还需要一个经验丰富的主持人主持复盘过程，因为复盘是一个微妙的团队对话过程，可能会涉及敏感话题，如谁应该对"未达预期目标"承担责任、是否存在决策失误等。主持人需要具备熟练的团队引导技巧，才能够提高对话和复盘的质量。如果复盘时大家一团和气，没有人愿意揭示问题，或者出现相互指责的情况，就无法真正解决问题，也无法达到复盘的目的。只有通过持续不断的复盘，才能不断打磨和提升客户成功的组织能力，实现客户成功的持续化运营和客户成功目标的真正达成。

实践篇

客户成功实践是 ToB 和 SaaS 企业的关键发展路径之一。在当前竞争激烈的市场环境中,客户成功实践可以帮助企业更好地理解客户需求和市场趋势,提高客户服务质量,增强客户满意度和忠诚度,优化产品和服务,拓展市场和业务,提高企业竞争力和品牌形象。

通过深入了解客户需求和期望,企业可以提供定制化的解决方案,满足客户的个性化需求。持续关注客户反馈和满意度,可以帮助企业及时发现问题并采取相应措施进行改进。分类管理客户,可以让企业更加精准地满足不同类型客户的需求。

此外,客户成功实践还可以帮助企业优化产品和服务。通过对客户使用情况的跟踪和分析,企业可以发现产品的优势和不足之处,从而进行持续改进。同时,客户成功实践还可以帮助企业拓展市场和业务。满意的客户更有可能成为企业的口碑传播者,为企业带来更多的客户资源。

因此,实施有效的客户成功策略对于 ToB 和 SaaS 企业来说具有重要意义。下面将从客户成功启动、跨部门协同、客户成功投入、流失风险洞察和客户成功实践等方面进行阐述,以探讨如何解决客户成功在实际落地过程中遇到的现实问题。

第 17 章
在已有业务中启动客户成功

企业启动客户成功实践，不仅是企业经营思维和认知的升级，更是企业家格局和境界的飞跃。当客户流失不断增加，尤其是新客户签约越多，客户流失率越高时，ToB 和 SaaS 企业开始关注并启动客户成功实践和体系的构建。客户成功通过数据的洞察和主动服务，能够有效降低客户流失率，提高客户续约、增购和转介绍的机会，使企业能够持续地为客户提供服务价值和获取持续性收入。因此，客户成功被视为驱动客户持续增长的引擎。

17.1 案例分析：一样的团队，翻倍的增长

下面以一家 ToB 企业为例进行介绍。

1. 现状

有一家发展前景良好的 ToB 企业，其产品包含硬件设备的租

赁、管理硬件设备的 SaaS 系统和基于硬件设备衍生的增值服务。该企业在行业内属于头部企业，拥有大量的客户和良好的硬件设备供应商。企业也拥有大量的销售人员、销售支持人员和硬件设备交付及维护人员，但是其新客户开发效率和交付效率低，售后服务体验差，客户流失率在加大，增量大部分来源于老客户订单挖掘，新客户订单少，整体收入停滞不前且有下降的趋势。

具体而言，这家企业的老销售基本保持不变，新销售每个月都在变化，但这种变化背后没有清晰的原因和规律可循。企业的领导层还意识到，如果无法逆转下降趋势实现收入的增长，那么年底将有可能出现大面积亏损的情况，从而必然大量裁员，影响企业投资者的信心，下一轮融资将会成为泡影。

2. 洞察

在与企业主要业务负责人沟通并深入地进行业务调研后，我们很快就发现了问题的根源。

- **客户层级未区分**：从免费使用客户到大客户都是采用一样的销售模式、提供一样的专业技术服务。
- **依赖于国家政策扶持和行业发展趋势的红利**：当趋势放缓、政策扶持减弱、竞争对手增多时，企业陷入"靠天吃饭"的窘境，无法有节奏地开展销售业务，实现业绩的增长。
- **职责不清**：销售不仅负责获客签单，而且需要协调交付资源，负责硬件设备和系统的交付，还要负责售后问题对接处理等，造成销售走不出去获取更多的客户和订单；交付人员的焦点在于如何降低交付成本，而未承担起基于客户合同和订单需求的交付，考核指标为资源满足率，而不是交付人效和时效等。这造成销售效率低、交付效率低和交付体验差。

- **新老客户未区分**：新老客户未做区分，老销售会花更多的时间在老客户的硬件设备与系统账号净增上，而对新客户的开发不关注；新销售没有老客户的积淀，一直在开发新客户，与老销售对比，很努力但收入低，动力不足。这造成老销售吃老本，疏于开拓，新客户开发效率低，新销售留存率低等。
- **缺少转化漏斗**：因为净增则有收入的增长，整个企业关注的是硬件设备与系统账号净增，而缺少新客户线索新签转化和老客户续约、增购转化漏斗。这造成管理无抓手，客户增长不可控，无法有效挖掘增长的卡点进行优化，促进增长。

3. 策略

针对洞察的问题，我们提出了 5 个策略。

- **梳理和划分客户层级**：清晰界定出每个客户所在的客户层级，并为不同层级的客户提供不同的产品和服务。
- **划分新老客户边界，梳理贯穿客户生命旅程的规模化增长模型**：清晰描述每个层级客户从线索获取、销售转化、交付使用到增转续的增长环节，并针对不同环节梳理能够提升工作效率和优化成本的工作标准。
- **明确职责边界和激励机制，成立客户成功团队**：依据规模化增长模型，市场团队聚焦新客户的获客效率提升和获客成本优化，销售团队聚焦新客户的销售效率提升和销售成本优化，交付团队聚焦新老客户的交付效率提升和交付成本优化，客户成功团队负责老客户的销售效率提升和服务成本优化及服务质量提升，并制定对应的新客户和老客户"奖金包"的目标形成激励机制，提升各团队的积极性。

- **成立专门的大客户业务"3+1+3"项目组**：整合大客户销售经理、交付经理、解决方案专家和客户成功经理成立项目组，统筹大客户的获取、履约交付、订单和需求深挖、客户服务等。
- **建立转化数据漏斗模型**：第一步，建立针对不同客户层级的监测指标；第二步，收集和清洗客户增长转化的相关数据，设计转化漏斗数据模型，制作转化数据表，初步建立转化漏斗；第三步，外部采购CRM系统，或者自己搭建客户管理系统，建立客户的数据化管理体系，实现客户数据有序化和销售过程可控性管理。

4.改变

企业快速采纳了这5个策略，并采取行动。该企业将客户分为4个层级。

- **KA客户**：设备需求量1000台以上，系统收取年服务费19 800元，并由专属强有力的大客户"3+1+3"项目组提供服务和支持。
- **LA客户**：设备需求量100～1000台，系统收取年服务费9800元，并由专属客户成功经理提供服务和支持。
- **SMB客户**：设备需求量10～100台，系统收取年服务费1980元，并由专属客户成功经理提供服务和支持。
- **LB客户**：设备需求量10台以下，系统收取年服务费980元，并由在线客服和400热线提供服务。

更重要的是，企业根据客户的分级，梳理了完整的贯穿客户旅程的规模化增长模型，并建立了销售、交付与客户成功的人效标准。例如，对于SMB客户，1个客户成功经理服务100个客户或2000台设备；对于LA客户，1个客户成功经理服务20个客户或 5000 台设备等。此外，企业还使用多维表格快速搭建了客户管理报表，实现了转化漏斗的可视化，同时，与人力和财务一起制定了激励制度。

5. 结果

通过 5 个策略的执行落地，整体新老客户的销售过程可控，客户服务质量稳步提升，口碑持续发酵，新客户开发效率翻倍提升，增购、转介绍和续约的概率大幅提升。3 个月后，这家企业迅速扭转了收入的下降趋势，新客户开发效率提升了 200%，老客户续约率达到了 92%，NDR 实现了 118%。

17.2 启动客户成功的 10 项基础工作

根据笔者多年的从业经历以及对多家优秀 ToB 和 SaaS 企业的观察研究，任何一家决定启动客户成功实践的企业，都需要做好 10 项基础工作，以确保客户成功实践的各利益相关者目标一致，并能够有效地开展客户成功的落地工作。

17.2.1 确定启动客户成功的原因

有需求才会有供应，这是商业世界的底层逻辑。ToB 和 SaaS 企业需要启动客户成功，是因为有客户成功的需求。从第 6 章中，我们可以看到企业的增长有两个引擎：增量增长和存量增长。增量增长关注的是获客效率，存量增长关注的是留客效率或流失效率。当获客效率和流失效率相同时，增长为 0；当获客效率小于流失效率时，增长为负；当获客效率大于流失效率时，增长为正。因此，ToB 和 SaaS 企业在启动客户成功之前，需要清晰地了解企业的获客效率和流失效率分别是多少，以及它们的比值。当流失效率与获客效率的比值大于1时,必须启动客户成功,这是因为客户流失的速度远超客户获取的速度,这意味着即使我们努力吸引新客户,但流失的客户数量持续在增长。这种情况是得不偿失的,因为企业在获客方面的投入可能无法弥补因客户流失而造成的损失。如果流失效率与获客效率的比值小于1,但你想获得翻倍的增长,也可以启动客户成功,因为通过提升客户使用产品或服务的黏性,客户成功可以解决客户留存问题,从而提高续约、增购和转介绍的概率,促进存量客户的增长。

ToB和SaaS企业要将存量老客户打造成企业增长的第二引擎,提高客户留存率和降低客户流失率,就要启动客户成功。通过数据洞察,可以提前发现客户可能遇到的问题,并及时主动地触达和服务客户。通过帮助客户解决问题和满足客户需求的方式,打造围绕客户生命周期管理的客户成功体系就是企业的核心需求。

围绕客户生命周期管理的客户成功体系是企业产品或服务进行持续价值交付的过程。因此,需要明确客户生命周期的每个阶段的需求及业务目标,然后设计和匹配对应的服务内容及流程。在实践中,客户购买产品或服务的需求和使用一段时间后的需求是会发生变化的,这时就需要企业根据实际情况阶段性地复盘和迭代服务内容及流程,以确保客户需求、服务内容和服务流程的一致性,给予客户良好的客户服务体验。

17.2.2 定义新老客户的边界

在启动客户成功之前,需要清晰地定义新客户和老客户的界限。这不仅涉及销售和客户成功团队的分工问题,还关乎关键指标数据的统计问题。定义清晰的新老客户边界可以帮助全公司对客户成功的概念达成共识,从而保持认知的一致性。

17.2.3 确定客户成功的阶段性目标

ToB 和 SaaS 企业在启动客户成功的过程中，一般会经历 5 个阶段：常规交付、被动响应、有意洞察、主动服务和正式转型。每个阶段的目标都会因客户成功进阶的特殊性而有所不同，这需要我们明确每个阶段的目标，以便更好地推进客户成功实践。

常规交付阶段的目标是按时、按配置、保质保量地完成客户订单的交付，为客户提供良好的交付服务体验。

被动响应阶段的核心是当客户在使用产品或服务过程中遇到问题时，企业能够快速响应并解决问题。这一阶段的目标是提高响应速度和解决问题的效率。

有意洞察阶段则强调主动收集、统计、挖掘和分析客户使用产品或服务的数据变化趋势和异常，并据此采取相应的行动，帮助客户提升使用产品或服务的效果。这一阶段的目标是提高客户满意度、产品渗透率和客户活跃度。

在主动服务阶段，企业会主动分析客户使用产品或服务的数据情况，发现问题和客户需求，并通过上门拜访或主动电联的方式与客户进行互动，提前干预客户使用产品或服务的行为。这一阶段的目标是提高核心功能或服务的使用率、续约率、转介绍数量等。

到了正式转型阶段，企业将整合全公司的资源，形成以客户为中心的更广泛的组织协作关系，帮助客户成功。这一阶段的目标是提高 NDR、ARPU（每用户平均收入）和客户量增长等。当 NDR 成为企业的核心考核指标时，客户成功的实践将更加成熟和深入人心。

17.2.4 任命合格的客户成功负责人并赋予其足够的权力

为了推动 ToB 和 SaaS 企业的客户成功实践，需要任命一位能够从 0 到 1 搭建整个客户成功体系并能够推动落地的客户成功负责人。对该负责人有以下要求。

- **具备布道者角色，深刻理解客户成功，具有相关成功经验**。客户成功负责人需要成为企业的客户成功布道者，在企业内部传递和实践客户成功的价值与理念，并从 0 到 1 稳步搭建起整个客户成功体系。因此，企业最好选择对客户成功有深刻理解和具有客户成功相关成功经验的人来负责客户成功工作。如果选择的负责人对客户成功的理解不够深刻，且没有相关客户成功的实践经验，很可能会将整个客户成功实践的方向带偏。在选人的时候，需要仔细甄别人选的工作经验，确保其真正从事过客户成功工作，而不是换了名称的客服或销售等相关的运营支持类工作。
- **具备理论与实操兼备的能力结构**。客户成功负责人需要具备扎实的组织管理能力。作为客户成功的领导者，需要有全局思维，能够从客户全生命周期的视角出发，高度提炼客户成功的 SOP，确保客户生命周期的每个阶段都能够享受到企业客户成功的服务和支持。此外，他们也需要管理团队的日常工作，如招聘团队成员、制定团队目标和考核指标、监督日常运营等。同时，他们还要具备与客户建立紧密联系的能力，并能够下沉到客户一线，实际投身于客户成功的日常工作中，为关键客户提供示范和引导。
- **获得足够的授权和重视**。在多年的实践过程中，我们深刻体会到"客户成功是一把手工程"或"CEO 的核心工作之一"。ToB 和 SaaS 企业启动客户成功需要公司各个团队的配合和支持。如果企业高层没有给予足够的支持和授权，那么其在推动客户成功落地过程中可能会遇到重重困难。因此，为了确保客户成功的实践能够顺利落地并取得成功，企业高层必须对客户成功的价值和理念有清晰的认识，并给予足够的重视和支持。

当企业高层有了决心后，可以先划分出一个小团队，针对特定的客户群和业务场景跑通流程并验证效果，然后提炼可以复用的客户成功实践模型。在此基础上，再进行客户成功项目升级，自上而下全面落地客户成功。

总的来说，只有得到企业高层的充分认可、具备扎实的组织管理能力并获得足够授权和重视的客户成功负责人才能有效地推动 ToB 和 SaaS 企业的客户成功实践。

17.2.5　建立客户成功数据看板

对于 ToB 和 SaaS 企业来说，客户数据是一座金矿，其中蕴藏着客户的交易行为、使用情况、关注焦点和增长机会等。为了更好地利用这些数据，需要明确客户成功所需的数据，并将其整理成数据看板，以便客户成功经理和管理者能够一目了然地了解客户的情况。

以下是客户成功数据看板的构成。

- **客户名称**：客户的签约主体，注意客户的"层级结构"的差异，如母公司和子公司、集团和分公司或区域公司。
- **客户城市**：客户签约主体所在的运营城市，需要注意母公司所在城市和子公司所在城市之间的明确界定。
- **归属团队**：企业的销售团队或客户成功团队可能按照区域或团队类型进行客户划分，如全国分为战区和片区，或者是 KA 组和 LA 组等。
- **销售**：开发客户和签约的销售人员，KA 客户可能涉及总部对总部的销售和区域对区域的销售，需要确定在哪里进行跟进。

- **客户成功经理**：每个客户分配的客户成功经理是谁，在哪里进行跟进。
- **签约时间**：签订合同的开始时间。
- **到期时间**：签订合同的到期时间。
- **客户分层**：特定客户分层的定义，如免费试用或体验用户、小微客户或专业用户、中小型客户、中大型客户、大型企业等。
- **采购产品或服务**：合同中约定的产品或服务。
- **费用**：客户采购产品或服务的费用和企业解决客户反馈问题所花费的成本。
- **合作状态**：客户当前与企业合作的状态，包括交付中、已交付、续费中、已续费、已流失、预流失、已挽回、投诉中等。

17.2.6 选择合适的客户成功管理系统

为了能够自动化追踪、查看和筛选历史数据及趋势，保证客户跟进流程的一致性和统一性，并与整个客户成功团队和客户成功的利益相关者进行客户成功数据的分享与互动，建议选择一个正式的客户成功管理系统。如果考虑到成本效益和高效性，也可以建立 Excel 表格样式的客户成功数据看板，让客户成功团队每天进行更新，同时与利益相关者进行关键数据的共享和同频。

17.2.7 确定客户成功的试点范围

在现有业务中启动客户成功，建议从特定业务和特定团队开始试点。因此，需要对试点的范围进行明确界定：哪些事项需要在试点期间完成，哪些事项不需要在试点期间完成；哪个区域或哪个业务是试点的范围；哪些客户是试点的目标对象等。明确试点范围 MVP 是客户成功试点的关键。

17.2.8 定义清晰的启动期间沟通方式

客户成功启动是一项涉及多层级和多角色的业务活动，涉及的利益相关者众多。对于 ToB 和 SaaS 企业来说，以下 4 个场景的沟通是非常重要的：客户沟通、团队内部沟通、向上沟通和跨部门沟通。

在客户沟通方面，建立与客户的联系并介绍客户成功的概念，传递客户成功的价值，以及与客户对齐客户成功的期望，并与试点客户建立定期互动机制。定期的互动和高效的响应对于在现有业务中启动客户成功至关重要。

在团队内部沟通方面，需要确定团队内部开会和互动的频率，以及进行重点项目同频和复盘的机制。团队管理者需要与团队成员进行一对一的互动，帮助他们成长。此外，要定期对团队成员进行评优和成功经验分享，并定期进行高效的流程机制迭代升级。

在向上沟通方面，需要定期向上汇报工作进展情况，并知道如何处理难以协调或打通的问题。在推进客户成功的过程中，需要寻求高层领导的支持和资源。

最后，跨部门沟通也是非常重要的。需要与其他利益相关者的部门保持同步，分享客户成功试点项目的进展情况。此外，要与关键协同部门合作进行项目复盘，并分享试点项目的成功经验和不足之处。

17.2.9 定义清晰的客户成功试点工单闭环机制

在客户成功试点的启动过程中，主动服务模式的实施伴随着客户各类问题的反馈和需求的提出。因此，建立并明确问题和需求从接收、流转、处理到反馈的完整闭环机制至关重要。这是与客户建立信任、为客户提供确定性和安全感的根本。若客户反馈的问题和需求得不到有效的响应和闭环，客户的期待很容易转为失望，进而导致信任的流失，最终使得客户成功试点的启动遭遇挫折。

从客户成功的视角，在整个客户成功服务的场景中，我们可以为客户反馈的问题和提出的需求创建工单，然后通过工单系统进行统一的管理和流转，进而提升问题闭环机制的运行效率。

工单用来描述并记录客户在使用产品或服务的过程中所遇到的问题，以便企业相关团队进行跟进和解决。在客户成功服务过程中，所有的客户问题并不都能在短时间内得到解决。当客户数量逐渐增多时，需要解决的问题也会随之增加。如果选择通过个人微信、企业微信等方式与客户沟通，而不借助工单系统进行问题管理，那么很容易遗漏正在解决中的客户问题，从而导致客户不满。工单系统可以将客户反馈的问题和提出的需求进行结构化的录入、保存和呈现，让团队成员清楚地了解工单的当前状态、优先级、解决时长、负责人等相关信息，以便他们能够合理地安排时间，及时、有效且不遗漏地解决客户问题。

ToB 和 SaaS 企业还可以定期对历史和近期的工单进行分析，从而优化产品和服务。例如，企业可以统计某一类型客户工单中出现较多的问题，针对性地增加产品中对解决这类问题的引导；企业还可以分析客服解决客户问题的平均时长，设计服务策略以缩短客户等待的时间等。此外，通过工单系统，企业可以将工单高效快速地转发给相应的负责人，并提醒其解决。对于那些需要产品研发团队支持的工单，也可以通过工单的方式转发至产品研发团队，直接转化为开发任务，从而提高团队间的协同效率。

要使客户反馈问题和提出需求的闭环机制得以有效运转，不仅要有明确的流程、时效和分类，还要有具体的责任人，并由工单系统来支撑。唯有如此，闭环机制才能够助力企业成功启动客户成功。

17.2.10 与利益相关者共同探索客户生命旅程价值

与客户成功利益相关者共同绘制和设计客户生命旅程，从潜在客户到客户续约再到防止客户流失，每个阶段客户会经历什么，可以引导 ToB 和 SaaS 企业中的各个部门领导者以全新的客户成功视角审视自己的业务与客户的关系，并能够从中发现当前业务与实际客户生命旅程的差距。因此，ToB 和 SaaS 企业在启动客户成功时，需要明确告诉利益相关者客户成功正在解决的问题是什么，并与客户成功的利益相关者共同探索客户生命旅程价值。

尽管在启动客户成功的过程中，每个利益相关者的关注点可能不同，但通过共同探索客户生命旅程价值，可以提供一个沟通和协同的参考标准，有助于消除客户成功实践中一些常见的认知偏差和隔阂。客户生命旅程会使客户成功的利益相关者有集中探讨改善客户使用产品或服务的体验的机会，并在各自的核心团队内快速寻找可带来变化的想法和措施。明确与利益相关者共同探索的客户生命旅程价值，将促使利益相关者进一步思考如何通过"以客户为中心"的客户成功模式探索，更好地理解客户需求与情感，从而为客户创造更大的价值。

因此，当 ToB 和 SaaS 企业决定在已有业务中启动客户成功时，首先需要从全局视角明确开展客户成功的目的和意义，做好启动客户成功的准备。接着，向利益相关者阐明开展客户成功的好处，然后与利益相关者一起探索客户生命旅程价值。这将有助于逐步在企业内建立完善的客户成功体系，传递和实践客户成功的价值观，进而帮助客户取得成功，从而实现企业的商业成功。

17.3 启动客户成功的 7 个成功实践

客户成功是一个备受关注的热点话题，同时也是一种整体运营和服务模式的创新。然而，在客户成功的快速发展过程中，一些 ToB 和 SaaS 企业在实践客户成功方面取得了不同的成果。尽管大多数此类企业在大力增加对客户成功的投资，但也有一些企业已经退出了客户成功领域，转而回归最初的响应式客户服务。这主要是因为经济环境持续下行以及企业对客户成功理解不足，导致其遇到诸多挑战和难题时未能有效解决，从而终止了客户成功项目。

为了帮助 ToB 和 SaaS 企业在启动客户成功时少走弯路、少踩坑，下面将分享 7 个在现有业务中启动客户成功的成功实践。

成功实践 1：与各层级客户交流并了解客户期望，绘制客户生命周期地图。

客户成功的核心在于客户，成功的目标是满足客户的期望。因此，企业在启动客户成功之前，需要与各层级的客户进行深入交流，了解他们在不同阶段的期望，并据此绘制客户生命周期地图。这幅地图应展示客户想要采购产品或服务的最初目的，为客户设计并绘制一条达到目的的路径，并清晰呈现客户达到目的途中的期望和进展，确定每一个步骤和每一项任务，给予客户安全感和确定性。由于客户最为关注的是业务结果，而客户生命周期地图能够将客户成功服务可视化，从而在前期大幅增加客户的信任度，让客户更加安心。

成功实践 2：亲自下场全链路服务 3~5 个客户，设计客户生命周期地图。

企业在启动客户成功时选定的负责人，如果能够亲自全链路服务 3~5 个客户，并设计客户生命周期地图，将有助于团队成员对客户和业务有更清晰的认知和理解。客户、团队和利益相关者会因你了解客户和业务，而对你提出的建议和措施有更高的接受度，这有利于建立客户成功落地的土壤和氛围。

成功实践3：提炼关键客户成功指标并向核心团队进行解读和同频。

清晰的目标和关键指标是牵引团队的关键。因此，根据企业所处的行业、业务场景和产品或服务类型，提炼符合现状的关键客户成功指标，并向核心团队进行解读和同频是非常重要的。在互联网运营模式中，有一个概念叫作"北极星指标"，它能够很好地牵引团队围绕这个指标进行努力，因为"北极星指标"的提出意味着目标的聚焦和资源的聚焦。对于ToB和SaaS企业来说，"北极星指标"就是NDR，启动客户成功的目标是希望老客户能够深度使用产品或服务，实现老客户的持续性收入。

成功实践4：对齐优秀企业，评估你的客户成功能力模型和发展阶段。

在启动客户成功之前，ToB和SaaS企业需要对本行业或其他行业实践客户成功的优秀企业进行调研，提炼其能够成功实践客户成功的关键要素、能力模型和发展阶段，然后根据自身所处背景和经营状况进行对应的匹配。需要注意的是，不能生搬硬套、一概而论，因为每家企业的实际情况都是不一样的，需要有选择性地复制和引用。

成功实践5：与招聘伙伴和关键领导一起聘用与企业情况匹配的客户成功团队。

组建客户成功团队时，应当注意以下几点。首先，如果没有客户成功领导者，应与招聘伙伴合作，聘用一位优秀的客户成功领导者；如果已有客户成功领导者，则可与客户成功领导者一起根据客户成功生命周期设计组织架构。其次，根据评估的客户成功能力模型,在最小单元内创建团队 MVP。最后,根据团队 MVP 试验的数据模型,形成标准,逐步复制和规模化。

在选择客户成功团队成员时,需要重点关注以下特质:

- **做事积极主动性**:客户成功工作需要积极主动地服务客户,挖掘并定义客户的需求和问题。
- **沟通协调能力**:由于每个客户的经营场景和工作内容有较大的差异,其需求和问题也存在不同的表现形式,这就需要客户成功经理能够辨别什么才是客户真实的需求和核心问题。
- **客户核心问题和需求定义能力**:客户成功经理需要具备理解和定义客户核心问题的能力,能够有条理地整理和输出解决方案、需求定义和优先级排序,并及时给予客户反馈。
- **做事条理性**:由于客户成功工作涉及的内容多且复杂,因此需要具备清晰的思维且做事有条理。
- **学习能力和项目管理能力**:由于客户行业和经营场景的多样性,以及工作内容的不断变化,客户成功经理需要具备快速学习和适应的能力,以及项目管理的能力。

成功实践 6:养成每日盘客户、盘产品、盘团队、盘行业、盘竞品和盘资源的习惯。

为了更好地了解企业的客户、产品、团队、行业、竞品和资源情况,客户成功负责人需要养成每日盘客户、盘产品、盘团队、盘行业、盘竞品和盘资源的习惯。通过日积月累的努力,将能够沉淀出符合客户实际情况的客户成功实践方法论,并在此基础上进行批量复制,创造更大的客户价值和商业价值。

成功实践 7:多参加行业活动和客户成功社区,扩展认知,增长见识。

当前各行各业对客户成功的热情居高不下,会不定期举办各式各样行业性的客户成功活动。参加这些活动，与活动的嘉宾和其他参会人员进行客户成功实践的交流和学习，将有助于扩展认知、增长见识。此外，网络上也有很多关于客户成功方面的文章、视频和社区内容等可供学习和参考。多参加这些活动和社区将有助于获得新的启发和别人的成功实践经验，对推动企业启动客户成功实践并取得期待的结果也是很有帮助的。

17.4 启动客户成功常用的 5 类工具

ToB 和 SaaS 企业都希望在搭建客户成功体系和团队的同时，能够借助客户成功相关软件系统和工具，来帮助团队的管理和执行工作更加高效地落地。客户成功实践过程中常用的工具主要包括客户关系管理（CRM）系统、数据分析工具、客户调查工具、在线会议工具和协作工具等 5 类。这些工具各有特色和应用场景，本节将对这些工具进行简要介绍。

17.4.1 客户关系管理系统

客户关系管理（CRM）系统是一种利用软件、硬件和网络技术为企业收集、管理、分析和利用客户信息的信息系统。CRM 系统能够集中存储客户信息，追踪客户交互历史，管理销售线索和业务机会。它有助于团队更好地了解客户需求，以便为其提供个性化服务，适用于销售、市场营销和客户服务团队。销售团队可以利用 CRM 系统来跟踪销售机会，市场营销团队可以用 CRM 系统来分析客户行为并制定营销策略，客户服务团队则可以通过 CRM 系统来处理客户请求和投诉。

对于客户关系管理（CRM）系统，推荐以下几款。

- **销售易 CRM**：这是一款以移动互联网、社交网络以及云计算技术为支撑的 CRM 系统。特色在于它的"连接型 CRM"理念，它可以连接企业与客户，连接企业内部员工，连接企业与服务伙伴，为企业提供移动化、社交化、一体化的客户管理云服务。应用场景包括市场营销、销售和客户服务等各个领域。

- **腾讯企点**：这是一款帮助企业连接客户、实现数字化转型的智能 CRM 产品。它具备社交化、智能化、移动化等特性，为企业提供从市场营销、销售转化、交易协同到客户服务与管理的全场景覆盖能力。应用场景包括但不限于企业销售线索的转化、客户服务管理等。
- **用友 CRM**：这是一款以客户关系管理为核心的系统，旨在帮助企业建立以客户为中心的经营理念、组织模式、业务规则及评估系统，以全面提升企业的核心竞争力。它的特色在于提供了完整的客户关系管理解决方案，包括市场营销自动化、销售管理自动化和客户服务与支持管理自动化等。应用场景主要是企业的客户关系管理和业务流程优化。
- **Salesforce**：作为全球领先的 CRM 提供商，Salesforce 的特色在于其强大的定制能力和云计算技术。它提供了一整套销售、市场营销、客户服务等解决方案。应用场景广泛，包括销售线索管理、客户服务案件跟踪、市场营销自动化等。

不同 CRM 系统的功能和应用场景都有侧重点，企业在选择时应结合自身的业务需求和预算进行综合考量。

17.4.2　数据分析工具

在客户成功实践中，数据分析工具扮演了至关重要的角色，其核心价值体现在以下几个方面。

- **深度洞察客户需求**：数据分析工具助力企业系统化地搜集、整理并深入探究客户数据，从而更加明确和细致地理解客户的需求、偏好及行为模式。这种深度洞察能够推动企业为客户提供更有针对性的产品与服务。
- **精准优化营销策略**：借助数据分析工具，企业能够锁定最有价值的客户群体和市场机遇，进而制定出更加精确、高效的营销策略。这不仅可以提高营销预算的利用率，更有助于增加销售额，扩大利润空间。
- **持续提升客户满意度与忠诚度**：通过实时分析客户的反馈及行为数据，企业能够迅速发现并解决存在的问题和不足，确保客户满意度和忠诚度得到持续的提升。这种提升进而能够增强客户的黏性，并激发客户的推荐意愿。

下面是推荐的数据分析工具。

- **Tableau**：以强大的可视化及交互功能，帮助企业迅速从数据中获取有价值的见解。
- **Power BI**：与Microsoft的生态系统完美融合，提供强大的自助分析能力，并支持与Excel等工具顺畅集成。
- **神策数据**：专注用户行为分析，尤其适用于那些需要深入、细致了解用户行为和应用场景的企业。
- **GrowingIO**：一款专注于用户行为分析的数据分析工具，特色在于其先进的行为分析算法和智能推荐功能。通过GrowingIO，企业可以实时追踪和分析用户行为，挖掘用户需求，为产品优化和运营策略的制定提供数据支持。

17.4.3 客户调查工具

在客户成功实践中，客户调查工具发挥了不可或缺的作用。

其作用主要体现在以下几个方面。

- **直接聆听客户声音**：客户调查工具为企业搭建了一个直接与客户沟通的桥梁。通过问卷、访谈等方式，企业可以获取客户对产品、服务的真实评价，了解他们的满意度、不满以及期望。
- **发掘痛点与机遇**：客户的反馈往往直接反映了产品或服务的痛点。企业可以迅速定位并优化这些问题，提高客户满意度。同时，客户的建议也可能为企业带来新的市场机会，驱动企业创新。
- **量化客户关系健康度**：通过客户满意度、忠诚度等指标，企业可以量化评估与客户的关系，及时预警可能的流失风险，并为营销策略提供决策依据。

对于客户调查工具，推荐以下几款：

- **问卷星**：作为国内领先的在线调查工具，问卷星提供了丰富、灵活的问卷模板，适用于各种调查场景。其强大的数据分析功能可以帮助企业快速解读客户心声，指导业务决策。
- **SurveyMonkey**：作为国际知名的调查工具，SurveyMonkey提供了多种高级功能和定制选项，以满足企业的复杂需求。其简洁的操作界面和完善的支持服务，可以让企业轻松上手，快速完成大规模的客户调查。

无论选择哪种客户调查工具，关键都在于企业如何结合自身的需求和目标，进行工具的合理配置和使用。只有真正听到、听懂并回应客户的声音，企业才能实现真正的客户成功。

17.4.4 在线会议工具

在客户成功实践中，在线会议工具至关重要，其作用主要体现在以下几个方面。

- **提高沟通效率**：在线会议工具打破了地域限制，使分布在不同地点的团队成员和客户能够进行实时交流。这种即时互动大大提升了沟通效率，促进了信息的快速传递和决策的高效执行。
- **强化协作效能**：在线会议工具通常支持多人同时编辑文档、表格、幻灯片等，使团队成员可以实时协作。通过即时反馈和协同编辑，团队成员能够更高效地合作，提升团队的整体协作效率。
- **降低成本**：在线会议工具取代了传统线下会议模式，节省了大量的旅行、住宿等成本。这种转变不仅降低了企业的运营支出，还减少了时间和资源的消耗，使团队能够将更多精力集中于核心业务。

对于在线会议工具，推荐以下几款：

- **腾讯会议**：支持语音、视频、聊天等多种沟通方式，多人同时在线参会，便于进行远程会议和团队协作，提升协同办公效率。
- **Zoom**：支持数百人同时在线，并具备语音、视频和屏幕共享等功能。多重安全机制可以确保用户信息安全，为企业提供稳定且安全的在线会议体验。
- **飞书视频会议**：提供高清画质、多人参与、文件共享等功能，全面满足企业的沟通、协作需求。与即时沟通和日历的深度整合，使团队成员能够轻松加入会议，无论是通过群聊还是日历会议邀约，都可便捷地开启视频会议。

在选择在线会议工具时，企业应根据实际需求和预算进行权衡。

17.4.5 协作工具

在客户成功实践中，协作工具的作用不可小觑。它的主要作用是促进团队协作、提升沟通效率以及增强项目管理能力，从而助力团队成员更高效地协作，以满足客户需求并实现业务目标。

在众多的企业协作工具中，钉钉、企业微信和飞书备受青睐。

- **钉钉**：钉钉以消息的即时性和高效性为特点，能迅速帮助企业建立组织架构，实现快速通信。同时，它集成了任务管理、日程提醒、文件分享等多元化应用，更利于企业高效运作。对于追求高效沟通和快速响应的企业而言，钉钉无疑是首选。
- **企业微信**：企业微信与微信生态完美融合，既满足了企业内部员工的沟通、协作需求，又能轻松连接外部客户。小程序、微信支付等扩展能力的加持，使其成为企业内外沟通、客户管理、营销推广的得力助手。企业微信是希望在微信生态内实现一体化运营的企业的理想选择。
- **飞书**：飞书以"协作"为核心，注重工具的深度整合与高效协作。它支持文档、表格、PPT等多种工具的实时协作，并与聊天、日程、任务等功能紧密整合，确保团队成员能够流畅、专注地协同工作。对于重视团队协作效率及追求优质工作体验的企业，飞书是不二之选。

总的来说，钉钉、企业微信和飞书各具优势，均在客户成功实践中展现了在提升团队协作和沟通效率方面的价值。企业应基于实际需求和工作场景，选取最适合自身的协作工具。

17.5 企业不同发展阶段的客户成功实践

作为ToB和SaaS企业的创业者或领导者，在企业的不同发展阶段,应该将客户成功的理念、价值观和方法论与实际业务发展情况相结合,与客户共同成长,以实现客户成功和企业成功的双向目标。本节介绍 ToB 和 SaaS 企业从零开始的客户成功实践。

为了避免读者误解,这里先明确两个概念——客户成功和客户服务的关系。它们的目标都是为客户提供服务,但是客户成功偏主动服务,客户服务偏被动服务。客户服务的目标导向是提升客户体验,实现优质的客户满意度(客户体验导向);客户成功的目标导向是在客户服务提升客户体验的基础上,实现老客户收入的持续增长(商业价值导向)。可以把客户服务简单理解为客户成功的早期形态。

17.5.1 初创阶段

在初创阶段,员工在 10 人以内,企业主要关注的是根据商业设想设计产品原型并打造 MVP,尚未涉及客户服务支持方面的工作。该阶段的核心是成功打造 MVP,以便进入下一阶段验证产品与市场的匹配度。

这个阶段应该做以下 5 项工作。
- 找到目标客户群体,挖掘客户痛点,提出商业设想。
- 根据商业设想设计产品原型,并找身边熟悉的属于目标客户群体的行业客户进行验证。
- 根据对目标客户的验证结果进行优化调整。
- 集合团队的研发力量把产品 MVP 打造出来,并邀请身边的行业客户试用,提出改进意见。
- 基于改进意见,迭代出一个 MVP 版本以进行下一步产品和市场匹配度的验证。

这个阶段不应该做以下 2 项工作。
- 未研究客户痛点就直接设计和开发产品。

- MVP 打造出来后，未经验证就直接推向市场。

17.5.2　早期阶段

在早期阶段，员工有 10～20 人，企业尚未将客户服务支持作为重点关注的问题。该阶段的核心是寻找和验证产品与市场的契合点，即 PMF。任何产品的推出都需要经过 PMF 的验证。在寻找和验证产品与市场契合点的过程中，客户作为最核心的角色，提供反馈意见。他们是产品最直接的使用者和受益者，试用产品时会提供各种反馈，甚至提出新的需求。此时，团队中的每个人应该回复客户的问题，与他们进行面对面的交流，并思考如何迭代升级产品，以打造能满足市场需求、解决目标客户问题、实现目标客户业务目标的产品。

这个阶段应该做以下 4 项工作。

- 构建一套快速响应客户反馈问题的处理流程来有效管理客户问题，其中可以开通 400 电话或公布处理客户问题工作人员的微信和手机号。每个成员根据所负责的客户服务工作，做好问题和处理进度情况记录。
- 每日或每两天复盘分析客户问题，对这些客户问题进行及时修复，并对高频问题进行重点跟进和根治。
- 团队中的每一个成员都需要与客户进行连接，参与到响应和解决客户问题的工作中来。直接与客户对话，了解客户的心声和客户的实际业务场景，有利于产品的升级优化。
- 团队成员需要经常与客户待在一起，甚至可以到客户现场进行办公，亲身体验客户业务场景。

此阶段，主动服务客户、倾听客户的反馈意见，是团队最好的学习成长机会，也是产品快速升级迭代的窗口。如果能够遇到热情、参与度高、反馈问题和提出需求频繁的客户，那是团队的幸运，一定要好好珍惜。

这个阶段不应该做以下 2 项工作。

- 客户服务指标不要作为考核项，也不要试图去优化服务效率，因为这个阶段的关键是夯实产品能力，为将来寻找和验证 PCF、PSF，以及规模化增长打下坚实的基础，不要过于纠结数据指标的优化和提升。
- 没有寻找和验证好 PMF，就盲目进入下一步——PCF。如果这么做，接下来遇到的客户问题将会层出不穷，因为 PCF 是客户大量增长的阶段，客户多了，问题自然就多了。当产品能力不扎实和服务能力不足时，盲目的行为对团队来说可能是痛苦的开始。

17.5.3 起步阶段

这个阶段的员工有 20～50 人，在人员逐渐增加、各项工作初步分工、客户有序增长、客户咨询和反馈问题增多的情况下，企业需要招聘一名专门从事客服工作的员工，但这个客服还不能被称为"客户成功经理"。其主要职责是将 100% 的时间和精力投入到回复客户咨询、响应客户问题和跟进问题闭环中，以帮助客户解决问题和减轻团队其他成员的客户服务工作量。

为了提高客服的工作效率和质量，企业需要对客服进行专门的授权，让其有权监督产品、研发或供应链部门去解决客户使用中出现的问题，特别是反复出现的产品 Bug、可用性和易用性方面的问题，以及客户根据实际业务场景产生的需求。此外，如果销售将产品销售给非目标客户群体，客服有权建议销售不要将产品继续销售给那些不合适的客户。在提炼产品的价值主张和传播产品的价值方面，客服也需要积极参与，提出自己的意见和想法，以更好地表达和传递产品的价值。

客服人员是企业起步阶段的核心角色,其职责是帮助客户解决问题,工作方式以响应式为主。随着企业的不断发展和壮大,客服人员的职责也会逐渐扩展和深化——提供更加全面和专业的支持。

这个阶段应该做以下 6 项工作。

- 工作重点是由销售驱动的增长,而不是由客户成功或续约驱动的老客户增长,完全属于通过市场推广和新客开发带动的增量增长,客户成功或客服在此阶段起客户服务支持作用。
- 确定 1 个官方的服务通道,比如 400 热线或在线客服。这个阶段不需要开通太多的服务通道,1 个足够。经历了初创和早期全员客服的阶段,客户会通过各种各样的通道反馈问题和提出需求,比如:直接给负责人打电话,直接发微信给产品、研发或销售,写邮件给负责人等。客户一般都是通过自己认为合适或熟悉的通道向企业反馈问题,如果通道太多不好有效控制,客服的工作价值也就很难得到体现,且会造成企业内部工作的紊乱。
- 设计和输出"新手启动"内容,让客户可以通过自助服务的方式,解决产品操作类问题和使用中经常出现的问题,比如产品操作手册、5 步完成系统配置、如何创建采购单、如何在 3 分钟内完成对账和开票等。这些内容的输出,对于市场和销售人员来说,是了解和熟悉产品的窗口,也是企业沉淀知识的关键通道。
- 对客户反馈问题和需求进行有序管理并形成闭环,同时把进度及时同步给客户,让客户感受到企业重视客户体验的服务态度。
- 开始进行 NPS 的跟踪和统计,从客户的视角反映企业在帮助客户解决问题后客户的满意度情况和企业提供的服务体验情况，以及客户是否愿意把企业的产品推荐给身边的朋友或同行使用；评估产品或服务给予客户的体验和效果，判断产品增长的潜力。

- 关注客户反馈问题的数量与质量和客户流失情况，针对常见的客户问题创建回复模板，并定期更新，以提高客户响应时效和回复时效。

这个阶段不应该做以下 4 项工作。

- 由于企业的商业模式和产品及服务形态都在持续调整和优化中，需要的是快速响应、解决问题的灵活性和有效成本控制，所以这个阶段可以对问题进行归类，形成常见问题的 Q&A（问与答），但在问题的自动化回复或标准话术的改进和迭代上不要花费太多的时间。

- 产品在逐步优化，业务场景应用在持续探索，此阶段不要在客户健康度模型的构建上投入精力和成本，而应该花费更多的时间与客户进行面对面的交流，并深入到客户的实际业务场景中进行业务实操，然后反向推进产品的迭代升级，以便为客户提供更好的服务。

- 谨慎对待问题多、抱怨多的客户，这样的客户虽然让客服和产品、研发、销售等团队很苦恼，但这正说明他们使用产品很深入，是在真正使用产品。如果能够服务好他们，让他们通过使用产品实现业务目标，那么他们将会成为企业产品的忠诚客户，将会成为产品最有力的支持者和推广者。

- 不要盲目进行团队扩张，没有找到合适的 PMF 和 PCF 之前就进行团队的扩张，会发现团队壮大了，但业绩没有提升，人效很低，这就会造成极大的浪费。

17.5.4 成长阶段

在成长阶段,员工为 50~100 人,企业已经找到了 PMF 和 PCF,并正在寻找和验证 PSF。此时,企业的客户数量持续增长,客服工作量也随之大大增加。客服人员从 1 人增加到多人,意味着企业需要开始对客服团队和工作进行有序管理,包括客服的排班、问题的流转流程、客服关键指标的监控和考核,以及部门之间的协同等。

在这个阶段,企业需要有目的地夯实客户服务通道的基础能力,为下一阶段开展客户成功主动服务的工作奠定基础。此阶段形成的客户服务模式将随着企业业务的发展而逐步发展,而其构建的基础能力和服务文化将决定该模式会成为规模化增长阶段的助力还是阻力。因此,企业需要谨慎地构建客户服务模式的基础能力和服务文化。

这个阶段应该做以下 5 项工作。

- 开始区分客户服务工作的类型,并有目的地设定对应的衡量指标。一方面,在被动响应式的客户服务支持工作方面,加强客户问题的分类规则设定、响应时效、问题解决时效、客户满意度及服务人效等关键指标的监控和分析,做好响应式服务质量的把控;另一方面,启动客户成功主动服务通道,设计客户全生命周期模型,并按照客户全生命周期的不同阶段进行工作细分安排,同时跟踪每个阶段的关键产出和量化指标,衡量客户成功工作的效果,开始推进续约、增购和转介绍相关的增值工作。
- 推动客户服务知识库的构建,为客户提供良好的服务支持和体验。成长阶段的客户数量已经达到了一定的量级,产品的商业模式基本跑通,产品结合业务场景的应用可以进行结构化归类和标准化知识的沉淀了。开始搭建一个知识库，为规模化增长阶段构建标准知识能力和人才培养提供支撑。
- 谨慎地为客户开通服务通道。这个阶段基本会形成400服务热线、在线客服、群客服、客户成功经理、工单5个服务通道，每一个服务通道的开通和关闭都会给客户和团队带来不一样的影响。增加一个服务通道要比关闭一个服务渠道容易得多，但是如果开通了又关闭很容易引起客户的反感，造成不必要的投诉。此外，各服务通道的服务价值和服务成本存在较大的差异，应该根据客户的实际业务情况和客户层级进行服务通道的开通，并提供对应的服务内容。
- 搭建客户成功服务看板，把已签约的客户都纳入看板的管理范围内。看板需要包括客户名称、采购产品类型、所属销售、签约时间、到期时间、归属客户成功经理、所在城市、合同金额、应续金额、续约率、续费率、客户状态等。这样能够全局透视整体客户情况，有利于存量客户的管理。
- 开始设计和搭建客户健康度模型。成长阶段的客户已经为客户健康度模型的搭建提供了基础的客户数据样本，为规模化增长阶段的客户成功服务打下了坚实的数据洞察基础。此阶段的客户健康度模型的数据维度和权重分配需要做到可自动配置或表格化操作，以提高灵活性和易用性。

这个阶段不应该做以下3项工作。
- 此阶段需要控制成本，但不能把降低成本作为重要的工作，比如招聘低成本的员工，造成隐性成本（如培训成本、沟通成本、管理成本等）增加。成长阶段企业的团队规模还不够大，专注的是客户和营收的增长，而不是毛利率。

企业不能因为追求毛利率而采取降低成本的相关举措,而是应该做好成本控制,把资源投到更能产生效益的地方。
- 企业不能把客服团队和客户成功经理作为企业与客户之间的缓冲地带,而是应该把客服和客户成功经理与市场、销售和产研等团队放在一起办公,并把服务通道的数据、工单与企业的数字化系统打通,形成客户数据的完整闭环,以提升客户成功服务的效率和客户体验。
- 此阶段还没有形成较多的标准化打法,不能用标准的流程限制员工的创造力,也不能人为制造一些跨部门协同的"部门墙"打击员工的积极性。成长阶段是企业充满朝气、积极向上发展的阶段,需要的是灵活性和创造力,企业需要多鼓励员工。

17.5.5 规模化增长阶段

在规模化增长阶段,员工达到了100~500人,企业已经实现了PMF、PCF以及PSF的寻找和验证。此时,企业的关注点转向客户的生命周期价值,希望通过做好客户成功来降低客户流失,提高客户净值,即企业的工作重心是如何从老客户身上获得更多的收益回报。

为了实现增长标准化的提炼和打造,企业需要为常态化运营阶段的有序化业务发展提供标准化支撑。这包括增量和存量增长方法论、系统支持、组织保障、交付保证以及关键指标体系等SOP内容。在此阶段,企业需要继续保持被动响应式的客户服务支持工作,同时还需要专门组建一支客户成功团队,负责更加积极主动的服务工作,以提升客户的续约率和净值。

此时,企业需要一个综合型的管理者,他既能管理好现有的客户服务团队,同时也要能够打造主动服务的客户成功团队。这个人即是企业所需的客户成功 VP 或客户成功负责人。他需要有很强的客户运营能力和丰富的客户成功实践经验，并且能与客户成功协同部门进行良好的沟通、协作，将客户成功打造成企业存量增长的杠杆引擎。

这个阶段应该做以下 4 项工作。

- 提炼并沉淀增量和存量增长方法论，形成能够复制的一套打法，包括市场获客、销售转化、客户服务、客户成功、履约交付等，接下来要做的就是"加人""培养人"和"扩大市场"，如此规模化增长才有可能性。
- 选择能够有效匹配服务通道和工作流程，且更好地服务客户的系统工具，把增量和存量增长的 SOP 在线化，并能够清晰明确地进行关键指标监控、查询、分析和挖掘；同时把客户健康度变成常态化的监控模型，全量进行客户监控和客户健康状态的提醒。客户健康度模型能够预测客户的续约、续费情况，并根据预测情况进行对应的客户成功服务策略的提出和落地，帮助提高老客户的收入和实现净值目标。
- 加强组织能力和价值交付能力的建设，所有规模化的增长都需要有强大的组织能力和价值交付能力的保障。
- 给客户成功负责人和团队设定与营收有关的目标，常见的是 NDR、续约率和续费率。

这个阶段不应该做以下 3 项工作。

- 未经验证的方法论不能直接纳入 SOP 中，能够形成标准化复制的都是经过验证的成功实践，标准化是规模化的基础，每一个工作人员都是通过 SOP 来高效地为客户提供服务的。如果 SOP 未经验证就标准化复制，那造成的后果是无法想象的，最坏的结果是越复制产生的成本越高、效率越低，业绩和人效越来越差。
- 不能忽视"客户成功"文化的塑造和对客户成功团队身心健康的关怀。客服和客户成功经理经常遇到频繁的客户问题和源源不断的客户需求，同时还要经常承受因产品和销售团队产生的问题所带来的困扰。这个阶段一定要重视客户成功文化的塑造，也需要重视团队成员的身心健康，比如，当团队成员存在消极的情绪时，需要及时关怀和疏导，让其能够得到及时的释放，同时也需要避免消极情绪的传染。团队成员的心情好了，服务客户的效果才会更好。
- 处理客户问题时不能太公事公办、太拘泥于流程，因为客户的问题有时候是紧急重要的，那么就需要有相应的特批流程，授予客户成功团队快速响应和闭环客户问题的特权，帮助客户成功。

17.5.6　常态化运营阶段

在常态化运营阶段，员工已经突破了500人，此时企业通常能够有效利用增长杠杆，实现规模化增长。在此阶段，企业经营管理层往往面临董事会关于提高运营效率和降低运营成本的压力。这种压力会传递到客户成功团队身上。尽管客户成功是企业业务增长的一个关键引擎，但面对降低运营成本的需求时，客户成功投入将面临巨大挑战。

这个阶段应该做以下 5 项工作。

- 加强客户健康度模型的完善，根据客户使用产品或服务的需求、续约和续费情况、客户增长情况，以及客户成功服务人效和成本测算，准确地预测客户成功的工作量，评估客户成功经理的需求量，有序地进行团队的扩张和产值的提升。

- 管控好管理半径和客户成功经理覆盖区域的范围，不能因为客户成功团队成员的不断增加，服务客户和区域的加大，就盲目设立小组和提报或招聘管理人员。一般的普通客户成功人员和团队管理者的比例是：8~20个普通客户成功人员对应1个客户成功团队管理者。同时，团队管理者也需要加强自身的管理能力和团队培养能力。

- 有序地评估客户成功经理的人效模型，并对其主动服务的质量、向上销售和交叉销售的增购情况、续费和续约率、NDR等指标进行评估。想要实现可预测、可量化的客户成功规模化增长，就需要把单个客户成功经理的人效模型进行标准化，这样才有可能常态化运营，因为每个客户成功经理的经历和能力不一样，在团队中的表现存在很大差别，所以需要加强人效模型的打造和构建。

- 努力尝试各种可以帮助客户成功且能够产生增值收入的产品或服务，协同市场、销售、产品和研发构建第二曲线的增长可能性。

- 加强单个客户服务的投入和收益核算，根据解决客户问题和需求响应的工时、服务器成本及分摊服务成本，核算每一个客户的服务成本，根据每个客户的投入产出比评估哪些客户是赚钱的、哪些客户是亏本的。然后根据评估情况，分配相应的服务资源，把资源投入到能够产生最大收益的客户身上，提高高净值客户的服务体验，从而提高净值的产出。

这个阶段不应该做以下3项工作。

- 缺少客户成功的北极星指标，对所有与客户有关的指标都进行分析，如客户健康度、续约率、续费率、活跃率、客服的响应时效和履约交付时效等。指标多了,会造成团队失去目标感和工作焦点,不知道下一步工作应该做什么,很容易造成团队成员失去动力。
- 缺少对客户声音的关注,客户声音是企业产品或服务进步的机会,如果没有客户的反馈声音与互动,那说明产品或服务就快走向失败了。所以客户成功需要让客户有机会与其他非客服部门的人员进行交流,定期搜集客户的主要问题和痛点,确保管理团队成员每个月都能与 1 个以上的客户进行沟通交流,比如,产品吐槽会、体验洽谈会等。
- 漠视部门墙在跨部门协同中产生的"习得性无助"影响,很多时候客户成功经理主动服务客户会收集到很多高发的客户问题,但由于反馈的问题都未能得到解决,慢慢就变得"习得性无助",最终导致企业受到伤害。

每一家 ToB 和 SaaS 企业都会经历以上 6 个阶段,过程基本一致。初创型企业在客户成功实践的道路上,只要认同客户成功理念和价值观,落地和实践客户成功的难度较低。大多数 ToB 和 SaaS 企业都是在遇到了客户流失率较大、老客户收入不可控的情况下,才开始分析出现问题的原因,最终发现是因为对老客户的关注和主动服务不足,于是决定启动客户成功实践,然后开始招聘客户成功人员,但结果往往不尽如人意。如果一家 ToB 和 SaaS 企业能够根据自己的发展阶段,参考成功的客户成功实践的策略,则可以少走很多弯路,能够较快地通过客户成功实践获得较高的老客户存量增长的收益。

第 18 章
跨部门协同

随着 ToB 和 SaaS 企业的不断发展，客户成功的价值越来越受到企业的青睐。无论是初创的小公司还是成熟的大企业，都在逐步将客户成功的理念和价值观渗透到企业内部，并投资建立专业的客户成功团队。然而，在实践中，客户成功的跨部门协同和沟通可能会面临许多挑战。由于人的惰性和舒适区的存在，对于打破舒适区或接受新事物会有一定的抗拒心理。此外，客户成功实践涉及的组织架构、运营模式、分配机制和协同方式等方面都需要做出较大的调整。在这种情况下，"以客户为中心"的客户成功在跨部门协同和沟通中可能会引发各种冲突和内耗。笔者将从常见的协同场景和沟通决策模型两个角度阐述如何有效地解决跨部门协同发生的冲突问题。

18.1　4种场景的跨部门有效协同实践

作为客户成功实践的关键角色，"客户成功经理"在 ToB 和 SaaS 企业的组织体系中通常被定义为"与客户沟通的枢纽"。客户成功经理在主动服务客户的过程中，需要与市场、销售、产品、研发、客服、技术支持、财务、人事等各个关联部门密切协同，来高效解决客户问题和满足客户需求，确保客户成功运营的有序开展，为客户创造价值，从而实现客户满意度的最大化，达成从客户期望、使用深度、功能效果、客户体验到净值收益的真正意义上的客户成功。

18.1.1　销售团队与客户成功团队的协同

在 ToB 和 SaaS 企业中，销售团队和客户成功团队之间的协同是非常重要的。这两个团队在客户生命周期中有着前后衔接的关系。从贯穿客户生命旅程的规模化增长模型的视角来看，销售团队负责将客户线索转化为合同或订单，即实现增量增长；而客户成功团队则聚焦于客户全生命周期各阶段的主动服务，包括增购、续约和转介绍，即实现存量增长。

销售团队需要关注客户的场景问题和痛点，传递产品或服务的价值，促使新客户做出付费选择。客户成功团队则需要长期陪伴和主动服务客户，提升客户使用产品或服务的深度、效果，提高客户的增购、续约和转介绍意愿，从而实现净值目标。

因此，我们可以得出以下结论：新签客户数、客户合同金额或客户订单金额是销售团队的核心指标；而净收入留存率和客户留存率是客户成功团队的核心指标。当一家 ToB 或 SaaS 企业的销售团队的工作不给力时，通常会出现新签客户数、新签合同金额或订单金额不理想的情况；当一家 ToB 或 SaaS 企业的客户流失率较高，净收入留存率较低时，可以判断客户成功团队的工作不给力。

在 ToB 或 SaaS 企业进行客户成功实践的过程中，销售团队和客户成功团队之间协同产生问题或发生冲突的原因和应对方法如下。

（1）销售负责人和客户成功负责人未达成共识，造成沟通和协同问题。

在客户成功实践中，销售和客户成功两个部门的负责人需要在客户成功的目标和价值上达成共识，否则团队成员之间可能会出现沟通和协同冲突。因此，要解决销售与客户成功经理之间的协同问题，首先需要解决两个部门负责人之间的共识问题。如果两个部门的负责人有相同的客户成功价值认知，且能够有效地沟通，很多协同问题都会有效解决。

（2）成交客户从销售转交给客户成功经理维护，产生"客户是谁的"的问题。

在客户成功实操过程中，我们发现这是销售人员心理底层的问题。销售会认为自己辛辛苦苦开发和签约的客户，现在都转交给客户成功经理了，有种被利用的感觉。这是因为销售最大的资源是客户关系，在转交给客户成功经理维护时，会产生客户成交后"客户是谁的"的问题，从而会有利益分配的冲突。从企业角度看，客户是公司的，但在进行客户成功实践中，需要考虑销售人员的贡献。

为了解决这个问题，企业需要制定合理的销售政策和管理制度，例如下面的工作。

- 制定明确的销售目标和考核标准，使销售团队明确自己的任务和责任，同时也能够获得相应的奖励和激励。
- 建立完善的客户交接和售后服务流程，确保客户信息、需求、问题能够及时和准确地传递给客户成功经理，同时保证销售团队在交接后仍然能够保持与客户的联系。
- 针对销售团队和客户成功团队之间的协同问题，可以建立定期沟通会议和交流渠道，加强双方的信息共享和协作配合。
- 针对"3+1+3"团战组织的奖金包模式，企业可以根据实际情况进行适当调整和优化，以最大限度地提高团队的积极性和协作效率。

（3）**销售过度承诺导致客户成功经理在价值交付、客户续约和增购及转介绍方面面临困难。**

销售为了签约，在与竞品 PK 中能够快速赢单，经常会传递超越产品或服务本身价值的内容，产生过度承诺的问题。这是每一家 ToB 和 SaaS 企业都会遇到的问题。这需要定义清楚产品或服务销售的边界并把客户签约后的续约率及 NDR 与销售进行利益关联，如与职位晋升、年终奖金、评优等直接挂钩。同时，制定销售过度承诺的红线，避免过度承诺的出现。

（4）**销售对客户成功经理的专业度及服务意识缺乏信任，造成客户转交意愿度不够的问题。**

ToB 和 SaaS 企业的客户成功经理是需要成长的，专业属性不同造成人才的成长速度参差不齐，客户成功经理由于能力不够，没有及时有效地解决客户问题，客户投诉到销售，然后销售责问客户成功经理，这是经常发生的事情。因此客户成功经理需要有足够的服务意识，当客户出现问题时，先搁置责任归属，首先帮客户解决问题，问题解决后详细复盘，建立服务标准，并做好培训。此外，企业应该做好客户成功经理的提前招募和培养。

（5）**销售与客户成功经理的客户交接不规范，造成客户信任和期待的结果未能有效传递的问题。**

这个问题的产生是由于销售与客户成功经理之间进行客户交

接不规范，未能有效传递客户关注的价值点、客户期待的结果以及销售与客户之间的信任，客户成功经理服务客户时未能有效地进行价值匹配交付，让客户对客户成功经理产生不专业的认知。因此在客户交接环节中，一是需要营造"今后由服务方面更专业的客户成功经理来为您提供服务"的仪式感，如在启动会上进行客户服务关系的交接，或者由销售在成交后专门带客户成功经理上门拜访客户；二是需要制定标准的交接流程，如什么客户要上门做交接、成交后多少天内拉服务群、拉群后如何互相介绍，以及交接后遇到客户提问或投诉如何处理等；三是需要将交接流程的执行情况进行实时录入和统计，能够实时查询和监督，如建立相关的交接时长、建立联系比例、响应时效等过程指标并定期核查；四是可以将销售与客户成功经理组成小组进行团队作战等。不管是哪种方式，都是希望销售和客户成功经理能够做好有效的客户信息和信任的传递，更好地服务客户，达成客户期望。

销售和客户成功经理各自的优势很明显：客户成功经理由于长期使用产品或服务，对行业和产品都有深刻的理解，这些是销售不擅长的；销售清晰地了解客户的全面信息，比如客户内部谁是核心决策者，其喜好是什么，未来战略规划是什么、需要产品或服务帮助其实现什么样的业务价值，同时销售在前期沟通中已经和客户有过长时间的交流，培养了一定的信任关系。因此在售前阶段，销售在为客户传递产品或服务价值和提供具体解决方案的过程中，客户成功经理可以提供解决方案和产品服务的演示支持；在售后服务阶段，客户成功经理在客户内部推进产品或服务的使用过程中遇到阻碍或者有负面反馈时，销售可以基于前期建立的信任关系，直接出面进行沟通解决。销售和客户成功经理可以在客户生命周期的各个阶段发挥各自的优势，开展紧密的合作，为企业获取和留存更多的客户，帮助客户成功，创造更多的商业价值。

（6）销售团队与客户成功团队缺少双向客户复盘机制，客户信息未能有效共享。

在销售过程中，销售团队需要客户成功经理提供售前方案支持；在客户成功经理服务客户时，也需要销售团队开发符合产品或服务应用场景的目标客户。但是，如果双方不能有效地进行客户信息共享，就会导致以下问题。

- 销售团队不能真正了解企业产品或服务能够帮助什么样的客户和怎样帮助客户成功，对开发的客户的实际产品使用情况也缺少了解，这会导致协同的脱节，无法有效提升销售效率。
- 客户成功经理对销售新开发的客户缺乏足够的了解，也就无法针对性地提炼客户成功实践和输出产品或服务解决方案，无法帮助销售赢单和提高销售效率。

因此，销售团队和客户成功团队需要建立定期进行新老客户复盘的机制，共享客户信息，以提高销售效率和客户成功效率。

在客户成功实践过程中，销售团队和客户成功团队的协同需要定义清楚客户的交接标准和流程，明确双方的职责边界，制定合理的利益分配机制，做好客户信息的共享。只有这样，才能实现客户信息在团队之间的高效流转和共享。通过客户管理，销售和客户成功经理可以在服务过程中查看历史的客户信息、合同情况、订单信息和服务记录等，理解客户的真实需求痛点和问题，从而更好地服务客户，提升客户体验，帮助客户成功。

18.1.2 市场团队与客户成功团队的协同

在客户成功实践过程中，为了提高客户选择、采购企业产品或服务的概率，提升客户使用产品或服务的效果，客户成功团需要沉淀客户成功实践案例，输出产品或服务价值和操作手册，组织老客户参与线下活动或沙龙，提供新产品或服务的宣传素材等。内容输出和活动举办是市场团队擅长的事情，同时案例包装宣传、市场活动举办也是市场部门的重要工作事项。基于相似的工作内容和产出，市场团队和客户成功团队可以在客户案例输出、运营活动举办和素材制作上建立紧密的协同关系，共同为企业品牌价值和服务价值的提升贡献力量。

1. 客户案例输出

市场团队输出的案例包括客户合作案例和客户成功实践案例。其中，客户成功实践案例是指客户成功团队在客户使用产品或服务的过程中，关注客户的使用效果，通过数据分析和实践总结，提炼出能够帮助销售赢单和在更多同类客户中应用的最佳实践和客户证言。相较于合作案例，这些实践案例更具有实战价值，能够更好地说服潜在客户并展示产品或服务的实战效果。

2. 运营活动举办

市场团队通常更擅长举办各种面向所有客户的规模较大、较正式的活动，如周年庆、行业性质大会或客户大会等，主要目的是通过品牌宣传来吸引新客户。而客户成功团队则擅长面向老客户提供定制化的活动，这些活动根据区域、行业或对象的不同而有所不同，主要目的是维护老客户关系、宣传新的产品或服务内容、分享行业成功实践和客户成功经验等。

客户成功团队可以与市场团队联合起来，结合双方的优势，共同开展老客户转介绍和市场宣传活动或沙龙。具体来说，客户成功团队可以提供客户成功实践、邀请优秀客户站台分享、收集客户证言等资源，而市场团队则负责活动的策划和组织。通过这种方式，企业可以实现新客户线索的获取和老客户关系维护的双赢局面，同时也能为老客户提供有价值的行业实践经验，助力业务目标的达成。

需要注意的是，转介绍的线索必须汇总至市场部进行统一流转和分配，以避免销售和客户成功经理之间因线索分配而产生不必要的分歧。

3. 素材制作

产品或服务是持续迭代升级的，例如更新操作手册、发布新功能推荐等。市场和客户成功团队可以合作提炼出行业通用的价值和应用场景素材，通过公众号、视频号、官网等渠道进行一对多的传播。同时，针对特定老客户群体，可以在通用素材的基础上增加与具体客户业务场景相关的内容，进行一对一或小批量的精准推送，实现一份内容多角度、多层次的价值传递。

18.1.3　客服团队与客户成功团队的协同

客服团队和客户成功经理都是为了给客户提供良好的体验，帮助客户通过使用产品或服务实现自己的业务目标。在客户成功实践的整个过程中，虽然客服和客户成功经理的实际工作存在共性，但也有很大的差别。

（1）**不同的服务方式**。客服的服务是被动响应式的，当客户在使用产品或服务过程中出现问题或产生疑问时，会通过400热线、在线客服或微信群等服务通道向客服咨询或投诉。客服采取被动响应的方式解决客户问题，即客户提出什么样的问题，客服就相应地去解决。

客户成功经理的服务是主动出击式的，当客户选择采购产品或服务后，客户成功经理会采取主动出击的方式服务客户。他们通过分析客户使用产品或服务的行为数据、沟通情况等，预测客户可能面临的潜在问题和客户流失风险，主动帮助客户解决问题，提升客户体验，预防客户流失。

（2）**不同的工作内容**。客服的工作主要是响应客户通过服务通道反馈的问题并给予解答和跟进闭环，即简单问题由客服解决；而客户成功经理的工作更加多元，除了响应客户反馈的问题外，还需要培训客户对产品或服务的使用，进行客户运营分析、客户拜访、增购续约和转介绍线索的挖掘，完成续费，提升NDR等，即复杂问题由客户成功经理解决。当客服发现凭借自己的能力难以解决客户问题，需要客户成功经理提供综合性的解决方案时，客户成功经理出面深入了解客户场景，提出解决方案，并协调其他部门和资源来解决客户的问题。

被动响应服务由客服负责，主动服务由客户成功经理负责。客户成功经理会通过数据分析和反馈收集，主动发掘客户的潜在问题，与客户进行沟通解决。同时，企业需要对客户进行分级，高价值的客户直接由客户成功经理进行对接并及时处理他们的问题或需求反馈，低价值客户的问题由客服解决。

（3）**不同的考核指标**。客服关注的是服务客户的质量，其考核指标主要是响应时长、客户问题或工单的解决率、解决时长、客户满意度等；客户成功经理关注的是服务客户的结果，对客户数量和金额的留存情况负责，所以其考核指标主要是客户留存率和净收入留存率。

（4）**不同的能力要求**。客户成功经理比客服的能力要求更高。客服只需要熟悉客户使用产品或服务过程中常问或常发生的问题，当客户咨询或投诉的时候，能够快速响应并回答客户问题；能力稍高的客服还可以做到基本的客户需求收集和跟进。客户成功经理则不一样，因为需要主动服务客户，帮助客户实现业务目标，所以需要熟悉产品或服务，熟悉客户业务，精通某个行业，且需要具备销售能力、项目管理能力、咨询能力和解决方案能力等,更重要的是需要有透过现象看本质的能力,这需要极强的客户洞察力和业务能力。

客服团队和客户成功团队的目标虽然有所侧重,但最终都是为了更好地服务客户,推动 ToB 和 SaaS 企业的收入增长。因此,在客户成功实践过程中,客服团队和客户成功团队需要积极协作,以便更高效地解决客户问题并创造价值。以下是客服和客户成功经理之间协同工作时需要关注的三个方面:

1. 定义清楚工作职责边界

为了确保团队之间的协同工作顺利进行,首先需要明确客服团队和客户成功团队各自的工作职责。客服团队主要负责解答客户咨询的问题,而客户成功团队则负责深入了解客户需求,提供个性化的解决方案,并帮助客户实现业务目标。通过明确职责边界,客户反馈的问题或需求可以快速传递给负责解决问题的团队,避免因职责不清而导致的相互扯皮问题。

2. 建立客户问题流转机制

为了确保客户反馈的问题能够在不同团队之间顺利流转,需要建立一套有效的客户问题流转机制,以确保客户信息的共享。如果收到的客户反馈的问题需要在客服和客户成功团队之间进行流转,客服或客户成功经理需要将完整的客户信息和沟通记录转交给对应的客户成功经理或客服,以帮助问题承接人快速定位客户问题并解决问题,以提升客户体验。

3. 及时跟进和反馈问题进展情况

客服和客户成功经理对转交的客户问题需要有一种共同追踪问题解决结果的意识。无论是将问题转交给哪个部门,只要是经过自己处理的客户反馈问题,都需要持续跟进并反馈问题的进展情况和解决结果。这样才可以确保客户反馈的问题得到及时关注和解决,提高客户满意度。

18.1.4　产研团队与客户成功团队的协同

产品研发与客户成功之间是天然不可分割的。产品研发的初衷,就是满足客户的需求,帮助客户取得成功。在产品销售之后,市场和销售团队努力让客户选择并采购产品。而如何让客户通过使用产品获得业务成功,客户成功团队在其中扮演了关键角色。客户成功团队通过主动服务客户,发现产品与客户实际业务场景的结合可能会出现的问题,以及如何优化产品以更好地帮助客户。他们收集的问题和需求反向推动产品迭代和升级,不断提升产品价值和使用体验。

产品的不断迭代和持续优化,需要产品经理和客户成功经理在客户需求、需求还原、产品设计、产品研发、客户使用、客户反馈、产品迭代的整个过程中紧密协同,实现正反馈循环。只有这样,才能不断提升产品体验,帮助客户创造更大的价值。为了确保产品设计与研发不脱离客户的实际业务场景需求,产品经理需要与销售和客户成功经理保持同频,了解客户的需求和心声。只有产品经理和客户成功经理协同,才能做出更好的产品。

在客户成功经理主动服务客户的过程中,可能会遇到客户提出 Bug 反馈或提出新的需求。当遇到这种情况时,产品经理需要及时响应,协同研发团队一起进行 Bug 修复和新功能排期。这样可以帮助客户解决问题,提升客户使用体验和满意度。

产研团队和客户成功团队的协同,在存量增长阶段扮演着重要角色。在这个阶段,客户在使用产品过程中遇到的实际问题和衍生出的新需求,更加贴近真实的业务场景和使用需求。因此,以下三种场景可以加强产研团队和客户成功团队的协同。

1. 共享反馈和需求讨论

客户在实际使用产品过程中会发现 Bug 并产生需求,这些信息会反馈给客户成功经理。作为主动服务客户的客户成功经理,在协同产品经理和研发团队解决客户问题时,应具备"让产品更好"的心态,定期整理客户反馈的问题,并及时共享给产品经理和研发团队,为产品的迭代升级提供支持。

- **对于客户反馈的问题**:产品经理和研发团队应协助客户成功经理进行解决。如果客户反馈了使用上的问题或 Bug,产品经理无法解决,可以从产品逻辑和功能使用的角度,为客户成功经理和客户提供详细的培训与使用指南。或者通过工单流程,研发团队根据优先级进行 Bug 的修复。
- **对于客户提出的新需求**:客户成功经理应详细记录,产品经理需要对需求进行场景还原,并根据需求的紧急重要程度进行优先级排期,同时将这些需求纳入产品路线图中。产品和研发团队再进行需求的评估,然后进行设计和开发。
- **及时共享客户反馈**:客观真实地帮助产品和研发团队了解客户的真实使用场景和体验,有助于产品经理和研发经理深入了解客户需求,熟悉客户的使用情况和应用场景,从而设计和迭代出能够更好地帮助客户成功的产品。
- **定期讨论客户需求**:在进行产品设计时,经常遇到关于需求是否必要、何时实施以及如何实施的问题。此时,客户成功经理可以利用客户的实际业务使用场景和客户服务经验,帮助产品经理评估需求是否为真实需求。当确定需求真实有效后,客户成功经理可以根据需求对客户使用流程的重要性或阻碍程度，协助产品部门进行需求排期规划。同时，评估需求何时实施更为合适，功能点何时实现效果更佳。客户成功经理也可以根据对不同客户的业务和产品使用情况的了解，与产品经理讨论如何把客户的需求在产品设计层面进行体现，以提升客户体验。

2. 监测客户数据

客户成功经理需要全面监测客户使用产品的相关数据，以提前发现客户遇到的问题并了解其真实使用行为和情况。这样做不仅有助于客户成功经理主动为客户提供更好的服务，帮助客户成长，还能为产品的迭代提供更好的支持，使产品更加优秀，为客户创造更大的价值。

为了实现这一目标，客户成功团队和产研团队需要达成共识，明确需要收集哪些客户使用产品的数据，并设计相应的数据收集规则。然后，将这些规则交给产研团队进行数据埋点，以便随时监控客户使用产品的数据并进行数据分析。

在分析数据的过程中，客户成功经理需要主动解决客户问题，而产品经理则可以根据分析结果进行一定的产品设计迭代。通过这种方式，客户成功经理能够更好地理解客户的需求和痛点，而产品经理则可以根据客户的反馈不断优化产品，从而为客户提供更优质的产品和服务。

同时，客户成功经理还可以利用收集到的数据对客户进行更精准的定位和分类，以便更好地了解不同类型客户的需求和偏好。这将有助于企业更好地制定营销策略和推广方案，提高客户满意度和忠诚度。

总之，通过全面地监测客户使用产品的相关数据，企业和客户成功经理可以更好地了解客户的需求和痛点，为客户提供更优质的产品和服务。同时，这也有助于提高企业的市场竞争力，为客户创造更大的价值。

3. 携手帮助客户使用产品

ToB 和 SaaS 企业在设计和研发产品时，希望客户能够通过使用产品实现业务增长，并熟练掌握产品，发挥产品价值。产品经理作为最了解产品的人，可以通过与客户成功经理（最了解客户业务的人）紧密协作，帮助客户快速实现产品与业务的结合。例如，产品经理需要为客户成功经理提供产品的使用培训，让他们能够更熟悉产品的设计理念、产品逻辑和使用方法。这有助于客户成功经理更好地培训客户，使客户更快地掌握产品的使用方法，从而促进业务成长。同时，产品经理也可以亲自参与客户的产品培训过程，从更专业的产品角度帮助客户更好地理解和使用产品，使产品的价值最大化。

18.2 跨部门协同的 RAPID 沟通决策模型

在 ToB 和 SaaS 企业的客户成功实践中，各个部门经常形成信息孤岛，许多重要信息未能实现有效共享，且在客户成功的标准认知和关键指标上没有达成共识。如果企业的每个部门都试图在没有经过有效沟通和协调的情况下，进行客户成功工作的协同，那么沟通效率会很低，会产生很多因认知不一和本位主义的内耗，沟通成本居高不下，造成资源的浪费，且无法快速有效地为客户提供良好的客户体验，最终影响客户成功目标的达成。

客户成功是一个"以客户为中心"的商业模式，需要多部门协同才能够帮助客户解决问题，实现客户业务目标。例如，当客户在使用 SaaS 产品遇到 Bug 时，需要技术的支持；当涉及客户需求时，则需要产品和研发的支持。客户成功主动服务的工作性质决定了获取并解决客户问题和满足客户需求是常态，因此需要建立跨部门高效协同的沟通决策闭环机制。

客户成功跨部门协同实际上是一个跨部门沟通决策的过程，出现争端是非常常见的现象。例如，客户成功团队服务的客户反馈了许多问题，应该优先解决哪些问题呢？在这个过程中，如果没有明确谁来做出决策以及提供决策支持，就有可能会导致跨部门沟通的结果变成一个妥协的方案，甚至出现反复。

要打破客户成功跨部门有效沟通决策的瓶颈，关键是厘清沟通决策的相关角色和责任。优秀的客户成功团队能辨别出哪些责任对促进客户成功净值目标的达成最重要。优秀的客户成功团队需要分清谁应该引导客户成功的方向，谁负责批准，谁负责提供信息或意见，谁最终承担沟通决策的责任，谁负责跟进执行，并将这些流程变为常态化的运营机制。

这里介绍一种 RAPID 沟通决策模型，它是由沟通决策过程中 5 个阶段的英文单词首字母组成的：建议（Recommend）、批准（Agree）、执行（Perform）、贡献（Input）和决策（Decide）。这个模型提醒我们在客户成功实践中，各个部门需要明确自己的角色和责任，按照一定的顺序进行沟通决策，以确保跨部门的高效协同和客户的满意度。

- **建议者**：建议者负责提出客户成功实践的方案，并收集信息提供数据和分析以协助及时决策。在制定客户成功实践方案时，建议者会咨询意见提供者（即贡献者）的意见，认真听取并理解他们的观点，同时争取他们的支持。建议者必须擅长分析，勇于尝试，并具备高超的组织能力。
- **批准者**：批准者负责客户成功方案的批准，并拥有否决权。如果批准者认为客户成功实践方案可行，则会通过；如果不可行，则会打回。实施否决权可能导致批准者与建议者之间产生争论，进而可能需要调整方案。如果争论时间过长或双方无法达成一致意见，可以将问题提交给决策者进行协调处理。

- **执行者**：一旦客户成功实践方案最终的决策确定下来，某个人或某群人就会负责具体执行。在客户成功实践中，建议者的角色与执行者的角色很可能是重合的。
- **贡献者**：贡献者负责提供客户成功实践的相关意见。这些意见通常与决策是否可行有关。由于贡献者也可能参与具体的执行，建议者应认真听取他们的意见。虽然相关信息与决策并不直接相关，但其重要性不容忽视。
- **决策者**：决策者是正式确定客户成功实践方案的人。无论结果如何，决策者都会担任最终负责人，并有权解决客户成功实践方案决策流程中的任何阻碍，推动相关方贯彻执行。

客户成功实践的跨部门沟通决策的关键在于清楚地定义各角色的分工和责任，然后明确地分配各项任务。

客户成功跨部门沟通决策是一个逐层决策的过程，例如从最主要的问题开始，然后进入第二层次，再深入到更细的环节。在每个决策层次，确保抓住核心内容，这样对下一层次的方案才有清楚的认识，因为它们可能影响你在更高层次的选择。首先是在客户成功方向和目标上进行战略性的宏观决策，其次是战术性的微观决策，最后才是具体的客户成功行动计划。

接下来将以从事新能源物流车租赁业务的 ToB 企业为例，梳理客户成功实践关键部门之间的业务沟通决策的关系（见表 18-1）。表格中涉及的 11 个部门分别为市场部、销售部、履约交付部、客户成功部、客服部、产品部、技术部、产品供应链部、财务部、法务部、人力资源部，还有一个角色是高层管理者，11 个增长环节包含认知、触达、培育、评估、选择、交付、成长、续约、增购、转介绍和回流。每个业务与部门的交叉部分应填写对应的 RAPID 的内容。ToB 和 SaaS 企业在实操过程中，需要根据实际的业务场景把与客户成功实践相关联的部门和角色涵盖进来进行全局的思考。

表 18-1　新能源物流车租赁业务 RAPID 沟通决策模型

环节	部门											
	市场部	销售部	履约交付部	客户成功部	客服部	产品部	技术部	产品供应链部	财务部	法务部	人力资源部	高层管理者
认知	I	I		I		R/P/D		I				A
触达	R/P/D	I		I								A
培育	R/P/D	A				I					I	
评估		R/P/D	A	I								
选择		R/P/D		I					A	I		
交付		I	R/P/D	A		I	I	P			I	
成长		I		R/P/D	R/P/D	I						A
续约				R/P/D					A	I		
增购				R/P/D				I/P				
转介绍	R/P	I		A/D								
回流	I	A		R/P/D		I				A		I

跨部门沟通的决策过程需要一个完整的沟通决策信息记录载体，这可以是某个办公协同系统或会议纪要工具。通过将沟通决策的相关内容在线化，可以及时同频、跟进并了解哪个客户在哪个业务环节出现了问题，以及相应的部门是否及时响应和解决。

在 ToB 和 SaaS 企业的客户成功实践中，客户经常通过在线客服或 400 服务热线咨询问题。为了解决这些问题，企业需要一个对应的客服系统或客户成功管理系统来收集与客户咨询的问题相关的数据，如响应时长、问题一次性解决率、工单关闭时长、高频问题或需求、投诉集中点等。当触发了设定的某个标准规则后，可以进行风险事件预警。

通过分析客户使用数据或客户与企业互动的记录，客户成功经理可以发现客户存在的风险点，并决定是否需要客服、产品、技术或供应链部门重点关注和解决。如果需要相关协同部门重点关注，客户成功经理需要汇总、还原问题场景，及时找到对应部门进行关闭解决，并每周进行定期的客户问题和需求复盘。

定期进行问题和需求的进度统计分析是跨部门沟通的重要环节。例如，在某个特定时间段内，统计每个客户成功经理负责管理的客户出现的问题或需求的频次和触发的条件，这些问题和需求的处理进度是怎样的，已解决关闭和还未解决关闭的有哪些，定期复盘讨论的结果的落实情况怎样，当前遇到的卡点是什么，还需要什么资源支持等。

跨部门沟通的基础是基于客户健康度进行多维度监测和风险预警，因此需要多部门协同解决。为了实现这一目标，企业需要一个有效的工具来将整个跨部门协同和沟通决策的流程串联起来。否则，这个流程会在分散的各个系统内变成一个个孤岛。例如，企业可以将产品使用数据、在线或 400 客服系统、工单系统和 CRM 系统进行关联，实现以客户为中心的数据连接，全局地进行客户的透视和分析，高效地实现跨部门的协同。

当遇到影响较大且高频高发的问题或者需要多角色多层级沟通决策的事项时，企业可以通过 RAPID 模型进行高效的决策，并有序地跟进落实，以实现客户成功的跨部门高效协同。

客户成功的关键在于行动。沟通决策的终点不是决策本身，而是客户成功实践决策后的落地执行。因此，客户成功跨部门沟通的目标不应该仅仅是达成共识，而是需要赢得协同部门的支持。如果我们只是为了追求意见一致，反而会影响甚至妨碍客户成功实践的行动。追求意见一致往往意味着因内部利益或关注点的差异，在客户成功话语权和资源不足情况下所做的妥协，而不是真正的"以客户为中心"。

为了实现"以客户为中心"，企业需要在适当的时间从适当的部门和层级中选出适当的人员参与到沟通决策中来。只有这样才能明确权利和责任，权利和责任的明确是保证跨部门沟通顺利进行的关键因素之一。最基本的要求是：谁负责提供信息、发表意见？谁制定决策？谁负责执行？因为权利和责任不明导致的结果大概率就是僵持和拖延，最终可能使客户对企业失去信心而选择离开。因此明确权利和责任是至关重要的第一步，之后才谈得上如何将权利和责任分配给各个层级人员以便实现更高效的跨部门协同。在这个过程中最关键的要素就是在适当的时间从适当的部门和层级中选出适当的人员参与到这个过程中来，只有这样才能真正以客户为中心创造价值，进而助力客户成功实现企业的净值目标这一最终目标。

客户成功实践的沟通，需要准确识别客户和利益相关者的需求与利益点，同时，也要重视沟通对象的"客户沟通体验"以及沟通内容的"价值"。在跨部门沟通决策中，需要提前约定好进展汇报的时间和方式，以追踪过程。一旦出现异常，应立即协调资源，调整进度，并且将事情的优先级调整以及相关的信息及时同步给利益相关者，以保证他们也能及时调整时间和分配精力。此外，应建立监督机制，以保证沟通决策结果的落地。

客户成功实践的跨部门沟通决策需要井然有序的组织支撑。在明确决策的角色和权责所在的同时，也要通过评估与激励机制、信息流和企业文化来强化正确的跨部门沟通决策的方法论。让直接受跨部门沟通决策影响的人参与到沟通决策流程中来，因为参与思考和沟通新的决策行为的过程本身就会激励关联部门接受决策并落实决策结果。

跨部门沟通在很多情况下是一个价值交换的过程。每个部门都有自己的价值体现，在"以客户为中心"的客户成功实践中，建立统一的"客户成功"目标是关键。跨部门沟通的目的在于通过沟通达成共识，做出有助于客户成功的决策。决策也是一个选择，选择对客户和对企业都有利的决策。如果只符合其中一方的利益，往往是不长久的。因此，ToB 和 SaaS 企业在客户成功实践的跨部门沟通决策过程中，可以借助 RAPID 的沟通决策模型找到潜在的瓶颈，通盘考虑客户成功实践环境和场景变化时涉及的决策角色和权责分配的变化。只有勇敢地踏出第一步，才能从每一次沟通决策开始逐步实现跨部门的高效协同，帮助客户成功。

第 19 章
评估客户成功的投入

在高度不确定且易变的商业环境中，ToB 和 SaaS 企业的老客户收入贡献对企业来说至关重要。因为获取新客户的成本是留住老客户的成本的 5～8 倍，而在一家健康的企业中，老客户贡献的收入占比可以达到 80%。当客户留存率提高 5% 时，企业利润能提升 25%～95%。客户流失会对企业产生巨大的影响，会导致企业收入的下降、利润的急剧下滑，以及各种负面评价和口碑效应。因此，为了企业的持续稳定发展，重视并加大客户成功的投入是至关重要的。

19.1 客户成功投入需关注的盈利指标

对于 ToB 和 SaaS 企业来说，客户成功实践是提高客户留存率和净收入留存率的关键。这不仅可以促进企业的健康、稳定增长,还能吸引内部团队和投资者。为了在客户成功上进行投入,企业需要关注财务盈利指标,以便对业务的投入和产出有清晰的认知。

19.1.1 客户成功关注的 3 个盈利指标

客户成功是通过主动服务获取收入的增长,毛利率、销售费用率和自由现金流率是其中需要重点关注的 3 个盈利指标。

- **毛利率**:指毛利占销售收入的比例,主要反映 ToB 和 SaaS 企业的上下游议价能力,是衡量企业利润水平的重要指标之一。SaaS 企业的成本主要来源于产品研发、专业服务、市场营销和销售等相关的人力成本、销售费用和服务费用的支出等。SaaS 企业一般具有较高的毛利率,平均在 76% 左右;其他 ToB 企业的毛利率较低,在 10%~50%。毛利率越高,意味着议价能力越强,反之则弱。客户成功视角的毛利率是需要重视服务的增值效应,放大增值服务的价值的。
- **销售费用率**:指企业销售费用占营业收入的比例。它体现企业为取得单位收入所花费的单位销售费用,或者销售费用占营业收入的比例。它主要反映了 ToB 和 SaaS 企业在某个时期发生的所有销售费用所带来的收益,是衡量企业获取客户和老客户续约、交叉及向上销售效率的重要指标。销售费用率受各种随机因素的影响而上下波动,一般允许有适当偏差,但如果波动超出正常范围,就应引起注意,需及时采取措施控制费用的上升。它是 ToB 和 SaaS 企业重要的费用项,占收入比重的 20%~45%。销售费用率和毛利率呈负相关关系,销售费用率高,则毛利率低,所以企业应该在保持一定的产品成本的情况下管控销售费用率，从而提高客户成功的收益能力。
- **自由现金流率**：指 ToB 和 SaaS 企业可以自由运用的现金占营业收入的比例，具体来说，是企业支付运营费用和资本支出后，所剩余的能实际支配的现金比例，即企业自由现金流的效率，用自由现金流除以收入得到。从客户成功的角度来看，需要重视老客户的收入回款目标，以及续费率、续约率和 NDR 等指标。同时，也要关注回款的现金流情况。只有当自由现金流率保持正常时，客户成功运营才算正常。实践证明，客户成功的效果非常明显，投资者最关注的是能反映现金创造和支配能力的自由现金流率盈利指标。对于健康的 ToB 和 SaaS 企业来说，如果自由现金流率为正值且自由现金流持续流入，甚至持续增长，则说明企业的运营风险较低。相反，如果自由现金流率为负值，则代表企业的运营风险较高，需要重点关注企业资金流出的原因，以及这种情况是长期的还是短期的。此时，应加强企业的回款管理和节奏把控，以确保企业的稳健发展。

19.1.2　40 法则在客户成功实践中的作用

当企业发展到一定规模时，就需要关注"40 法则"（Rule of 40），这是一个在 SaaS 领域很火的方法，用于评估一家企业的增长与盈利能力和短期收益与长期收益之间的平衡点。40 法则是指营业收入增长率和利润率之和大于或等于 40%，即营业收入增长率 + 利润率 ≥ 40%。这表示 ToB 和 SaaS 企业的业务健康，具有较高投资价值，反之亦然。

例如，某个做 ERP 产品的 A 企业的营业收入增长率为 10%，利润率为 8%，两者相加为 18%，低于 40%。这表明该企业需要

"加大投入",但其增长情况不理想,因此属于不健康的企业。再如,B 企业的营业收入增长率为 18%,利润率为 18%,两者相加为 36%,增长率和利润率持平。这表明该公司"加大投入"的增长处于平衡状态,但长期业务价值还需要观察。又如,C 企业的营业收入增长率为 20%,利润率为 25%,两者相加为 45%,大于 40%。这表明该企业的业务状况良好,具有较高的投资价值。

为了更深入地理解 ToB 和 SaaS 企业的增长情况,我们可以将营业收入增长率和利润率拆分为增量和存量两部分。这样可以看到企业增量和存量之间的增长和利润贡献情况,由此可以判断在哪个阶段需要加大投入。一般来说,ToB 和 SaaS 企业的增长前期需要在增量部分投入最大的资源。当企业经历 PMF 之后,就需要在存量老客户上逐步加大资源投入。客户成功是贯穿整个 ToB 和 SaaS 企业的经营过程的,因此资源的投入需要慎重,并要根据企业的发展阶段进行有效的整合和管理。

19.2 客户成功实践投入的预算结构

ToB 和 SaaS 企业要启动客户成功,就需要搭建客户成功团队,采购客户成功管理系统,并开展主动服务与客户建立联系进行互动。为此,需要从企业的全局视角出发做好启动客户成功实践的预算,合理整合和分配企业资源。客户成功预算主要包含人力成本预算、系统成本预算和主动服务成本预算等,每一项预算都需要根据企业的客户成功的运作模式进行相应的匹配和设计。

1. 人力成本预算

ToB 和 SaaS 企业启动客户成功时,组建的客户成功团队一般包含客户成功负责人和客户成功经理两种类型的成员。其中,客户成功经理的人力成本是客户成功团队中占比最高的部分。因此，企业需要做好客户成功经理的需求规划，并优先进行客户成功经理的预算设计。

对于一个 ToB 和 SaaS 企业来说，需要多少客户成功经理以及花费多大的客户成功人力成本呢？这需要根据企业的业务模式，例如每个客户成功经理所负责的客户数量、所服务客户的合同金额（ACV）或服务的产品数量来设定一个合适的客户成功经理年产值。以采取年费方式收费的 SaaS 企业为例，行业常规标准是一个客户成功经理服务客户的 ACV 为每年 200 万～500 万元；而对于采取月租方式收费的新能源物流车租车企业来说，通行的做法是一个客户成功经理服务 1000～2000 辆车，然后按照月续租租金乘以服务车辆数再乘以续租月数来计算年服务租金收入。

基于企业服务总产值可以确定客户成功经理的人数。用企业年总续费收入产值除以单个客户成功经理所负责的续费收入产值，就能够很清楚地得出需要多少个客户成功经理才能覆盖所有的客户。例如，SaaS 企业的年总续费收入产值为 1 亿元，单个客户成功经理所负责的续费收入产值为 200 万～500 万元，用企业年总续费收入除以单个客户成功经理所负责的续费收入产值，得出企业需要 20～50 个客户成功经理。

根据需要的客户成功经理人数，可以设计合理的客户成功组织架构。例如，根据上面计算出的 20～50 个客户成功经理人数，可以得出客户成功团队的组织架构为 1 个客户成功 VP、20～50 个客户成功经理，然后把 20～50 个客户成功经理分成 10 人一组的客户成功组，可分为 2～5 个组，每组配 1 个组长，则需要 2～5 个组长。

最后，根据客户成功人才的市场价估算人力成本。客户成功团队中会存在不同的角色，而每种角色的薪资水平也会有较大差异。企业需要根据自身情况合理设计薪酬结构。根据上面的核算，1亿元的续费收入产值，需要20～50个客户成功经理、1个客户成功VP、2～5个组长，才能保证客户成功团队的有序运营。假定ToB和SaaS企业招聘1个客户成功VP一年的总成本大概为50万元，招聘1个负责一个客户成功组的组长一年的总成本大概为20万元，招聘1个客户成功经理一年的总成本大概为15万元，那么客户成功团队一年的人力成本总预算为390万～900万元。

2. 系统成本预算

客户成功实践需要系统的支持。通过系统对客户资料进行管理和分层，并记录与客户的互动结果，分析客户使用产品或服务的数据，能够快速了解客户续费、续约、增购、转介绍、NPS、NDR和客户健康度等情况，挖掘客户的行为特征、风险预警等，然后给客户提供主动服务，帮助客户解决问题，提升客户使用产品或服务的体验。因此，采购客户成功管理系统是必要的，如果企业有自己的产研能力，也可以自主研发。市场上的客户成功管理系统的采购成本一般在几万元到几十万元不等，企业需要根据自己的业务实际情况，评估并选择适合企业发展现状的系统。合适的系统能够帮助客户成功团队大幅提高主动服务的效率，降低因客户情况不明造成的沟通成本，提升客户体验，降低流失概率。因此，ToB和SaaS企业每年需要花费一定的系统采购成本。

3. 主动服务成本预算

客户成功的工作性质是主动服务，需要根据客户的实际情况，主动指导和培训客户使用产品或服务、提供客户服务支持等，上门拜访客户或通过电话访问客户是高频的互动行为。在主动与客户互动的过程中一定会产生差旅费、交通费、业务招待费、话费等。针对这些主动服务成本,企业需要提前做好预算,当团队因实际业务的开展产生了费用时,需要及时报销,给予团队安全感和确定性。

在实际的客户成功实践过程中,可能还会发生其他的费用,如老客户活动费用、参加行业峰会的费用、员工福利等。不管是哪种费用,都是企业开展客户成功实践需要进行投入的资源。因此企业需要对客户成功实践的投入有个清晰的认知,做好预算管理工作。客户成功的预算是规划、控制、引导客户成功实践有序进行的关键。做好客户成功的投入预算可以实现企业整体经营管理的有序运作,也可以加强客户成功各利益相关者之间的协作,同时也是客户成功实践业绩的重要考核依据。企业可以通过客户成功实践的预算与实际的对比,全面地了解客户成功实践的效率和对企业业务发展的贡献,客观评价客户成功的实际价值。

19.3 客户成功投入预算的注意事项

在许多 ToB 和 SaaS 企业中,客户成功负责人往往在预算流程的最后阶段才参与,甚至根本不参与企业的预算。这种情况对开展客户成功实践非常不利,因此,企业在做客户成功的投入预算时,需要注意以下 6 个方面。

1. 与高层就客户成功收入达成共识

客户成功通过主动服务的方式,实现老客户收入的增长,这是不争的事实。既然有收入的量化,那么客户成功就承担了 ToB 和 SaaS 企业收入增长的目标和使命。与公司高层,特别是财务负责人就客户成功能够实现的收入达成共识就显得尤为重要。在客户成功收入目标明确的情况下,制定客户成功的投入预算才有目标的牵引和预实分析管理的基础。如果客户成功负责人只是从增加老客户服务投入以提升客户体验的角度出发做投入预算，成功概率很低；如果能够结合老客户收入增长维度进行沟通，成功概率会很高。换一个角度看客户成功投入预算，客户成功的成本也可以作为老客户的销售成本，与新客户的销售成本的差异在于，一个是通过对存量客户主动服务发生的，一个是通过对增量客户进行客户开发发生的。

2.贯穿客户全生命周期的财务模型

对于客户全生命周期的主动服务，每一个环节都会产生成本和费用，每一笔成本和费用都需要有清晰的数据模型支持。存量增长阶段的成长、续约、增购、转介绍和召回环节，都能够测算和衡量出相应的转化数据，以及投入的成本和费用、获得的收益等。将每一个环节的转化数据与财务数据进行结合，可以构建一个客户成功负责人和企业管理层可控、可测算且可实践的财务数据模型，以指导客户成功实践并优化企业的运营。这样，客户成功投入预算就有据可依，处于企业整体的预算管控中，客户成功实践有序化就有最大的确定性。

3.可验证的客户成功实践效果

在 ToB 和 SaaS 企业中，很多部门会将客户成功视为成本中心。但实际上，客户成功是企业收入的增长引擎。如果能够将客户群体分为有客户成功经理参与和没有客户成功经理参与两部分，并对两部分客户群体的关键数据指标进行比较，就可以发现有客户成功经理参与的客户群体的流失率更低，且续约率、续费率、增购线索、转介绍线索和 NDR 高于没有客户成功经理参与的客户群体。通过这样的方式，可以有效地证明客户成功的价值，从而在客户成功的投入预算上达成共识。

4. 客户留存成本的结构化拆解

在客户成功的客户留存成本的结构化拆解中，需要明确成本来源与提供价值的关系。很多 ToB 和 SaaS 企业提供的客户成功服务是其销售的商品或产品的一部分，即客户采购了企业的产品或服务后，会配套相应的产品或服务使用帮助，如客服咨询支持、产品或服务培训、交付经理的专业服务等，这些属于已售商品成本。同时，也有一些企业提供的客户成功服务除了配套帮助外，还包括为了提高老客户收入而做的相关工作，如客户成功经理主动服务、客户续约、挖掘增购或转介绍线索、客户召回等，这些成本归属于老客户销售成本。因此，可以将老客户的留存成本拆解为已售商品成本和老客户销售成本。

5. 与市场、销售、产品和研发部门沟通需要协同的工作内容

在做投入预算时，客户成功部门需要与产品和研发部门沟通即将开展的客户调研、产品培训、操作指引和客户反馈问题协同等工作，这些都会产生相应的成本，同时还需要与市场和销售部门沟通将开始的新客户和老客户的拓展计划，涉及的组织调整、业务活动协同（如售前支持、转介绍客户线索、客户开发计划等），这些会产生相应的市场营销或销售成本。只有与协同部门对齐工作规划和投入预算，才能够有序开展工作，以免团队协同时造成不必要的麻烦。

6. 系统和团队成长的投入

客户成功实践需要系统支持，以实现高效、规模化运转。在没有系统支持的情况下，使用 Excel 或在线文档进行客户分层管理和业务流程流转是不够的。为了提高效率和质量，客户成功实践需要专业的系统和工具来进行客户数据的管理、分析等。

同时，客户成功团队自身也需要得到持续的投入和支持，以

帮助他们快速成长。这包括提供专业的培训、会议和人才认证等。在这些措施的加持下，客户成功团队才能更好地发挥作用，帮助企业实现业务目标。

此外，客户成功团队需要与所有客户建立关系，如果 ToB 和 SaaS 企业能够多关注和支持客户成功团队，团队成员就会更加投入地为实现企业的净值目标去努力。因此，可以说"客户成功是团队的成功，团队成功是组织的成功"。

第 20 章
有效监控和洞察客户流失风险

客户成功是 ToB 和 SaaS 企业反熵增的增长引擎，它需要通过分析客户使用产品或服务的数据情况，洞察客户可能面临的问题和流失风险，并提供主动服务来降低客户流失率，以实现企业的净值目标。因此，建立客户健康度模型并具备相应的风险意识对有效地监控和洞察客户的流失风险至关重要。

主动服务的关键在于，在客户尚未发现问题时，客户成功经理已通过客户健康度模型洞察到客户可能面临的问题或风险。这样，他们可以主动为客户提供解决方案，帮助客户解决问题，提升客户体验和产品或服务的使用效果。

20.1 客户健康度的重要性

客户健康度是衡量客户使用产品或服务的状态是否健康、是否有流失风险的指标。ToB 和 SaaS 企业通过分析客户使用产品或服务的行为数据和与企业互动的情况，依据一定的计算规则，对企业的所有客户进行综合评估，并用对应的量化分数来表示客户的健康状态和流失风险的概率。这样，客户成功团队可以通过客户健康度来发现客户将遇到或正在遇到的问题，并主动帮助客户解决问题。此外，他们还可以挖掘客户续约、复购、增购、转介绍和流失的可能性，并思考下一步的行动，以降低客户流失率，提升客户续约、复购、增购和转介绍的概率。客户健康度是客户成功经理工作的仪表盘和方向标，因此每家 ToB 和 SaaS 企业都需要构建客户健康度模型。

由于每家 ToB 和 SaaS 企业的产品类型、业务模式、客户群体存在较大差异，客户健康度的评估维度、方式和模型也各不相同。从客户成功的视角看，一个标准的客户健康度模型必然包含对客户留存产生影响的各种因素，比如客户使用产品或服务的情况、活跃情况、与企业沟通的积极度、满意度和与产品或服务的链接深度等。此外，客户健康度模型还需要根据实际业务沉淀的历史数据并结合企业客户成功的最佳实践，持续迭代升级，以跟上业务的发展节奏，更精准地预测客户的增值机会和流失风险，从而为客户提供更好的服务，帮助客户成功。

1. 帮助客户成功经理聚焦于有效的工作

客户健康度能够帮助客户成功经理实时监控并洞察每个客户的健康状态和流失风险，从而使他们将主要精力放在能够产生更大收益的工作上——降低客户流失率、提升客户增值的概率，并达成客户净值目标，实现真正的客户成功。

在企业的客户成功实践中，某客户成功经理发现其负责的客户中，30% 的客户健康度评分为 80 分以上，30% 的客户健康度评分为 60~80 分，20% 的客户健康度评分为 40~60 分，10% 的客户健康度评分为 20~40 分，10% 的客户健康度评分为 20 分以下，甚至出现 0 分的客户。

通过客户健康度评分，客户成功经理可以快速了解到：80 分以上的客户有较高的续费概率，60~80 分的客户需要持续跟进，40~60 分的客户存在较大的流失风险，20~40 分的客户具有非常大的流失风险，20 分以下的客户必然会流失。因此，客户成功经理应将大部分精力放在 60 分以下的客户身上，针对具体的流失风险点制定相应的策略并开展工作。

对于 60 分以上的客户，除了进行正常的主动服务外，还需要挖掘是否有增购、转介绍的机会，以提升净值目标达成率。通过这种方式，客户成功经理可以聚焦于更加有效的工作，以提高客户满意度和忠诚度，为企业创造更大的价值。

2. 洞察和发现提升客户体验的机会

客户健康度能够帮助客户成功经理洞察和发现提升客户体验的机会。客户成功经理根据客户健康度的评分情况，分析导致客户健康度低的原因，并针对性地提出改进方案进行优化和提升。例如，对于一家提供新能源物流车租赁服务的 ToB 企业，客户成功经理发现某城配物流企业的客户健康度较低。他们对与客户健康度相关的各项指标进行深入分析，发现了车辆交付时效慢、交付车辆与租车订单要求不一致、车辆维修报价不规范以及客户消息经常被忽略等问题。

经过进一步调研，客户成功经理发现车辆交付时效和车辆性能整备未实现标准化，同时订单数据的调整未能与负责履约交付的部门实现及时同步，导致交付人员按照原始订单的要求进行交付。针对这些问题，他们需要协同销售部门、履约交付部门和商品部门共同制定车辆交付标准和信息同步机制。

接下来，客户成功经理需要主动与客户沟通，并提供服务升级方案，与客户一起努力提升该客户的健康度。通过这种方式，他们可以发现并解决影响客户体验的关键问题，从而提高客户满意度和忠诚度。

3. 提高老客户收入回款的预测准确性

收入回款是每一家ToB和SaaS企业都非常关注的关键指标，因为它直接影响企业的盈利能力。如果企业能够了解所有客户的健康度情况，就可以更准确地评估出在某个时间段老客户收入回款的可能性以及回款的金额。同时，企业还可以根据对客户流失风险的评估，准确地判断需要投入多少资源来留住有流失风险的客户。因此，企业需要具备通过衡量客户健康度情况来合理调配资源的能力，以最大限度地提高资源的效用。

客户健康度是一个重要的过程管理指标，而续费率和NDR则是结果指标。客户健康度是实现净值目标的重要杠杆，因此需要与客户成功经理的绩效挂钩。具体挂钩比例需要根据企业的实际情况来定，一般建议根据3~6个月的客户健康度与净值目标的数据变化情况来调整。此外，企业还需要针对客户健康度的实践做出相应的成本投入预算，以便更好地对客户成功进行有效的分析，从而充分发挥客户成功的价值。

20.2　4步构建客户健康度模型

每家ToB和SaaS企业的产品或服务、业务模式和目标客户群体都有所不同，因此没有完全统一的客户健康度模型。但是，其算法逻辑、构建方法及操作步骤是相似的。客户健康度模型的算法公式可以简化为：

$$客户健康度 = 指标1 \times 权重1 + 指标2 \times 权重2 + \cdots + 指标N \times 权重N$$

下面我们将通过4个步骤完成客户健康度模型的构建并给出具体的案例。

20.2.1 区分产品或服务类型，明确客户分组

企业提供的产品或服务可能是一个或多个，面对的客户群体和服务对象也有所不同。不同的产品或服务的关键行为指标会有差异，例如SaaS产品的指标是纯互联网产品的指标，而供应链型的服务产品则是供应管理、物流配送和实体商品等相关的指标；不同客户群体的产品操作行为、续费意愿、使用深度等也可能会有很大的不同。因此，ToB和SaaS企业需要区分不同的产品或服务类型，并对客户进行分组，为不同产品或服务的不同客户群体设计针对性的客户健康度模型。

在实操中，有的企业可能同时面临跨境卖家的ERP产品、海外仓客户的WMS产品、物流企业的TMS（运输管理系统）产品等多种产品类型，这时就需要进行区分，并为每一种产品设立一个客户健康度模型。企业面对的客户群体可能同时存在"企业客户"和"个人客户"，他们的关注点和行为有所不同，企业客户更关注流程流转和财务数据表现，而个人客户更关注功能操作的易用性。每家企业都会有"老客户"和"新客户"的差别，有不同细分行业客户的差别，也有"KA客户"和"中小客户"的差别，KA客户更看重流程的严谨性，风险意识较强，而中小客户更关注流程的易操作和功能的简易化等。因此，ToB和SaaS企业需要根据产品或服务、客户类型等，以合适的方式进行客户分组（见图20-1），然后再为每一个客户组设计出匹配的客户健康度模型。

这样设计出来的客户健康度模型才更有针对性和精准度。

客户A组　　客户B组　　客户C组　　　　客户N组

图 20-1　客户分组

20.2.2　提炼出能体现客户健康度的关键指标

客户健康度模型由一组关键指标和相应的权重组成。为了综合分析客户的健康情况，需要从多个维度选取关键指标进行评估。因此，企业需要提炼出能够全面体现客户健康情况的关键指标，并纳入客户健康度的关键指标体系中。

ToB 和 SaaS 企业的客户健康度模型应该包含哪些指标呢？笔者建议从规模化增长模型中的履约交付和客户成功两个阶段提炼关键指标。因为这涉及客户签约或下订单后，客户期待的结果是否与产品或服务的价值主张传递的一致，是否能体验良好的产品或服务交付及售后服务，并且这是评估客户是否持续付费的关键环节。因此，提炼客户健康度模型的关键指标可以从以下四个方面展开。

1. 产品或服务及订单交付的满意度

客户签订合同或下完订单后，企业按照约定按时、按配置、保质保量地完成交付是至关重要的，因为这是客户真正与产品或服务发生接触的时候，此时的交付满意度在很大程度上会影响客户对企业的第一印象，进而影响后续服务和持续合作的确定性。这个阶段的关键指标主要是产品或服务的交付时效、交付内容的一致性、交付质量缺陷率、交付数量的一致性和客户交付 NPS 的数据情况。

2. 使用产品或服务的客户活跃度

使用产品或服务的客户活跃度代表着客户使用产品或服务的真实情况。客户活跃度越高，则表示客户对产品或服务的需求度越高，持续付费、续约使用的概率越大，因此客户活跃度是客户健康度的关键指标。客户活跃度包括客户行为数据、产品质量数据和客户互动数据三部分，而客户行为数据是其中的核心。

从客户成功的视角来看，客户活跃度是基于已成交或已合作的老客户来进行计算的。其计算公式为：客户活跃度 = 活跃客户 / 所有客户。其中，活跃客户是指达到了客户活跃标准的客户。如何判断客户是否达到活跃标准呢？可以从客户行为数据的角度衡量客户使用产品或服务的情况，从而判断是否达到客户活跃标准。具体来说，可以通过客户使用产品或服务的多个维度进行衡量。

- **使用频率**：客户对于产品的使用频次和使用时长。
- **使用广度**：客户组织内真实使用人数的比例。
- **使用深度**：客户对产品不同功能的使用情况。

客户活跃度是决定客户是否持续付费、续约使用的关键过程指标，这是因为：客户成功经理可以以客户活跃度作为判断依据，主动分析客户使用情况，然后帮助客户更好地使用产品或服务。可以通过客户活跃度的变化情况，客户成功经理可以洞察客户的潜在流失风险，以便及时介入，采取合适的策略和措施挽回客户，降低客户流失风险，促进客户的留存续约；通过客户活跃度来深度透视客户，可以挖掘客户潜在的问题，满足客户更多潜在的实际业务场景需求，创造更多的客户价值；通过客户活跃度对客户使用产品或服务的数据进行多维度分析，可以反向驱动企业产品或服务的优化升级。

作为客户活跃度核心构成要素的客户行为数据，包括多个关键的子指标项。以 SaaS 产品为例，常见的有账号开通率、客户登录率、核心功能使用率、功能用量、使用频次、使用时长、同时用户在线量、关键角色登录时长等。下面选取账号开通率、核心功能使用率、同时用户在线量 3 个关键子指标项进行解读。

（1）账号开通率：指客户在产品上为员工开通的账号数在购买的产品账号总数中或产品套餐配套的账号数中所占的比例。需要明确的是，账号开通和账号使用是两个不同的概念，需要分开来看待。

SaaS 产品是客户根据自身业务的实际需求进行采购的，即所谓的按需购买。当客户购买 SaaS 产品时，会根据企业的组织架构和使用角色来决定相关账号的开通和设置。然而，在实际的业务操作中，可能会出现许多影响账号开通率的情况。

例如，某些 SaaS 企业为了提升销售额和现金流，可能会提供优惠的价格来鼓励并引导客户购买大量的账号进行"预存"，然后在需要的时候再开通使用。然而，这样的操作会导致未开通的账号数量较多。从财务角度来看，如果无法对这些回款进行收入确认，就存在收入确认的风险。

另外，预存账号是为了满足客户的业绩要求而出售的，属于一种售前的销售承诺。这些预存账号可以随时启用，没有时效的限制。然而，这也会导致客户成功经理无法强制客户开通这些账号。当客户发现实际上并不需要那么多账号时，可能会出现投诉和退款的情况，如果处理不当，可能会导致客户流失。

同时，这种情况还可能导致应续账号和应续金额的数据无法有效对齐。这会对客户成功目标的设定造成困扰，使客户的续约管理存在不确定性。因此，如果存在"预存"账号的情况，需要设定相应的账号销售规则。例如，从即日起，新签合同的客户必须在合同中明确约束账号的开通或生效时间。对于已经发生了

"预存"的历史问题，需要尽量引导老客户尽快开通或使"预存"账号生效，或者约定一定的周期内需要开通使用，如不开通则失效等。

（2）核心功能使用率：SaaS产品通常会分为核心功能模块和非核心功能模块。例如，在为城配物流企业提供的新能源车运营管理系统中，司机管理和车辆管理通常由车管人员使用，属于非核心功能模块，每使用一次计一分；而对于涉及车务管理、充电管理、车辆监控、维修保养、合同管理、对账开票等偏后端业务流程的核心功能模块，客户的使用较为深入，黏性较高，每个模块使用一次计五分等。

（3）同时用户在线量：指的是在相同时间段内同时在线使用产品或服务的用户数量或账号数量。同时用户在线量越大，意味着客户的活跃度越高，使用黏性越强。

除了客户行为数据之外，客户与客户成功经理的互动数据和产品质量数据也能够很好地反映客户活跃度的情况。例如，客户反馈产品Bug问题或需求的数量和频率，以及客户和客户成功经理互动的次数和频率，都可以说明客户对产品或服务的深入使用情况，以及与客户实际业务场景的结合程度。同时，反馈的产品或服务问题越多，越会促使产品与客户需求贴合，产品迭代升级的速度越快，从而为客户创造更大的价值。

3. 客户满意度

客户满意度是衡量客户对产品或服务满意程度的重要指标。为了更直观地了解客户的健康状况，我们需要通过建立客户评价机制来收集客户的评价和反馈。这个机制可以在关键时间节点触发，例如，在产品或服务使用周期中的重要阶段，通过向客户发送调研问卷或收集客户反馈信息，来实时评估客户的满意度。这些反馈可以包括客户对产品或服务的质量、性能、可靠性等方面的评价,以及他们对产品或服务的期望和需求。通过这种方式,我们可以及时了解客户的情绪变化,并洞察客户流失的风险。

4. 与客户互动过程中获得的反馈

在与客户互动的过程中,客户成功经理、客服或企业其他成员往往能够获得客户的真实想法和反馈。例如,在与客户的关键人员沟通交流时,如果他们的回复经常带有不满的情绪,或者互动次数明显低于平均值,我们可以判断该客户的健康状况大概率不理想。然后,结合其他服务指标来综合判断,可以量化该客户的健康状况。

以上四个方面的指标提炼出来后,需要转化为 0~100 这个区间的分数来进行数据标准化。这样,企业可以通过转化后的标准评分,了解客户在某个关键指标上的表现情况。

20.2.3 确定指标权重、计算周期和呈现形式

当确定了客户健康度模型的指标及分值后,应根据每个指标对客户健康状况的影响程度为其分配一个权重。假设某个客户健康度模型包含 A、B、C、D 四个指标。其中,A 指标对客户健康状况影响最大,同时也最能反映客户健康状况,若优化 A 指标可以推动客户的健康发展,则应在客户健康度模型中赋予其最高的权重,比如 50%;B 和 C 两个指标对客户健康状况的影响相当,各占 20%;D 指标对客户健康状况的影响最小,占 10%。因此,最终确定的客户健康度模型可以表示为:

$$客户健康度 = A \times 50\% + B \times 20\% + C \times 20\% + D \times 10\%$$

在确定了客户健康度的指标权重后,客户健康度模型的算法就随之确定了。接下来,需要结合 ToB 和 SaaS 企业的实际业务

模式和收费周期来确定客户健康度的统计周期。统计周期的选择应恰当，可以是每天、每周、每月、每季度或每年计算一次。企业在选择统计周期时需注意：周期不能太短也不能太长。若周期太短，数据变化的随机性太强，可能导致健康度结果波动较大、准确度较低；若周期太长，客户健康度的实时度可能不足，当发现客户健康度较低时，客户可能已经流失了，此时采取召回策略可能需要付出更大的成本。

根据客户健康度模型的算法，我们将计算得出一个0～100分的客户健康度，并对健康度分数进行分层，以转化为客户成功经理和协同部门能够快速理解的客户状态。

- 80～100分：健康，引导并推进客户增购和转介绍的成功概率高，客户流失概率低。
- 60～80分：较为健康，客户使用产品或服务的深度有待加强，需要主动挖掘客户潜在的和正在使用中的问题，并提供解决方案帮助客户解决问题。存在潜在的客户流失风险，需要关注潜在的增值商机、版本升级以及续约时第二年合同的价格涨幅等，这部分客户是提高续费率和NDR的关键所在。
- 40～60分：健康状况一般，客户使用产品或服务存在较大的问题，需要与客户进行重点沟通，并针对客户的专项问题采取闭环措施。客户流失概率较高，需要重点跟进和维护。
- 20～40分：不健康，客户正在逐渐失去使用产品或服务的兴趣，具有较大的弃用或切换供应商的可能性。客户流失概率极高，需要分析客户得分的薄弱点，通过沟通、拜访等方式了解具体问题，从而制定可落地的解决方案，并跟踪客户数据变化进行老客户的挽回。

- 0~20 分：危险，处于非常不健康的状态，客户已经失去了继续使用产品或服务的兴趣，已经决定启用或切换供应商。客户流失率接近 100%，极易流失，需要立即专项跟进并倾斜资源进行客户的专项召回。

20.2.4　持续验证、升级并确定客户健康度模型

客户健康度模型是一个持续验证和迭代升级的过程，没有任何企业或团队能够一次性构建出与实际业务场景高度匹配和高准确度的模型。在构建客户健康度模型的过程中，企业或客户成功团队需要不断地实践验证并迭代升级客户健康度模型的算法，删除影响较小的指标，增加新的指标，调整各指标之间的权重关系，同时使用客户历史和当前真实的留存与流失数据进行变量的回归分析。经过多次验证和迭代升级后，我们可以获得更加准确的客户健康度模型。

客户健康度模型的构建是一个持续优化的过程。ToB 和 SaaS 企业的客户成功团队需要有足够的耐心陪伴模型的成长和客户成功实践方法论的完善。成功地构建客户健康度模型，将帮助客户成功团队根据客户健康度的计算结果，合理地安排工作内容，以更深入地挖掘和洞察客户使用产品或服务的实际情况，从而极大提升客户留存率并延长生命周期价值。

20.3　客户健康度模型的实际应用

构建客户健康度模型可以有效地进行客户成功过程管理，指导客户成功经理的日常工作，并衡量客户成功工作的有效性和可提升点。此外，该模型还可以用于预测客户的续约和续费率，并对客户的流失风险进行评估和判断。客户健康度模型的应用非常

广泛，其核心应用价值可以概括为一个关键词：预警。也就是说，通过分析客户使用产品或服务的数据情况，评估客户的健康度，并发出流失风险的预警。客户成功经理可以根据客户健康度分数和流失预警状态，发现客户可能出现或即将出现的问题，集中精力开展有价值的工作，降低客户流失率，提升客户留存情况并实现净值目标。

20.3.1 客户健康度模型的常规应用场景

在实际应用过程中，客户健康度模型的预警价值主要体现在以下 3 种常规应用场景中。

1. 健康度异常预警提醒

客户成功经理可以通过每周的客户健康度数据，进行环比和同比分析，洞察客户健康度的变化趋势，包括客户核心功能使用率变化、流失风险变化、合约到期提醒以及活跃度变化等。然后，可以设计"健康度异常预警"，对预警提醒的类别进行分级管理，例如良性、高风险、中风险和低风险。当 SaaS 产品的系统管理员变更、权限变更、核心功能使用率下降、添加新的管理员或新的业务流程等情况出现时，客户成功经理都可以通过异常预警提醒的方式快速了解所负责客户使用产品或服务的状态和变化情况，为客户提供更有效的服务支撑。健康度的异常预警提醒可以每周或每天向客户成功经理推送，使客户成功经理能够围绕异常提醒开展工作，聚焦问题并提升服务的效率和体验。

2. 客户健康度的升降级分析

ToB 和 SaaS 企业需要基于客户健康度的变化情况，定期进行客户健康度变化的数据分析。例如，当健康客户变为不健康客户、流失客户被挽回变回健康状态、活跃率的提升导致客户健康度提升、客户完成续费动作导致健康度提升、客户流失或延期造成客户健康度下降或为0等情况发生时，都需要进行分析。客户健康度的变化趋势是体现客户成功经理主动服务行为有效性的重要指标。如果主动服务的行为有效，那么1~2周数据指标就会上升，反之则无效。如果有效，就需要定期进行分析，提炼成成功实践在团队内进行推广使用；如果无效，就需要重新分析原因并制订新的执行计划，再次验证。通过这种方式，可以形成有效的客户成功最佳实践方法论或工具，之后就可以进行复制并规模化使用。

3. 在客户全生命周期中的应用

客户健康度贯穿客户全生命周期。通过观察客户全生命周期的客户健康度变化趋势，客户成功经理可以提升服务质量，最终实现客户成功并达成净值目标。在履约交付环节，客户成功经理可以了解客户的交付质量，检查产品或服务的交付验收单、交付文件内容以及客户健康度中关于交付的具体指标是否符合标准。在客户成长环节、续约环节、增购环节和转介绍环节，客户成功经理可以通过客户健康度模型的健康度评分、流失风险预警等相关的指标数据，分析是否给予客户有效的主动服务、客户成功服务策略是否有效，并确定是否需要及时调整服务策略等。他们还可以通过每月或每季度的客户服务质量报告，向客户进行反馈，提高客户成功服务标准和差距意识，明确下一步的客户成功计划和协同执行的工作要求。

20.3.2 客户健康度模型的衍生应用场景

客户健康度可以作为关键过程考核指标，应用于客户成功经理的绩效考核中。净值目标或续费率、续约率的达成是综合因素作用的结果，是通过很多服务体验、客户活跃率、核心功能使用率等各项关键行为指标的牵引而逐步实现的。因此,客户成功团队的绩效考核可以将客户健康度指标纳入其中,通过"以行为引导结果"的方法,不断引导客户成功经理通过优秀的客户成功行为帮助客户成功,最终实现续费率、续约率和 NDR 的目标。

客户健康度是 ToB 和 SaaS 企业判断客户能否进行长期合作的重要衡量标准之一。客户健康度可以帮助客户成功经理评估客户增长、续约或流失的可能性,从而更好地展开工作。在客户成功实践中,客户健康度模型通过分析客户使用产品的行为数据、与企业的互动数据、产品质量数据等,综合洞察客户的健康状况和流失风险。然后,通过相应的关键行为和最佳实践,引导客户成功经理的主动服务行为,驱动客户成功主动服务价值变现,提升客户使用产品或服务的深度,提高客户结合实际业务场景使用产品或服务的效果,从而帮助客户成功。

第 21 章
可供参考的客户成功实践心得

笔者是一名客户成功从业者,因为机缘巧合进入了客户成功领域,现在已经在该领域深耕多年。在这段时间里,笔者历经多个行业、多个项目和多个产品,对客户成功有了深刻的感悟和体会。以下是一些实践心得,希望对正在准备启动或正在开展客户成功的企业,以及准备从事或正在从事客户成功工作的从业者有所帮助。

21.1 聚焦目标

在 ToB 和 SaaS 企业启动客户成功实践的过程中,会收集到大量客户反馈的问题和需求,以及遇到各部门协同解决客户问题和满足客户需求时的各种卡点,这些常常会让客户成功团队和关联部门感到痛苦。此时,我们需要有节奏地聚焦目标,做好过程监控和结果复盘，明确什么事情是重要且紧急的，什么事情是不重要但紧急的，什么事情是重要但不紧急的，以及什么事情是不紧急且不重要的。作为客户成功团队的负责人或客户成功经理，我们需要坚持以下两个"聚焦目标"的原则。

1. 要事优先

作为客户成功负责人或客户成功经理，我们应该重视目标和结果，集中精力，把重要的事情放在前面先做，而且一次把一件事情做好，即要事优先。在客户成功实践中，我们很容易陷入具体的事务中而忘记了抬头看路，有时候从早到晚忙个不停，但到周末或月底一复盘才发现最重要的事情来不及处理，或者没有花精力把重要的事情处理好。因此，我们需要学会从复杂纷乱的问题堆里梳理出事务清单，抓住关键任务和主要矛盾，制订清晰可行的行动计划，集中精力和资源，有效地完成核心目标。我们需要把企业和高层战略上重视的目标和客户的主要矛盾或主要痛点作为自己的首要任务目标，而不是把自己认为重要的任务或者容易出业绩的任务作为关键任务。

2. 专注解决问题

聚焦目标，就是专注于解决问题。

遗憾的是，在我们的日常管理工作中，经常有管理者在繁忙的工作中迷失了最初的目标，陷入了无意义的噪声和干扰中，分散了精力，降低了工作效率，无法有效地完成任务。

例如，笔者所服务的一家提供软硬件设备和服务给 ToB 企业的客户，需要采购一批硬件设备，但在执行过程中，出于某些原因，物资有可能无法按照客户要求的时限送达。领导发现后，找需求发起部门和采购部门的经理了解情况。需求部门的经理描述了他如何尽心尽责地跟进此事，中间多次催促采购部门，但采购部门并未给予回应。采购部门的经理则强调他克服了诸多困难，协调了多家供应商，但由于需求部门的需求多次变更，以及财务方面的付款延误等，导致进度受到影响。两个经理都在推卸责任，讨论的重点在于各自所付出的努力和遇到的困难，而忽略了解决问题的核心目标。

这种现象在客户成功实践中很常见。管理者很容易将大量时间和精力耗费在无意义的争执上，偏离了目标。他们站在各自的立场，各执一词，推卸责任，指责他人的过错。在争执中，他们忘记了真正的目的：按时将客户所需的软硬件设备交付给客户。

埃默里大学教授马可曾说："一个人成熟的标志之一，就是明白每天发生在我们身边 99% 的事情，对于我们和别人而言，都是毫无意义的。"99% 的事情，其实都是在浪费我们的注意力。因此，我们应该聚焦目标，将注意力集中在解决问题上，摆脱 99% 的无用信息的干扰。

21.2 建立客户关系地图

客户关系地图是通过整合各类客户内外部数据，建立的相互关联的客户基础信息视图、客户间的关系网络与客户业务视图。它能够为企业客户成功业务的开展提供全面的客户关系网络视图，支持客户成功服务的拓展和合作关系的维护。具体而言，建立客户关系地图后，客户成功经理在服务客户的过程中，可以快速了解关键人、对接人、领导、实际使用产品的用户与其他客户的关联关系等信息，以及客户的基础信息（如工商、股东、诉讼、投资、经营、舆情等）。这有助于有效地透视客户，掌握各层级角色的需求和关注点，为客户提供更好的服务，帮助客户成功。同时，通过透视客户关系，可以发现隐藏的风险，及时对客户经营风险和流失风险进行预警，提高客户成功服务的精准性和有效性，避免因客户原因导致的实践风险。

21.3 保持价值主张的一致性

在高度内卷的 ToB 和 SaaS 企业的经营环境中，建立紧密和信任的客户伙伴关系对客户成功实践具有重要作用。为了保持基于信任的客户成功互动关系，企业必须专注于实现和交付产品或服务价值主张的承诺与约定的业务成果目标，保持企业产品或服务价值主张的一致性。因为客户成功就是为了帮助客户实现"期待的结果"，为了确保能够满足和实现它，企业需要了解该如何为客户提供客户成功服务，并在为客户提供服务的过程中，保持向客户传递的价值主张的一致性。

ToB 和 SaaS 企业可以采用以下 3 个关键策略保持价值主张的一致性。

1. 专注于客户期望达成的业务成果

客户采购某个产品或服务是希望借助外部供应商的能力，解决自己企业内部的问题，达成某项业务成果。因此，ToB 和 SaaS 企业的客户成功团队需要专注于为帮助客户实现期望达成的业务成果而努力。比如，客户成功经理需要洞察客户的需求、机会和影响达成业务成果的因素；整合内外部资源，在需求与资源匹配的体系内工作；关注客户动态变化的优先事项、需求类型和业务场景；通过客户健康度模型数据，挖掘和洞察客户问题，在问题发生或失控前帮助客户解决。这样才能够通过专注于客户期望达成的业务成果，实时管理客户需求和使用场景变化，并预测客户的流失风险以及预判客户下一步会做什么，快速聚焦客户成功的重点工作，提升工作效率。因为客户成功经理的工作就是来源于客户，然后又回到客户中去，为客户创造更多的价值空间。

2. 制订客户成功计划，并实时衡量和反馈客户成功进度及流失风险

客户成功的进度需要进行实时衡量和反馈，这样客户成功团队和协同部门才能够清楚地知道当前客户成功的情况和需要协同推进的事项是什么，同时也能够了解客户存在的流失风险，然后合力输出解决方案，减少客户流失。这就要求客户成功团队根据客户"期待的结果"和客户最重要的事情（即客户成功的目标），制订客户成功计划（即达成目标的路径和方式），并实时衡量和反馈客户成功进度及流失风险，保持足够的客户成功热情。

3. 投入资源构建客户健康度模型

客户健康度模型使企业能够规范化地预测客户续约和流失风险等情况，帮助客户成功团队为客户提供更好的服务。客户健康度模型关注的是客户使用产品或服务的效果和体验，能够快速发现客户的关注点和问题，对保持价值主张一致性具有很大的数据支撑作用。客户成功经理可以通过模型挖掘和预测客户成功的结果，来提炼客户成功实践，从而提供符合价值主张的个性化和有影响力的服务策略，提升客户体验，为客户创造更大的价值。

21.4 拥有自己的业务根据地

业务根据地指的是在推进存量增长过程中，需要围绕老客户建立核心的行业、城市和客户优势的根据地。业务根据地来自重要突破或有优势的细分行业、有优势服务能力覆盖的城市和拥护企业产品或服务及不断深化应用场景的客户。一旦拥有自己的业

务根据地,当遇到企业组织的行业活动、客户沙龙甚至遇到产品或服务的危机时,就会有客户愿意站台为企业产品或服务发声,同时也能够保持老客户存量的续约率和 NDR 的稳定,形成有效共生的状态。拥有自己的业务根据地相当于拥有了稳定的存量增长的基盘,也是企业持续增长的根基。

21.5 避免客户成功成为孤岛

客户成功实践涉及企业内外部的众多利益相关者,包括内部的产品研发部、供应链部、销售部、市场部、履约交付部、客服部、人力资源部、财务部等部门以及外部的客户和供应商等。这些利益相关者的预期和需求存在较大差异,因此客户成功负责人或客户成功经理需要做好客户成功利益相关者的预期管理。

- 客户成功负责人需要推动将客户成功作为整个企业的目标和优先事项的工作,无论当前是否已建立专门的客户成功团队,都需要从市场、销售、产品、研发等方面,自上而下地强调帮助客户成功是组织中每个成员的目标和优先事项。
- 将客户成功定位为企业努力的目标和优先事项,意味着必须将客户成功的理念和价值观纳入公司文化,因此应尽早从业务早期开始关注客户成功。
- 应避免客户反馈问题或提出的需求仅停留在客户成功部门或客服部门,而没有将相应的问题和需求传递给协同部门,或者未将问题解决进度或需求实现状态及时同步给客户,造成信息传递的孤岛。
- 需要与利益相关者就客户成功的标准和定义进行有效的拉通,因为不同部门和角色对客户成功的理解存在较大差异。因此，需要尽早与相关方统一关于客户成功的定义，避免客户成功成为孤岛，同时也避免让所有人都认为客户成功只是客户成功团队的事情。

21.6　保持对过程关键指标的敏感度

客户成功是企业的增长引擎，需要强大的过程管理，以确保产生良好的结果数据。为了保持对过程关键指标的敏感度，客户成功负责人和客户成功经理需要对这些关键指标具有实时监控和深入理解的能力。当他们清晰、敏感地了解了这些数据时，就能够洞察到关键指标的变化趋势和产生变化的原因，然后针对这些关键指标反映出来的问题进行专项解决，进而提升客户满意度。

在客户成功实践中，需要保持敏感度的关键过程指标主要包括：续费率、客户健康度、核心功能使用率、人效、CRC、回款等。续费率反映了企业老客户的持续付费能力；客户健康度和核心功能使用率是推动 NDR 增长的重要因素；人效和 CRC 是重要的经营指标；回款则是企业现金流的重要保障。因此，客户成功负责人和企业高层需要时刻关注并优化人效标准和成本结构，做好成本控制，以尽可能少的投入获得尽可能大的收益。

21.7　善于从生存空间看问题

在《遥远的救世主》一书中，有一句经典的话："忍是一条线，能是一条线，这两者之间就是生存空间。"在客户成功的生存空间中，我们也可以从"能"和"忍"两个维度来理解和洞察。"能"指的是降低客户流失和提高 NDR 的增长能力，"忍"指的是企业能够承受的最高客户流失风险。

在 ToB 和 SaaS 行业，有一个关于抗风险能力的观点：随时准备着 18～36 个月的现金流储备。笔者与很多创业者和投资人交流时，他们经常会询问被投资企业："你的企业每月支出多少钱，现在的现金能够支撑多长时间？"这是对一个企业抗风险能力的判断，即企业现金流的健康度。

他们普遍认为：一家企业可预期的现金流如果能支撑 6 个月是极度危险，能支撑 9 个月是比较危险，能支撑 12 个月是中度危险，能支撑 18 个月甚至 36 个月以上才是正常。因此，建议 ToB 和 SaaS 企业的创业者或领导者在启动客户成功实践时，经常问自己："现金流能够支撑多久？"然后随时准备 18～36 个月的现金流储备，让自己的企业在 VUCA 时代有强大的抗风险能力。

21.8 保持客户成功实践节奏

ToB 和 SaaS 企业启动客户成功实践是一个循序渐进的过程，需要经历 5 个阶段：常规交付阶段、被动响应阶段、有意洞察阶段、主动服务阶段和正式转型阶段。这个过程是客户成功与企业团队逐渐融合和相互认同的过程。

在每一个阶段，企业都需要逐步推进，根据实际情况调整策略。很多企业失败的原因主要是太急于求成，希望一蹴而就，以为建立客户成功团队后就可以立即降低客户流失率和提升老客户的增转续。然而，客户成功实践需要逐步递进，打破原有体系的"舒适圈"和"利益分配机制"，才能让客户成功发挥其应有的价值。

因此，企业需要保持稳健的节奏，逐步推进客户成功实践。在每一个阶段，企业都需要认真思考和评估当前的状况，了解客户需求和期望，制定合适的策略，并逐步实施。同时，企业还需要不断地与客户保持沟通,及时调整策略和方法,确保客户成功实践的顺利进行。

总之,客户成功实践需要耐心和恒心,需要企业不断探索和尝试,同时也需要客户的支持和信任。只有保持节奏,稳步推进,才能实现客户成功的目标,为企业带来长期的价值和回报。

21.9　学会与问题共存

在客户成功实践中,问题是层出不穷的。当我们解决一个问题后,新的问题总是会出现。当客户成功经理每天面对多个客户的多个问题时,可能会感到烦躁和自我怀疑。这时候,我们需要学会与问题共存,因为"你对待问题的态度,决定了你的发展"。通过不断解决问题,我们可以提高自己的能力;通过不断帮助客户解决问题,客户对我们的信任度将不断提高,客情关系也将更加深厚。

因此,我们需要学会与问题共存,然后不断提升解决复杂的客户问题的能力。客户成功经理在与客户对接服务中,需要直面问题、定义问题,然后解决问题。有些客户成功经理遇到客户问题时,由于缺乏直面问题的勇气,可能会忽略问题或等待他人解决。因此,客户成功经理在践行"与问题共存"时,首先需要学会的就是直面问题,因为只有直面问题才能够解决问题,实现客户成功的真正价值。

直面客户问题后,客户成功经理需要透过现象看本质,找到客户真正的问题是什么,把问题定义清楚。客户成功经理收集客户反馈的问题时,很多时候只是一个现象,并不是真正的问题。这时就需要客户成功经理去伪存真,找到真正存在的问题。有些问题的背后有着更深层的原因,需要你进行深度思考,不断往深处挖掘,直至找到最核心的、最本质的根因,才能避免同一个问题重复发生。比如客户反馈说"某个功能不好用",功能不好用是客户反馈的一个现象,真正的问题可能是"功能流程烦琐""功能不符合细分行业的操作习惯"或者"客户的员工不会用"等。当我们直面问题后,通过对客户使用场景的调研,我们才会发现真正的问题是什么,而不只是"功能不好用"就结束了。定义清楚问题是解决问题的起点,也是找到真正问题的关键。

定义清楚问题后,解决问题的方案就很容易输出。针对问题,我们可以输出多个方案进行比较,评估出最适合当前业务场景和客户问题的最优解,然后执行去解决问题。学会与问题共存并解决问题是客户成功经理的关键能力。

21.10　学会使用 U 型沟通法

客户成功是由各个角色协同完成的,核心在于"人"。在 ToB 和 SaaS 企业的客户成功实践中,主要的沟通场景包括与客户沟通、客户成功团队的向上沟通、高层和客户成功管理者的向下沟通、客户成功部门的跨部门沟通以及同级别客户成功经理之间的沟通。工作中,我们经常听到这样的说法:80% 的问题都是由沟通不畅或信息表达不清导致的。在客户成功实践中,这个比例也相当高,例如在需求收集和反馈、部门职责边界、客户问题的处理、利益分配和工作任务的承接等方面,都可能因为沟通不当或信息不明确而引发各种内耗。

客户成功实践的核心在于"客户",成功的目的是满足客户的需求。因此,我们需要静下心来倾听客户的诉求、问题和需求,站在客户的角度去处理问题。然而,人们往往习惯于从自己的视角看问题、表达自己的看法和立场,而忽略了客户的想法和诉求。客户成功实践是"以客户为中心"的主动服务,因此我们需要与客户进行有效沟通,理解他们的需求,同时,还需要与企业内部的关联部门进行有价值且高效的沟通,协调资源以帮助客户解决问题,创造价值。

在沟通中,人们本能的第一关注是自我。在与他人沟通的过程中,我们可能会忍不住以"我"为中心,给出自认为有用的建议,对方却可能不以为意或不以为然。这种以我为中心的沟通方式被称为"I 型沟通"。然而,客户成功实践需要的是"U 型沟通",即建立以"沟通对象"为中心的沟通方式,主动去思考沟通对象需要什么、感受到的是什么。这种沟通方式完全符合客户成功实践的"以客户为中心"的理念,因为 U 型沟通的主语不再是"I",而是"YOU",即你认为、你觉得、你感受到的沟通方式。

U 型沟通来源于"苏格拉底式提问",即让沟通对象自己找到解决问题的办法。苏格拉底的学生向他提问时,他不会直接给出答案,而是通过"不带预设"的提问,引导学生自己去寻找更深层的问题,生成自己的答案。"不带预设"就是不含任何"我"的价值判断,引导别人说出他想说的话。苏格拉底把自己的这种方法称为精神的"助产术"。

客户成功实践中的 U 型沟通的关键在于,认可沟通对象的情绪和表达的内容。只有认可了沟通对象,我们才能通过提问的方式引导他们接受并理解新的观念和想法。如果我们对沟通对象不认可,他们可能会反感甚至产生抵触情绪,使得沟通成为客户成功实践中的一道障碍,不利于工作的开展和推进。

在客户成功实践的沟通过程中,需要注意以下两个关键点。

关键点 1:引导客户拿起麦克风,做一个聆听者。

第一步是通过给予肯定和鼓励的方式,打开客户的话匣子,引导客户说出更多的感受和想法。例如,"哦,原来是这样,请继续说下去。""我理解你的感受，可以展开来讲一下吗？"这些回应传递的意思是"我愿意了解更多""我尊重你的感受""我期待你和我分享更多的信息"。很多时候，客户可能需要的不是具体的解决方法，而是希望自己的情绪被看到和得到回应。当客户的情绪得到回应时，他们的能量就会得到释放，就不会锁定在对抗情绪上；当客户的能量得到释放时，他们就会有自己解决问题的方法。

第二步是以"你"为主语，明确表达客户的感受。在客户成功实践过程中，与客户沟通时，由于客户的表达方式可能含糊不清或带有个人色彩，我们可能无法快速地从他们的语言、表情和动作中理解他们的真实想法，这时就需要我们不断地提出反馈并与客户进行确认。例如，"这个需求的关键场景是这个吗？""这个问题是在这个操作时出现的吗？""预期交付时间是从什么时候开始的？"等。这种一问一答的互动方式，会让客户感受到我们能够看到并理解他们的情绪，并且能够给予积极的反馈，这将有助于建立客户对我们的信任。

关键点2：运用提问技巧，让对方自己找到答案，避免评价和质问或反问。

人们有一个自然的习惯，当面对他人的问题或困境时，常常急于从自己出发，即从"I"的角度提出建议、给予安慰和进行评价。例如，当客户提出某个需求时，客户成功经理可能会给出如下评价："你的需求没有共性，太个性化了""你的这个需求不在我们的产品路线上""你的需求应该怎么操作""你的需求很多客户都有"等。这些评价性的沟通方式几乎等同于在客户和客户成功经理之间设置了一道沟通的障碍。这种评价式的沟通接近于一种定义式表达，客户只有接受或者不接受的选择，很难再进一步了解客户的真实需求，这会引起客户心理上的防御、反感，甚至反抗。

我们需要避免从"I"的角度进行预设和判断，而应以不带预设的方式引导客户自愿说出想说的话，不进行评价、不下定义。这种沟通方式不是对人的褒贬，只是对问题进行具体的描述并探求背后的真相。例如，"你的需求没有共性，太个性化"是评价式沟通，而"你的需求是在什么场景下发生的，会产生什么样的影响呢？"则是在描述和提问。在描述和提问的沟通方式中，思维方式是从 You 的角度出发的，关心的是一件事情的真相，而不是训诫式的直接定义或下判断。

同时，我们要避免先入为主地进行预设提问，因为从"I"的角度先入为主进行提问，站在沟通对象的角度来看，就会认为你是在质问或反问他，这种沟通效果很差，甚至会造成误会。因此在客户成功实践中，需要时刻记住以"YOU"为中心，提醒自己手里有个话筒要递到客户嘴边，哪怕是自己在说话，也是为了让话筒重新回到客户的嘴边，引导客户说得更多，挖掘客户最深层的需求。这样才能够真正帮助客户解决问题、满足客户需求和为客户创造价值。

在客户成功实践中，还包括向上、向下和同级的沟通场景。每个级别的沟通都有其特定的挑战和目标，但要以"沟通对象"为中心，关注他们的感受，通过不带预设的提问，让他们找到答案，然后更好地协同，这一原则是通用的。

- **向上沟通**：当需要向上级汇报时，客户成功经理需要以"上级"为中心，从上级关注的目标和关键结果出发，提炼重要信息和风险点。他们需要确保自己的报告简洁明了，直接命中要点。同时，他们还需要给予上级确定性，让上级能够快速地知道项目进度和可能遇到的问题。这样做不仅展现了客户成功经理的专业素养和能力，还能够从上级的视角出发协调资源帮助客户成功。

- **向下沟通**：在客户成功实践中，向下沟通通常发生在需要指导或管理团队时。这时，客户成功经理需要以"下级"为中心，关注下级的感受和需求。他们需要通过不带预设的提问引导下级自主思考并找到问题的答案。同时，他们还需要提供必要的指导和支持，帮助下级实现其目标和任务。这样的沟通方式有助于建立信任、提高团队的凝聚力和促进团队的发展。
- **同级沟通**：同级沟通通常发生在与其他部门或团队的合作中。在这种情况下，客户成功经理需要以"同级"为中心，关注其他部门或团队的目标和需求。他们需要通过不带预设的提问引导同级思考并找到共同的解决方案。同时，他们还需要积极提供协助和支持，以实现跨部门或跨团队的协作。这样的沟通方式有助于建立良好的合作关系、提高工作效率和实现共同的目标。

21.11 以穿越客户生命周期的视角看待客户

历史虽不会重演细节，但过程往往会惊人地相似。客户成功经理服务的每一个客户，遇到的问题细节可能各有差异，但其生命周期却是一致的。每个客户都会经历以下 11 个环节：认知、触达、培育、评估、选择、交付、成长、增购、续约、转介绍和回流。在每个环节中，各个客户所发生的事情或遇到的问题可能有所不同，但经历的环节却是一致的。客户成功经理在工作中，需要以穿越客户生命周期的视角来看待客户，这样才能把握客户使用产品或服务的整体脉络，理解客户的真实需求和问题，为客户创造价值，帮助客户取得成功。